万川
reflections

一步万里阔

The Bookseller's Tale

Martin Latham

阶梯与狂热

一部书籍文化史

[英] 马丁·莱瑟姆 著 王喆源 译

中国工人出版社

图书在版编目（CIP）数据
阶梯与狂热：一部书籍文化史 /（英）马丁·莱瑟姆著；王喆源译.
-- 北京：中国工人出版社，2021.9
书名原文：*The Bookseller's Tale*
ISBN 978-7-5008-7733-2

Ⅰ.①阶… Ⅱ.①马… ②王… Ⅲ.①图书史—世界 Ⅳ.①G256.1

中国版本图书馆CIP数据核字（2021）第189353号

著作权合同登记号：图字01-2021-0933

阶梯与狂热：一部书籍文化史

出 版 人	王娇萍
责任编辑	董 虹 金 伟
责任印制	栾征宇
出版发行	中国工人出版社
地 址	北京市东城区鼓楼外大街45号 邮编：100120
网 址	http://www.wp-china.com
电 话	（010）62005043（总编室） （010）62005039（印制管理中心） （010）62001780（万川文化项目组）
发行热线	（010）82029051 62383056
经 销	各地书店
印 刷	北京盛通印刷股份有限公司
开 本	880毫米×1230毫米 1/32
印 张	12.125
字 数	270千字
版 次	2021年10月第1版 2022年11月第2次印刷
定 价	98.00元

序　言

普瓦捷（Poitiers）附近的丰特夫罗修道院（Fontevraud Abbey）内坐落着阿基坦的埃莉诺（Eleanor of Aquitaine）的墓，墓上有一本书纹丝不动800年之久。当阿基坦的埃莉诺捧着翻开的《圣经》沉卧长眠，她的风云人生已成身后事。她像我们所有人一样，聊完天或喝完茶后上床休息，与一本书融为一体，沉浸在自己的小天地里。

书籍的历史探讨了我们与书籍本体的关系，展示了书籍是如何加深我们的自我认知的。印刷术开辟了全世界精神觉醒之路。埋头于书籍之中，我们不断地寻找新的自我。

私人阅读直到印刷时代才开始普及。在大多数语言中，“读”一词最初的含义是“大声朗读”。看到亚历山大大帝（Alexander the Great）默默看书，他的臣民们都感到困惑不解。直到印刷时代，私人阅读才比读书给别人听更普遍。这种新的隐私带来了更深的情感投入。维多利亚时代的社会学先驱哈里特·马蒂诺（Harriet Martineau）常常觉得她成了自己所读书籍的作者，像《克拉丽莎》（*Clarissa*）这样的小说让她时而抽噎痛哭，时而欣喜若狂。古腾堡（Gutenberg）推广活字印刷术后，我们将想象力注入故事中，进入了一个全新的领域。

私人阅读给了我们新的内在维度。在大型图书馆的书架上，或在书店的角落里，我们都可以真实地感受到这一点。古代的亚历山大图书馆甚至也许不曾存在，但正如古典主义者伊迪丝·霍尔（Edith Hall）所说，对我们的集体心理来说，建立这样一个图书馆的想法几乎与这个图书馆的真实存在同样重要。我们本能地知道自己既喜欢无穷无尽的书籍又喜欢意外收获的惊喜，所以我们酷爱徜徉于书店和图书馆中，让偶然发现的书籍解锁各种隐藏的自我。

我们与书籍本身（而不是文学理论家所谓的“文本”）之间的激情关系，在许多鲜为人知的文献记载中得到了体现。弗吉尼亚·伍尔芙（Virginia Woolf）注意到，这几乎是一种性关系。在30年的书籍销售中，我已经目睹了这一点：顾客抚摸着书籍的封面，偷偷地往护封下看，闭上眼睛嗅闻书页之间的“峡谷”，有时还会悄悄发出愉快的感叹，买书之后要拥抱书籍，甚至还要亲吻一下。

读者无法解释他们为什么喜欢拿着书，在听到他们——多年以来已经有几百遍了——长篇大论地说自己无法解释后，我开始认为他们并不想分析这种内心深处的感受。

书籍由树木制造的纸制作而成，是森林的一部分，而森林是神话的重要来源。制造科技设备的材料不仅越来越多、性质也越来越多变，而且无止境地提高要求。1913年，卡夫卡以惊人的先见之明，给他销售录音机的准女友菲利斯（Felice）写了一封信，信中描述了未来的景象。卡夫卡讨厌这些机器，他很高兴在录音过程中盯着办公室的窗外，听见他的秘书偷懒时锉指甲的沙沙声。他告诉菲利斯，“面对这种机器”，我们变成了“堕落的工厂工人”。如今，我们有时候都会在使用机器时感到不耐烦；但我们对书籍却没有这种感觉。卡夫卡预测，这些机器最终会与我们交谈、向餐馆提出建议，甚至会纠正发音。10年前我刚开始写这本书时，认为这种技术是异想天开，但现在已是平平无奇。而可怜的菲利斯没有回复卡夫卡这看似是疯言疯语的信。

数字设备的“冷技术”提供了“互动性”，从“点赞”表示喜欢某样东西到写“博客”，但这是格式化的规则互动，远远少于在书里写旁注时与书籍这一“暖技术”的互动。蒙田（Montaigne）在卢克莱修（Lucretius）的著作上所做的旁注代表了他的整套思想，就像布莱克（Blake）在乔舒亚·雷诺兹（Joshua Reynolds）的“罗马史论”（Discourses）上的激烈涂鸦一样。柯勒律治（Coleridge）的旁注在他的著作集里占了一整卷。但实际上旁注已被学术图书管理员边缘化，尤其在维多利亚时代，旁注在重新装订时被切除、丢弃，甚至这发生在弥尔顿（Milton）的旁注上——被漂白。今天我们在书里写旁注时，强烈反对这种深受功利主义影响的行为。最近一位研究旁注的历史学家感叹道，除非我们宽容对待旁注，否则就无法记录人们对书籍未受干涉的第一反应。

大约从1600年到1870年，读者都有类似缺乏尊重的书籍意识，他们剪下喜欢的段落然后粘贴到摘录本里，其中夹杂着他们手写的感想。这种热潮基本没有得到记录，因为像M. R.詹姆斯（M. R. James）之类的图书管理员将摘录本看作“某种残渣或沉积物”。令秉持经验主义的图书管理员更加烦恼的是，这些摘录本无法分类——这算是书籍还是手稿？直到20世纪80年代，这些摘录本还在被成堆地扔掉。

风格活泼的小书在英国被称为“通俗读物”，是书籍史上另一个失落的部分。这些关于犯罪、神话、超自然活动、浪漫、哲学和宗教的叙述在全世界的出版数量以百万计却未经记录，被图书馆管理员看不起，直到最近才受到学术界的重视。这种现象非常奇怪，因为那么多文学巨匠都从这些广为流传的读物中获得给养。佩皮斯（Pepys）收藏了这些书，布莱克的伟大诗歌就是以这种形式写出，狄更斯（Dickens）从小受它们的耳濡目染，史蒂文森（Stevenson）对它们爱不释手，因此自己也写了一本《道德标志》（*Moral Emblems*），奥托吕科斯（Autolycus）是个卖通俗读物的书商，他四处流浪、满口胡言，但莎士比亚（Shakespeare）对这个人物的喜爱显而易见。然而这些通俗读物通常没有封面，只在街头流传，而且基本上都佚失了。

雅克·德里达（Jacques Derrida）曾哀叹，在编辑普及我们的文化时，主要以男性为骨干的图书馆管理员队伍造成了有害影响，并且创造了“父权制”一词。作家对书籍的考古研究、游牧时代的大部头著作《奥德赛》、隐藏在墨水、纸张、水印与书口画中的秘密、关于压花与手写献词的故事，图书管理员一概不感兴趣。

但是，我们对书籍的热爱从未改变，这种热爱见证了更加私密、内省的自我的萌生。这种与书籍的私密情感在这个数字时代也蓬勃发展，也许这也正是因为我们处于数字时代。

我不记得我是怎样学会了阅读。我只记得我第一次阅读和阅读对我的影响。直到那时，我才意识到了自我。

——《忏悔录》（*Confessions*），卢梭（Rousseau）

目 录

第一章　安慰书

童年的回忆反复出现，就像老房子里突然吹来一阵风，关上了一扇门。

——理查德·丘奇（Richard Church），写于一篇我不记得名字的文章

我们每个人都应该为自己失去的田野和草地做一份勘测图。

——《空间的诗学》（*The Poetics of Space*），加斯东·巴什拉（Gaston Bachelard）

我直到最近才克服了我所接受的教育，找回了早年出于直觉的自然举止。

——《向一切告别》（*Goodbye to All That*），罗伯特·格雷夫斯（Robert Graves）

墙上的矮门

约公元前2500年，一个埃及人把找到合适的读物视为登上了一艘小船。安慰书能带我们去一个更好的境界，但这些图腾般的小说却是“垃圾”与“经典”的奇怪大杂烩。

詹妮·厄格洛（Jenny Uglow）是一名编辑兼传记作者，她曾经在纽约公共图书馆的一个座谈会上，讨论哪些经典作品仍被广泛阅读。她事先来我的书店做调查，而电脑上显示的一些结果令人惊讶。

除了学校指定的参考书和改编成电影的书，盖斯凯尔（Gaskell）夫人的作品显然仍然在售，当然海明威的也是，但只有他的少数作品。

《米德尔马契》（*Middlemarch*）仍旧是一本畅销书，但菲尔丁（Fielding）的作品并不是。尽管安东尼·鲍威尔（Anthony Powell）的《随时间之乐起舞》（*Dance to the Music of Time*）有着巨大的文化影响力，却只是偶尔卖得好。相比之下，《巴尔干三部曲》（*Balkan Trilogy*）和20世纪60年代早期的《亚历山大四重奏》（*The Alexandeia Quartet*）仍能“大卖”（神秘的商业术语，意为商品带来了利润）。有人可能觉得能推动书籍流通、能“大卖”的只有新的小说，但顾客常常出于乐趣购买《鲁滨孙漂流记》（*Robinson Crusoe*，1719）和《老实人》（*Candide*，1759），而不是买学校指定的参考书。然而，尽管每年的销量都很少，书店还是出于喜爱与尊重而非商业需要，进货斯摩莱特（Smollett）的作品和鲍斯韦尔（Boswell）的《约翰逊传》（*Life of Johnson*）。30年来，顾客从未向我买过《天路历程》（*The Pilgrim's Progress*）。切斯特顿（Chesterton）的《名叫“星期四”的男人》（*The Man Who Was Thursday*）有口皆碑，多年来都是畅销书籍之一。大多数书商都熟知令读者怦然心动的书目，其中包括许多科幻与儿童读物，与学术界所认为的“经典名著”关系甚微。而我在想：为什么会这样呢？举几本为例，比如《云图》（*Cloud Atlas*）、《逆流》（*Against Nature*）、《守护者》（*Watchman*）、《我的秘密城堡》（*I Capture the Castle*）、《麦田里的守望者》（*The Catcher in the Rye*）、《项狄传》（*Tristram Shandy*）、《藻海无边》（*Wide Sargasso Sea*）、《杀死一只知更鸟》（*To Kill a Mockingbird*）、《地海传说》（*The Earthsea Trilogy*）、《龙骑士》（*Eragon*）、《指环王》（*Lord of the Rings*)、《碟形世界》系列(*Pratchett's Discworld*)、《机器人会梦到电子羊吗?》(*Do Androids Dream of Electric Sheep?*)、《绿山墙的安妮》(*Anne of Green Gables*)、《哈利·波特》(*Harry Potter*)、《幻象天堂》(*The Phantom Tollbooth*)、《小王子》(*The Little Prince*)、《炼金术士》(*The Alchemist*)、"万能管家吉夫斯"丛书(*The Jeeves Books*)、《寒冷舒适的农庄》(*Cold Comfort Farm*)。

喜欢这些书的人有时会觉得他们应该读一些更经典的书籍。文学小说家 A. S. 拜厄特(A. S. Byatt)早年就是特里·普拉切特(Terry Pratchett)的粉丝,当时科幻小说和幻想小说很少出现在大幅报纸的书评中。1990 年,当她兴奋地在我坎特伯雷的书店里买下《碟形世界》的新书时,开玩笑说:"我很喜欢《碟形世界》,可是我在伦敦不能被人看到我买了它。"

这一现象是现代教育体制的副产品,人们对乔叟(Chaucer)、莎士比亚和狄更斯的作品顶礼膜拜。1842 年,喀布尔大撤退中唯一的幸存者布莱登医师(Dr. Brydon)英勇无畏,靠帽子里的《圣经》挡住了阿富汗人的剑击,然后骑马到达安全地带,维多利亚时代的当权者对这段传奇深为喜爱。年老的布莱登回到苏格兰高地的故乡,才揭露了这段传奇的真相(他本来也没有编故事)。救了他一命的并不是《圣经》,而是一卷流行的《布莱克伍德杂志》(*Blackwood's Magazine*),里面汇集了浪漫小说和恐怖小说。

获得慰藉是阅读的一个重要部分,我们需要维护这种慰藉,否则就会像哈佛大学迪尔德丽·林奇(Deirdre Lynch)教授的一些学生一样。她哀叹道:

> 英语专业学生的抱怨中常常透露出一种怀旧之情……他们必须接受并遵守的理论批评训练摧毁了他们对作者和阅读的热爱，而这种热爱正是他们进入研究生课程的初衷。

发现一本安慰书就像是坠入爱河的那一刻一样，总是令人难忘。我 20 岁出头时的那几年，常常骑自行车去切尔西的泰特街，把我的无齿轮学生自行车锁在爱德华时代的公寓楼栏杆上。这条街上洋溢着书卷气：雷德克利芙·霍尔（Radclyffe Hall）和奥斯卡·王尔德（Oscar Wilde）曾经就住在几幢之外。我穿着从杰明街的 TRICKER'S 鞋店里买来的旧手工皮鞋，乘坐古老的电梯到达顶层，穿过电梯门的栅栏，半米外就能看到楼梯平台。我去拜访威福瑞·塞西格（Wilfred Thesiger），他是一名作家兼旅行家，我常常与他海阔天空地交谈到后半夜，屋外阿尔伯特桥的灯光在泰晤士河上闪闪发亮。

他曾经被称为维多利亚时代的最后一位探险者，但他对内燃机的憎恨和对原住民世界观的尊重，使得像利维森·伍德（Levison Wood）和罗里·斯图尔特（Rory Stewart）这样的年轻作家给他贴了一个新标签——“第一个嬉皮士”。尽管塞西格给人的印象永远是在和贝多因人交朋友，或是穿越阿拉伯沙漠的“空白之地”，但他是一个热衷于藏书的人，所以我们谈了很多关于书籍的事——某人拥有一本订阅版的《智慧七柱》（*The Seven Pillars of Wisdom*），封面由 1915 年一架土耳其飞机在汉志坠毁时的木质螺旋桨切片制成，我所接触过的经销商似乎都没听说过这件珍品。

在一张索引卡上，塞西格亲手给我列了一张清单，上面写下了六本他认为永远让人感到安慰的书。我就是从那里第一次知道了《旧地重游》(*Brideshead Revisited*)，但他不得不附上一个人名——伊夫林·沃（Evelyn Waugh)，塞西格在埃塞俄比亚与这个人熟识，认为他是一个“混蛋”，塞西格永远也想不到他会写出这样一本伟大的书。塞西格曾在埃塞俄比亚与墨索里尼（Mussolini）的部队英勇作战，因此被授予陆军优异服务十字勋章（DSO)，后来他在早期的英国特种空勤团（SAS）服役，当时伊夫林·沃在报道意大利入侵时戴着一顶大宽檐帽，塞西格对此很不感冒。“那顶该死的帽子。”塞西格说道，想起这段回忆，他摇了摇头，脸上却透出笑意。

如今，作为一名书商——以前我并不是，只是一名诚挚的历史系博士生——我知道不论年龄还是性别，《旧地重游》能给所有人带来慰藉。伊夫林·沃写作的这个关于贵族生活的故事引人入胜，而且对我来说，他像变魔术一样地创造出难以企及的美好，还让这种美好更加遥不可及，所以每周都持续热卖。

最近一位年轻的女士来到了我的书店，说：“我刚读了《旧地重游》，这本书太……与众不同了，我的脑袋要爆炸了，我之后要读些——你懂得，那种真正能打动你的书。”

这个棘手的问题触及了阅读乐趣的核心：有些书籍是你不得不读的，而有些书籍是你会为了它们清早就起床阅读，却又在结尾时故意放慢速度，想晚一点与它告别。对于这位顾客，陀思妥耶夫斯基（Dostoevsky）与狄更斯都帮不了她。她本来会理解纳博科夫（Nabokov）的奇怪写作意图。纳博科夫在一次 20 世纪 50 年代的模糊不清的电视采访中说，他写作既不是为了打动人心，也不是为了改变读者的观念，而是为了“在艺术家读者的脊梁中制造小小的鸣咽”，他说得很快，我不得不重播了好几遍才明白这句话。一针短暂而直接的强心剂很有必要。我想到了一些能给自己带来慰藉的书籍，比如J. G. 巴拉德（J. G. Ballard）的《撞车》？不太好——我对这本书的推崇曾在富勒姆的酒吧里引发了一场斗殴（我并没有参与其中）。

我们为那位顾客推荐了《我的秘密城堡》《杀死一只知更鸟》《狩猎会》（*The Shooting Party*）和《弗兰肯斯坦》（*Frankenstein*）。我后来听说，她很享受阅读道迪·史密斯的《我的秘密城堡》，而且她很奇怪为什么这本书并不出名。

塞西格列入书单的另一本书是艾瑞克·希普顿（Eric Shipton）的《越过山丘》（*Upon That Mountain*）。多年来，塞西格总是说这本书很久以前就遗失了，而且找不回来了。我回想起来才突然明白他为什么不想找到那本书。对他来说，那是一种隐晦的渴望，他那位帽子不合适的朋友的一部杰作中的语言可以引用来解释：

> 我知道有人在我之前发现了墙上的那扇矮门，门通往一个与世隔绝的迷人花园，无法通过任何窗户眺望那里。

“无法眺望”是书籍给我们带来慰藉的核心力量。这全凭个人喜好，很少是获奖书籍或当下的畅销书，这是一个秘密发现，是一次醍醐灌顶，在未曾踏足的灵魂荒漠中引发了一场慢动作的爆炸。

对有些人来说，带来慰藉的书籍代表着缺憾之美——《越过山丘》的主题就有关心甘情愿地失败。塞西格谈了很多关于楠达德维山的事，它是喜马拉雅山的一座山峰，被称为“寡妇制造者”，这座山峰击退了所有试图接近它的人；希普顿的这本书讲述了尝试攀登楠达德维山失败的故事。这就是为什么这本书那么珍贵，因为它不是一本登山编年史。

2020 年是塞西格去世后的第 17 年，我在一家慈善商店里发现了一本 1956 年的《越过山丘》平装本，我把它买下，放在了塞西格签过名的《阿拉伯沙地》(*Arabian Sands*)旁。

我问别人能给他们带来慰藉的书籍有什么吸引力，他们的解释都模棱两可，所以我不再直接问了。他们常常像战时被俘的间谍说出姓名、军衔和编号一样，说出书籍的标题、作者，也许还有版式、平装本或精装本。然后他们就转移话题，不愿透露他们神秘的内心世界。他们在保护自己的山间圣地，因为毫无疑问，能带来慰藉的书籍一定要保持私密，不能外道。将这些书写进散文里，就像是坐直升机登顶楠达德维山一样错误。

长大成人的过程中，我们的一部分想象力躲到了克制约束的自我之下，而当我们经历了爱与死亡，放逐到大自然中，或者埋头于书籍中时，想象力又重新浮现出来。希普顿的书以下面这段话开篇：

> 我想，每个孩子大部分时间都在做白日梦，梦见树、发动机、大海……有时候，这些渴望深藏心海，有时候，却足以对我们的生活方式产生决定性的影响。

“对我们的生活方式产生决定性的影响”——安慰书是让这种影响持续下去的一种方式。难怪人们对这些书籍缄口不言，我的问题干扰了他们留存下来的童年思绪——那是一件敏感的事。小时候，我们不知道有一天克制约束的自我会搅乱童年思绪。我们从小到大都认为，拥有《一千零一夜》（*The Arabian Nights*）那样丰富的想象世界是理所当然的。

我家有八个孩子，我最小的妹妹莎拉（Sarah）小时候有一本安慰书，但在我问起之前她从未提过。《老房子里的孩子们》（*Children of the Old House*）讲述的是一个大家庭在破房子里修修补补的故事。他们在许多挑战中茁壮成长。莎拉就是在这样一所房子里长大的，又在大奥蒙德街医院开始了她的儿童护理事业。我一次又一次发现，人们童年时的安慰书以一种滑稽的程度预示了他们成年后的人生使命，而他们自己往往看不到这一点。

今天早上，当我在坎特伯雷咖啡厅写这一段的时候，一对背着帆布背包、带着木质手杖的年轻情侣走了进来。我们交谈起来，我问他们童年时的安慰书是什么。两人都 21 岁，从波尔多走到爱尔兰，在野外露营，没有固定的行程。英俊的扎卡里亚 · 法西（Zakaria Fassi）通过阅读法属阿尔及利亚的同胞费扎 · 格恩（Faïza Guène）写的《男人不哭》（*Un homme ça ne pleure pas*）战胜了他专横的父亲。他的女朋友莱莉娅 · 加林（Lelia Galin）剃着光头，是一名卡车司机的女儿，她读了一个不出名的童话故事，里面讲一个食人魔被爱感化，因此理解了她童年时期家里的“一团糟”。他们平静而认真地谈论着这两本书，而且说他们以前从未跟任何人谈起过。这些书映射出他们的情感，而且比任何聊天都更能解释他们的“大逃亡”。

最近在伦敦到坎特伯雷的火车上，我与山姆（Sam）聊天，她是一名律师，刚从老贝利街的中央刑事法庭结束了一桩谋杀案的审判回来。

我说："你童年时的安慰书是什么？"

山姆说："哦，我喜欢彼得和简（Peter and Jane）的英语分级读物、狄更斯的《双城记》（*A Tale of Two Cities*）、《悲惨世界》（*Les Misérables*），还有……"

我觉得读这些书太早熟了，就打断了她："停一下——我的意思是哪本书对童年时的你有特殊意义？"

山姆说："哦，我真正喜欢的是一本小小的精装本《灰姑娘》（*Cinderella*）。"

是《灰姑娘》，我想到灰姑娘受两个继姐和邪恶的继母这三股丑陋的力量压迫，这就是山姆生活的准确写照。尽管山姆是特立尼达人，出身于工人阶级，而且是一名女性，却不知何故闯入了法律机构。她承认尽管灰姑娘的形象苍白，白马王子脑袋空空，这个故事还是解放了她。

几年前，在纽约出售的一本《小小红引擎能做什么》（*The Little Red Engine That Could*）也起到了同样的作用，上面有幼稚的铅笔标记和许多磨损的痕迹——这是玛丽莲·梦露（Marilyn Monroe）的书。

我 11 岁时的安慰书是《时光花园》（*The Time Garden*），这本书对我意义重大，我从没告诉过任何人，也没有想过为什么我与它的关系如此亲密。就像塞西格的《越过山丘》一样，我从来都没想过要重读这本书，在此之前也没有想过这本书究竟为什么对我如此重要。那本书讲的是一个男孩在自家后院阳光照耀的砖路上遇到了一只黄条背蟾蜍，而这只蟾蜍不知为什么能让他穿越时空。简言之，那本书囊括了我童年时的全部渴望——神秘的事物、自然、秘密花园、知多言少的动物，还有穿越历史的旅行。

几年后，在青春期的暴风雨中，一张新的护身符出现了，那就是至今仍受广泛阅读的《银剑》（*Silver Sword*），这是一个关于“二战”的故事，讲的是炸弹炸毁了一位老师在华沙犹太人区的房子，他遇到了一个无家可归的男孩，男孩用鞋盒保存了一些自己特殊的贵重物品，不知什么原因，其中有一把小小的银剑。试图查找这本书的时候，我以为书名叫《石中之剑》。我现在明白了，恐怖的中学生活正在摧毁我在魔法世界里有象征意义的房子，但我可以在假想的鞋盒里放一些象征性的东西来偷偷留住它。那把小剑里保存着亚瑟王（Arthurian）的力量，尽管在书中那只是老师妻子的裁纸刀，而她死于轰炸。我的顾客和已长大成人的孩子仍受到这本书的影响[奥利弗（Olivia）说：“我喜欢那本关于剑的书”，印迪亚（India）说：“我真想要那把剑”]。

我在什么地方读到过，有一个年轻的英国女孩，她的心理状态太过罕见，无法诊断为现有的任何“精神障碍”，比如多动症（ADHD）。她很聪明却不知道为什么总是被某些东西、某些需求分散注意力。没有医生能解决她的问题，直到她去找了伦敦的一位专家。专家上班迟到了，注意到她在候诊室里不停地跺脚。当她接受预约的治疗时，专家说“她是个舞蹈家，仅此而已”——后来她成为考文特花园的首席芭蕾舞演员。我很想知道她童年读了什么书籍。

童年的白日梦会浮现在阅读中，并且会延续到童年后。我们不需要法国思想家加斯东·巴什拉来告诉我们“孩子的白日梦中隐藏了什么特殊的深意，以及孩子能真正拥有独处与无所事事的时间有多幸福”，但我们又很理解他的大声疾呼，“生活中的琐事令我失去了所有自由时，我常常希望有个阁楼能让我在里面无所事事”，并赞扬他所坚持的积极主张，“在完全属于想象力的领域里，晚年的我们依然能保持年轻”。

安慰书帮我们渡过尼采（Nietzsche）所谓的“生活的可怕之处”。蒙田在他的塔式图书馆里，把自己最喜欢的书籍称为“我这场人世之旅中最好的武器”。有时候我们把这些书当作护身符带在身边；亚历山大大帝南征北战时带着他的《荷马史诗》（*Homer*）——这本书充满“乡愁”，这个词语表达了对家乡的思念。

许多战士靠他们最喜欢的书来对抗战争的恐怖。拿破仑（Napoleon）在征战中带着歌德（Goethe）的《少年维特的烦恼》（*Sorrows of Young Werther*），这是一个有趣的选择，因为众所周知，这本书的主角因为失去了生活的意义而意图自杀。也许拿破仑需要借助自杀倾向来平衡作为帝王的狂妄自大，就像罗马皇帝乘着战车胜利游行时，有一个男孩站在他们身后，低声说“所有荣耀只是过眼云烟”（如果说这个男孩当时不招人烦那才奇怪）。

沃尔夫将军在加拿大与法军作战，他那本格雷（Gray）的《墓园挽歌》（*Written in a Country Churchyard*）残破不堪，这本书除了让他想起英国之外，他画了双下划线的部分也暗示了这本书对他的意义——荣光之路只通向坟墓。他在魁北克被杀，年仅32岁。第一次世界大战期间，阿拉伯的劳伦斯（Lawrence of Arabia）骑骆驼长途行军时读了阿里斯托芬（Aristophanes）的古希腊戏剧，以此提醒自己人生的荒谬。对于格拉斯哥的木匠詹姆斯·穆雷（James Murray）来说，书籍也起到了类似的作用，他在弗兰德斯的战壕战斗，口袋里装着他最喜欢的歌德的书——用德语写的。很难想象人在战争中分享自己喜欢的书籍，但弗格森（Ferguson）上尉坚持分享沃尔特·斯科特（Walter Scott），他在西班牙与拿破仑作战最艰苦的日子里，他为等在阵线上的小伙子们读着斯科特的史诗《湖上夫人》（*The Lady of the Lake*）："猎鹿那一段最受第三师的野小子们喜欢。"

小说家司汤达（Stendhal）记录的前线反应更令人信服，他曾在拿破仑从莫斯科战败撤退时的部队里当兵，他的安慰书是一本红色皮革封面的伏尔泰（Voltaire）讽刺语录，是从莫斯科一座燃烧的房子中救出的复本。虽然司汤达试图在篝火旁小心翼翼地读这本书，但是他的战友嘲笑他，认为这本书太肤浅，不适合战场，所以他把它丢在了雪地里。

威廉·哈维（William Harvey）作为读者是一个愉快的和平主义者，他发现了心血管系统，埃吉山战役（the Battle of Edgehill）时他一直在防御工事里为两个王子读书，直到像约翰·奥布里（John Aubrey）在《名人小传》（*Brief Lives*，1680）中所写的那样，"一支大枪发射的子弹擦过他们附近的地面，令他脱离了岗位"。

安慰书是从哪里来的呢？它的来源常常意想不到，奇妙的来历给了安慰书"马那"（mana），这是一个无法翻译的波利尼西亚语单词，形容一个物体所拥有的特殊气场。帕特里克·莱斯·法莫（Patrick Leigh Fermor）用这个词来形容他那本绿色背景的旅行日记。并不是我们每个人都像亚历山大那样幸运，有一个像亚里士多德（Aristotle）那样的导师推荐荷马的书，我们更可能在图书馆或书店里偶然发现我们童年时最喜欢的书籍。正如1870年儿童杂志编辑安妮·莫兹利（Anne Mozley）所说的那样，这本书是"'孩子'心路历程中的一件大事，但老师却永远无法提供这本书，因为一本书对人的影响是偶然产生的”，就像玛丽·沃德（Mary Ward）在 1891 年写的《大卫·格里夫的历史》（*The History of David Grieve*）中，男孩大卫·格里夫在柜子里找到一本旧的《失乐园》（*Paradise Lost*）一样：“整个上午他都躺在羊圈的一个隐蔽角落里，如饥似渴地读着诗歌，滚动诗句的魅力使他铭记不忘。”

有人推荐书籍当然很不错，但我们渴望着不期而遇，因为发现一本书的体验本身就是美妙的。“不知为什么，”《白鲸记》（*Moby Dick*）的作者若有所思地自言自语，“陪我们最久的书往往是我们偶然得到的。”多萝西·沃兹沃恩（Dorothy Wordsworth）一定会同意这句话，那一天她来到一家湖边旅店燃着温暖炉火的房间里，外面天气很恶劣。她的兄弟威廉：

> 很快就去了堆积在窗户角落的图书馆里。他拿出了一卷恩菲尔德的《谈话者》还有一卷康格里夫（Congreve）的散卷。我们喝了兑水的热朗姆酒——都感到很开心。

如果有怀有敌意的人监视，这本书可能会更加令人兴奋。广受欢迎的保皇派诗人亚伯拉罕·考利（Abraham Cowley）童年时，在他母亲的房间里偶然发现了一本《仙后》（*The Faerie Queen*），从此“义无反顾”地成为一名诗人。在维多利亚时代，奥古斯都·黑尔（Augustus Hare）童年时有一段时间专注于从废纸篓里找回他祖母一系列的《匹克威克外传》（*Pickwick Papers*），而另一个维多利亚时代的少年埃德蒙·戈斯（Edmund Gosse），在不铺地毯的木材贮藏室里，对一个帽盒产生了狂热的好奇。有一天，他私自打开了这个盒子，发现里面是空的！除了用一本精彩绝伦的小说书页做成的内衬。他“欣喜若狂地跪在光秃秃的地板上读着这本书，又高兴又害怕，担心母亲会在读到书中最激动人心的句子时回来”。

为什么孩子们那么喜欢在睡觉时间蒙着被子打着手电筒看书呢？我最近发现，我的五个孩子都把这一技巧像生存技能一样彼此传授。在过去的时代，手电筒出现之前，这也很浪漫：柯南·道尔（Conan Doyle）点着“蜡烛头”读斯科特的历史小说……直到夜深人静，他才简要地回想起“‘犯罪’的激情增添了故事的趣味”。

推荐书籍是一门微妙的艺术

一些亲密的朋友会互相分享安慰书，但这么做要像诱捕鳟鱼或嫁接兰花一样细致。如果你想让别人喜欢你真心推荐的书籍，那就要摆出一副“你看不看都行”的随意态度。过分热情地推荐会给你的朋友带来负担，因为他也必须觉得这本书能改变人生或影响深远，否则不是他的思想不够深刻，就是他不够重视这段友谊。那本借来的安慰书也是如此——我们都有过这种经历——它被束之高阁，却默默地散发出令你感到内疚的电波。

善于描写性爱与波西米亚的小说家亨利·米勒（Henry Miller）就写过这方面的文章。他记得有一位密友巧妙地引诱他读赫尔曼·黑塞（Hermann Hesse）的《流浪者之歌》（*Siddhartha*）：

> 那个人把书放到我手里，耍了个巧妙的花招：他对这本书只字未提，只说这是我的书。这话从他嘴里说出来就已经足够

激动人心了。这本书来得正是时候。

这本书改变了很多人的人生。在20世纪70年代，许多年轻人受它影响决定避免汲汲营营地生活，多出去走走看看。我也受到了这样的影响，我在一家书店找了一份工作，还经常花些小钱去旅行。我记得那是1975年，我乘坐苏丹航空公司的一架彗星客机飞过尼罗河上空，我身边的那位柏林人坐得笔直，让人觉得没必要与他交谈。我个性有些软弱，所以我徒劳地试图找话说来打破沉默，就像一只徒劳地用身体敲打窗户的鸟儿。我绞尽脑汁地想与德国有点联系的东西，我对这个国家的了解全部来自坐飞机时看的《轰炸鲁尔水坝记》（*The Dambusters*），这很难说是一个愉快的开场白。接着我想起了《流浪者之歌》，然后我发挥失常了："对了，英国现在有很多年轻人都在读这本书，它真的改变了我们的观念。"我滔滔不绝地说。他的目光慢慢从呕吐袋的说明书抬到安全带警告灯上，只是说了一句"我可以想象"，就伸手拿起了他那份一个月前的《德国世界报》（*Die Welt*）。

如果40年后，他身边坐的是保罗·科埃略（Paulo Coelho）——世界上第三畅销小说家，著有《炼金术士》，科埃略会把关于《流浪者之歌》的事讲解得比我更好，在他最近一本书的序言里，他说"在我这一代几十年前，黑塞就意识到我们都有必要声明什么是理应真正属于我们的，那就是我们自己的人生"。《炼金术士》是继任《流浪者之歌》的安慰书：我最近遇到一位顾客把这本书读了6遍。她知道不论什么时候，每当她的生活陷入困境时，她就会读更多遍。

在我店里购买《流浪者之歌》的顾客通常性格安静、意志坚定，他们听别人谈论过《流浪者之歌》，就像你可能会对一个外星人描述鲍勃·迪伦（Bob Dylan）早期的歌曲一样，或是他们有时候怀着一丝希望为恋人购买这本书。

当米勒模仿吸引他阅读《流浪者之歌》的策略，把自己的安慰书——巴尔扎克（Balzac）不太出名的《塞拉菲塔》（*Seraphita*）递给朋友们时，他失败了。没有一个人上钩，尽管他还给他们讲了一个故事，说有一个学生在街上和巴尔扎克搭话，请求他亲吻这双创造了双性同体先锋庆祝活动的手。米勒只是太过热情，所以没能把安慰书推荐出去。在他的对话式自传中，他不再向读者推荐《流浪者之歌》，因为他知道"说得越少越好"。

当涉及与"心路历程"有关的书籍时，推荐书籍确实是一门细致的艺术。米勒指出，真正能让听者意识到推荐的安慰书值得一读的，并不是推荐时实际说的话，而是"这些话所附带的光环氛围"。他建议道，面对"情不自禁的心灵共鸣"，你要变得活力有趣。我认为他在一章的结尾处提到爱德华多·圣地亚哥（Eduardo Santiago）的《循环》（*The Round*）时，也流露出这种心灵共鸣。爱德华多·圣地亚哥不是网红冲浪选手，也不是被判死刑的臭名昭著的杀人犯，而是一个不知名的古巴神秘主义者，就连在互联网上都没有关于他的信息。米勒的那句"我怀疑世界上对这本书感兴趣的人有没有一百个"很容易引人上钩。如果一本安慰书荒诞出格又来之不易，那么这本书就更诱人了。

我的独立书店里有一个非常内向的书商，尽管他的文学品味令我自卑，我还是暗暗欣赏他。有一次，他聚精会神地读一家不知名的美国大学出版商的书目，几个小时后他抬起头来，令我非常愤怒嫉妒的是，他操着浓重的坎布里亚口音自言自语，兴奋又小声地说：

“啊，《陷阱》（*The Pit*）终于重印了。”

我不得不问道：“乔治（George），那是什么书？什么时候出的？”

“好吧，马丁（Martin），如果你把这该死的东西关了，我就告诉你。”他说道，我在20世纪80年代时的确在店里放了很多世界音乐，“那张CD叫什么？别告诉我是另一张鼻箫吹的莫扎特（Mozart）”。

我气冲冲地为布隆迪的乐器辩护，那种乐器像葫芦和齐特琴的结合体，说它有撒哈拉沙漠以南的风情，但他根本不听，我就把音乐关了。

“听说过奥内蒂（Onetti）吗？”他说道，扬起了右边的眉毛，像斯波克（Spock）一样。

我从来没听说过奥内蒂，所以乔治不高兴地回去整理他的书目，小声抱怨道：“那你接下来会说你从来没听说过普瑞米欧·塞万提斯（Premio Cervantes）。”

我当然也没听说过这个人，而这种无知正是我作为管理者与人类的核心缺陷。我询问道：“好吧，这到底是什么？”

乔治说：“哦，它只是世界上使用范围第二广的语言中最重要的文学奖，但当你花时间阅读像吉卜林（Kipling）这种傻瓜的作品时，你怎么会听说过呢？奥内蒂在1980年得到了它。”

我说：“听着，就因为我有一次承认读过《国王迷》（*The Man Who Would Be King*），而且你崇敬的艾略特（Eliot）也称赞那本书，你就一直想败坏我的名声，就好像我真的是阿姆利则惨案里开枪的凶手。”

沉默。

我又用一种安抚性的口吻，想和他和解，说道："好了，谁是奥内蒂？很遗憾我从来没听说过他，请原谅我还苟活于世。我只需要花点时间找个像样的清洁工，我们就不会没完没了地收到关于厕所的投诉信，而你用不着回复这些信——这就是为什么我能赚大钱还要掉头发。"

乔治摇了摇头，翻着亚利桑那州立大学出版社的书目说："胡安·卡洛斯·奥内蒂（Juan Carlos Onetti），你这个愚昧的南方帝国主义者，他是……"他从我们工作间的办公桌往外看，小说区就在对面，"……是乌拉圭的托尔斯泰"。

那次有关文学的谈话令人难忘，从此以后我对奥内蒂的敬畏之情油然而生，就像米勒敬畏爱德华多·圣地亚哥一样。

意外所获与来之不易都能使书籍变得迷人，并使它成为一本安慰书，但在一个特定的书店买书也能以一种全无逻辑的方式增加书籍的魅力。比如，我们买了一本当地的书作为探险的安慰纪念品。

我相信这种现象很普遍。比如，如果我度假去的地方与我的故乡肯特大不相同，我发现自己会以一种新的方式买书，试图把我这场奇妙旅途的精华带回家。

扫视我的书架，我看到了这样买来的东西，中产阶级版本的岩石棒、墨西哥宽边帽，或许没什么用的《海角地质学》（*The Geology of Mull*）、《北塞浦路斯野生植物志》（*Wildplants of Northern Cyprus*）和《北威尔士的幽灵》（*Ghosts of North Wales*）。这些蕴藏奥秘的东西不仅看起来很有当地特色，给人的感觉与众不同，从奥本、凯里尼亚和普尔黑利叮当作响的印刷机里印出来。一本书的本身往往对它的安慰功能至关重要。在脆弱如雨林般的私人情感中，生理感受鲜活得能让一本书成为护身符。

肌肤之亲

安慰书是真实可以感受到的。我们很难向外星来客解释，书籍本体纯粹是文字的载体，人们却喜欢它的味道与触感。在书店收银台工作的30年里，我听到很多言论说时代改变了——书籍已经死亡了、变肤浅了、出版得太多了等，但顾客对书籍的生理反应始终不变。他们总是在买书之后给书籍一个拥抱。女性买书后会频频热吻书籍。

我问过一名女性，她告诉我虽然表面上买衣服更有快感，但这种情况却不会发生。也许，正是因为书籍像一扇通往无限过往的传送门，默默承载了太多太多，才吸引人们以亲吻表达自然的崇敬。2019年，人们对泰特现代美术馆中一个装置的反应让我们有点明白了一种美好又神秘的行为。冰岛艺术家奥拉维尔·埃利亚松（Olafur Eliasson）在美术馆外放了一块采自格陵兰冰架有1.5万年历史的冰。令他惊讶的是，面对这块传奇的冰，许多女性都亲吻了它。

女性全方位享受书籍的秘密历史非常悠久。维特多利亚·葛乐娜（Vittoria Colonna）是米开朗琪罗（Michelangelo）的精神导师，她亲吻但丁的书，她在维多利亚时代不知名的拥趸以此为灵感为她写了一首诗《书之歌》(*Book-Song*)：

维特多利亚温柔的双唇突然吻上书页，

她叹息着低语那挚爱的名姓。

17 世纪，自负的菲利普·萨慕斯（Philip Salmuth）在他六卷长的医学百科全书中，试图把一个完全健康的年轻女孩归为病态，因为“她非常享受嗅闻旧的书籍”。爱德华时代的性学家哈维洛克·艾利斯（Havelock Ellis）的思维模式与萨慕斯一样，猥琐地盯着他所谓的女性在“面对皮革制品、皮革封面书籍等物品时会产生强烈的性冲动”（艾利斯直到 60 岁还是个处男，他通过看女人小便来获得性快感，也许他并不是女性性欲方面的第一权威）。

获得性快感不一定就要纵欲狂欢。在现代，玛丽娜·沃纳（Marina Warner）为她在伦敦阿卡迪亚图书馆里发现的一本旧书《一千零一夜》神魂颠倒。关于这本书，她写道：

令人强烈地感受到书籍的一生……封面因翻阅而变软，书页变得破破烂烂，一些地方用补丁和包边加固，防止书页脱落破碎——这些书页被“读”成了碎片……散发出一股人手和呼吸发霉的气味。

19 世纪的浪漫主义者和沃纳一样欣赏古书的光泽、悠久的历史、触感与气味。造访鸽子农庄（Dove Cottage）的人惊奇地发现沃兹沃思（Wordsworth）的书籍很少，都放在烟囱旁的壁龛里，这些书籍“有的装订质量很差，有的根本没有装订，有的甚至破烂不堪”。有人曾见过柯勒律治亲吻斯宾诺莎（Spinoza）的书，而在 1824 年查尔斯·兰姆（Charles Lamb）那一堆破旧的安慰书震惊了正直的律师亨利·罗宾逊（Henry Robinson）：

> 我去拜访查尔斯。他收藏的破旧书籍是我见过的最破的……那些书籍太肮脏了，讲究的人真的不愿意碰……他喜欢他那些“衣衫褴褛的老兵”，而且扔掉了所有现在的书籍，却保留小时候喜欢的垃圾。

这些旧书中有一本曾属于查普曼（Chapman）的《荷马史诗》，有人见过他亲吻这本书。兰姆在一篇文章中毫不羞耻地写道他拥抱着他的“午夜宠儿”——那些翻动把玩过的书籍。

随着维多利亚时代风尚的盛行，男性不得不保持情绪稳定，喜怒不形于色，所以男性更加克制对书籍本体的爱，有人看见萨克雷（Thackeray）把兰姆的作品靠在前额上，突然喊道“圣查尔斯！”这是脱口而出的性高潮，尽管他没有亲吻这本书。随着蒸汽时代改变了印刷术，新书的味道受到了人们的关注，狄更斯喜欢那从书店里飘出的新鲜纸张味道，后来的乔治·吉辛（George Gissing）也一样。我发现20世纪只有一个男人表达了对书籍本体的爱，可即使是1927年时他也已年老：

> 哈里·史密斯（Harry Smith）在拍卖会上买到一本带有雪莱题词的《麦布女王》（*Queen Mab*），他把这本书送给玛丽·沃斯通克拉夫特（Mary Wollstonecraft）时，一个年老的藏书家走到他面前，擦掉满眼泪水，问自己是否可以把这本书拿在手里一会儿。

根据神经科学分析，喜爱书的味道是健康的。人们常说，嗅觉是与记忆的关系最直接的感觉，但它的意义远不止于此。大脑管理叙述那一侧受损的患者中，语言和文字接管了这部分功能。这些病人“很难理解上下文、直觉系统与隐喻”。“他们太过理智，因此丧失了欣赏叙事的能力。”伊恩·麦吉尔克里斯特（Iain McGilchrist）在《大师和他的使者：左右脑和西方世界的形成》（*The Master and His Emissary:The Divided Brain and the Making of the Western*，2009）一书中总结道，嗅觉“奠定了我们的直觉世界与现实世界的基础”。在《国际神经科学期刊》（*International Journal of Neuroscience*）上，马尔塞洛·斯皮内拉（Marcello Spinella）的论文《嗅觉识别与移情的关系》（*A Relationship between Smell Identificationand Empathy*，2002）强调了嗅觉与精神完整性之间的联系。一般来说，女性从小受到的教育“更注重直觉和身体”，更喜欢叙事，所以她们闻、拥抱、亲吻书籍也就不足为奇了。西尔维娅·普拉斯（Sylvia Plath）听到特德·休斯（Ted Hughes）的诗要出版的消息后，她的第一反应直截了当，她写道：“我等不及要闻一闻书页刚印出来的味道了！”法语中表示“嗅觉”的词是“*sentir*”，既指嗅觉又指感觉，这让我们有些明白了弗洛伊德（Freud）的哀叹，他不能理解女人到底想要什么。大卫·豪斯（David Howes）在《感官关系：在文化和社会理论中运用感官》（*Engaging the Senses in Culture and Social Theory*，2003）中提到，弗洛伊德的著作“显然漏掉了鼻子”。

似乎所有嗅闻书香的女性与浪漫主义者既不需要清理杂物也不需要通晓性学；他们对生活这本大书拥有一种健康的热爱，就像热爱书籍的芬芳一样。感受书籍充满情欲，我们阅读书籍的地方也是如此。

书籍将我们带往哪里？

> 我爬上窗台，蜷起我的双脚，我爬上靠窗的座位，缩起双脚，盘腿而坐，像个土耳其人，再把红色的波纹窗帘拉得几乎严严实实，把我完全隐蔽起来。
>
> ——《简·爱》(*Jane Eyre*)，夏洛蒂·勃朗特（Charlotte Brontë）

当我们埋头于书籍的时候会去哪里？我们在书中迷失自我的能力令人毛骨悚然，我们选择在哪里阅读书籍的这个问题也是如此。在合适的地方，我们忘记了时间，忘记了房间，忘记了椅子，忘记了自己。自学成才的激进分子威廉·科贝特（William Cobbett）唤起了这些回忆，在里士满的一家书店橱窗里，他看到斯威夫特（Swift）的《桶的故事》(*Tale of a Tub*)，就用买晚餐的3便士把它买了下来。他翻过一堵墙，来到英国皇家植物园角落的一块田野里，在那里：

> 在干草堆背阴的一面，我一直读到了天黑，完全没想过要吃晚饭或睡觉。当我什么都看不清了……我在干草堆旁睡着了，醒来后我继续读书，其他任何事物都索然无味。

关于醉心于书籍的非凡故事有很多。切斯特顿坐在马车里读书，马车倒向路边，他却浑然不觉直到惊奇地发现自己摔到了地上；还有他的兄弟塞西尔（Cecil）经常站在伦敦拥挤的酒吧里阅读书籍，他一手拿着酒，一手拿着书，“不时地轻声发笑”。德国空军对英国城市发动大空袭时，老迪布尔太太（Mrs. Dyble）也没有停止阅读书籍，她是约翰逊博士（Dr. Johnson）在舰队街上旧居的女管家。警报声响起时，其他人都去了地下室，她却去了她最喜欢的阅读地点——阁楼，约翰逊就是在那里写出《字典》（*Dictionary*）的。

这种“忘我境界”是我们像河流一样的意识所产生的一种现象。目前的科学对这一现象的界定仍然很模糊。1890年左右，威廉·詹姆斯（William James）提出的“意识流”观点至今仍有说服力。笛卡儿（Descartes）剧场早已被揭露了真面目，而最近安东尼奥·达马西欧（Antonio Damasio）、丹尼尔·丹尼特（Daniel Dennett）和量子物理学家的观点都认为意识不能被机械地分成为几个级别。当然，思想分为意识和潜意识这两个层次的观点来了又去。意识更像是一条溪流或深深的河流，而不是一台机器或是什么蛛网图。

很明显，当我们习惯性地沿着熟悉的路线开车然后开始“心不在焉”，当我们做梦时，当我们在谈话中注意到背景音乐时，当我们忽略飞机的噪声时，我们就会像亚马孙河里的海豚一样在我们的意识之河里四处潜游。弗吉尼亚·伍尔芙对存在的虚构描述比许多神经科学语义多变的词语更加隽永。忘我地阅读书籍就像曾经酗酒的作家莱斯利·杰米森（Leslie Jamieson）所说的那样，豪饮能让她“挣脱我意识的襁褓”。

“忘我地读书”这种精神状态尚未命名，不论人们选择什么称呼，回过神来时就像是重新回到了人世，心理学家与古典学者弗雷德里克·迈尔斯（Frederick Myers，1843—1901）6岁时读维吉尔（Virgil）的作品入了迷，他生动地描述了他回过神时看到的景象：“那场景至今仍印在我的脑海里，那是郊区牧师住宅的前厅，地板上铺着发亮的席子，前厅的玻璃门通向花园，阳光从花园倾泻而入。”

玛乔丽·托德（Marjory Todd）也有这样的经历，她是莱姆豪斯区一名锅炉制造修理工的女儿，1920年她在公园里读《呼啸山庄》（*Wuthering Heights*）：

> 我突然就感受到了自我意识与自我意志，我想大多数青少年都有这种经历。也许有些人是逐渐感受到的。对我来说，我捕捉到了那一刻，所以直到现在我还记得那时阳光倾斜的角度、那丛松树、那片粗糙磨损的草地和我脚下的几颗松果。

我的儿子大约15岁，他告诉我他在坎特伯雷的卧室里看完了《北极光》三部曲（*Northern Lights*）。大教堂的钟声已经敲了一会儿了，但直到他念完最后一句，他才意识到钟声。而房间、阳光与钟声的记忆都铭刻在他的脑海里。

我们每个人的自我意识都会偶然地觉醒，而且主要是在童年时期。巴什拉在《空间的诗学》中称其为“我思的萌生”。这是必然的结果。如果我们能突然意识到自己的存在，那么不存在于我们意识中的存在是什么呢？这样我们就接近萨特（Sartre）的存在主义了，理查德·休斯（Richard Hughes）的《牙买加飓风》（*High Wind in Jamaica*）中“我思”在童年萌生的情节令他印象深刻。艾米丽（Emily）正躺在“船头的角落里”，就在这时，“她脑海里灵光一现，想到她就是她”。艾米丽并不在阅读书籍，但读者们总是记得自己在一个与世隔绝的角落里得到这种无声的启示。

在一个角落里发现自我既微妙又美好，但也是脆弱的。小说家与诗人是志趣相投的探险者，一起探索这段神奇意识之河。1681年，安德鲁·马维尔（Andrew Marvell）在他的花园里写道：

对宇宙万物，海洋般的心灵，
即刻能映现出它的同类对应；
但心灵还能超越物质现实，
创造出另外的海洋和陆地，
心灵的创造终使现实消隐，
化为绿色的遐想融进绿荫。

马维尔的超验主义并不适合每个人，但每个人在自己家里不同地方时的表现的确各不相同，而且是故意表现得不同。当警察或邮递员到访门前时，我们立即摆出理想公民的姿态，或准备好接收神秘事物。走在楼梯上时，我们的心理状态也在变换，下楼时就展现自己公开的一面，上楼时就恢复自我的一面。有时发生了令人震惊悲痛的事，我们会去家附近以前没去过的地方，消化还未因习惯而麻木的情绪；当我听说一个书商朋友在苏格兰英年早逝时，我发现自己藏进了带轮垃圾箱旁的一条小巷里。1824年，约克郡的安妮·利斯特（Anne Lister）把这件事做到了极致。为了读书，她坐在窗边的座位上，从打开的窗帘照射进来只够读书的光线，一道高高的折叠屏风把她和屋子隔离开，她穿着两件大外套，膝盖上盖着一件晨衣。

隐居

凡·高（Van Gogh）画了许多鸟巢，并在信中写道，他希望自己的小屋能像一个鹪鹩巢。意味深长的是，这种球形鸟巢的入口通常很难找到。受人极度排斥的卡西莫多（Quasimodo）在钟楼里找到了他的角落，雨果把钟楼称作他的“蛋和鸟巢”。帕斯捷尔纳克（Pasternak）特别偏好把人类创造的世界看作燕巢。我认为阅读书籍的角落很容易被比作燕巢，因为燕巢由河流附近的泥土建造而成，就像我们靠意识之河建造自己的精神家园。

人们克服重重困难在艰难环境下读书的历史不为人知却英勇卓绝，他们的精神用“鼓舞人心的实用主义”来形容最恰当不过了。所以很多人只能选择躺在床上看书，因为家里其他地方满是工作，或是不够舒服。“舒适”（cosy）这个词难以翻译、出处不明，是由维京人通过苏格兰人传给我们的，两个熟知在温暖角落躲避恶劣天气的民族创造了这个词。奥克尼群岛上的人是极端天气的行家，他们有八个词来形容“避风”。

博物学家理查德·梅比（Richard Mabey）的《自然疗法》（*Nature Cure*）是他患有严重抑郁症的回忆录，其中描写了他在房子里四处游荡，寻找合适的角落，最终他在一张开着侧灯的桌角旁找到了这个角落。在寻找中，他模仿了动物的行动，就像野兔找到了一个地方，那是在草地上，正好适合生产［弗朗西斯·培根（Francis Bacon）只有在南肯辛顿狭小的寓所里才能画出好画，所以一位评论家认为，他应该被“关起来”］。也许我们没有那么强烈地意识到，自己对合适的角落有着动物般的本能，尤其在我们决定忘我地阅读书籍时。对章鱼的研究让我们开始思考意识是怎样分散到四肢上的，这就暗示了开始阅读时，我们为什么以及如何安排我们的四肢的。

有一个关于假装看书入迷的好笑例子，讲的是某人出于政治原因在一个角落里假装忘我地读书。一个仆人注意到托马斯·克伦威尔（Thomas Cromwell）在他的恩人沃尔西（Wolsey）摔倒后，坐在伊舍行宫窗边的座位上，对着一本祈祷书放声哭泣。埃蒙·达菲（Eamon Duffy）说，这是“公开展示”他对传统主义的虔诚信仰。

回到真正的忘我读书，伊拉斯谟（Erasmus）也有与梅比一样的烦恼，他在第一本自传里写道：虽然他有“一座不错的房子”，但他花了很长时间才“找到一个可以安放他小身体的角落”。寻找读书角落的过程承载了更多，因为阅读时可能发生很多事。这通常是一个破蛹而出的经历，而我们会重获新生。我们埋头读书，灵魂神游书中又可能再度融入躯体，最终改变了我们自己。有一次，卡夫卡的躯体似乎应验了这种变化。1913 年，他写信给他的准女友菲利斯，说他读了一首诗，“这首诗以流畅不断、直触内心的方式展开然后达到高潮——一个人蜷成一团躺在沙发上时，眼睛却睁得那么大！”

平台和楼梯都很诱人，因为看不出需要做什么家务，感觉就像拥有一个无主的候机室。沃尔特·斯科特爵士的房子太过富丽堂皇，几乎没有人情味，所以他经常待在他的图书馆台阶当中看书。

不要说伊拉斯谟和斯科特在他们的豪宅里遇到了阅读问题，工人阶级出身的读者要克服的问题比找到合适的阅读地点更具有挑战性。

第二章　在逆境中阅读

机器上的眼泪——出身劳动人民的读者

在人类历史上，对于很多劳动人民来说，都很难获得书籍，拥有的闲暇时间也非常少，所以他们的阅读在物质与方式上都受到了限制。康沃尔郡的木匠乔治·史密斯（George Smith，出生于1800年）觉得数学书籍非常耐读。正如他在自传中回忆的那样：一本代数或几何的专著只花了我几个先令，我却花了整整一年的时间仔细研究。还有一些人的时间不够用，而不是缺书，比如后来成为书商的詹姆斯·拉金顿（James Lackington，1746—1815），他是伦敦的一名修鞋匠。他设计并和工友们一起遵守着一套令人震惊万分的睡眠制度，每晚只睡3小时：

> 我们中的一个人一直熬夜工作，直到其他人在约定的时间起床，等所有人都起床后，我的朋友约翰和你卑微的仆人就在他们工作时轮流为他们大声朗读书籍。

苏格兰高地的马具制造工詹姆斯·米勒（James Miller）也展现出了同样谦卑的奉献精神，他经常在工作时找别人读书给他听，而且每晚举办读书会，“通常有两三个聪明的邻居”来参加。这样他的儿子休（Hugh，1802—1856）成了一位影响重大的作家也就不奇怪了，他改变了地质学研究，也预言了达尔文（Darwin）的未来。另一位早期的苏格兰读者很聪明，他是一个四处游走的石匠，就把自己习惯走的路线教给他的马，自己就在骑马时阅读书籍。

最佳读者独创奖必须颁给19世纪的苏格兰人詹姆斯·萨默维

尔（James Somerville）。他是个流动劳工，有 11 个孩子，孩子们穿的衣服破破烂烂，都是他们的母亲玛丽（Mary）用收集来的破布缝制的。他们的儿子亚历山大（Alexander）8 岁开始工作，打扫马厩和挖沟渠。他坚持不懈地阅读书籍，后来成为恩格斯（Engels）钦佩的政治家，并在自传中记叙了自己的童年。这家人四处游走寻找工作，住的破旧房屋大多没有光线，所以詹姆斯随身带了一扇完全用玻璃造的窗户装在每间住所里。

现在很难想象，对于受过教育的穷人来说，照明是一个多么艰巨的问题。许多工人不得不在月光下阅读，因为由动物油脂制成的蜡烛——通常是牛油或羊油——太过昂贵，他们买不起，而石蜡制成的蜡烛专属于富裕家庭。在一些地区，有灯芯草可以使用，拿它浸泡在油脂中制成灯芯草灯，但像动物油脂一样，灯芯草灯会产生烟雾和臭味，而且需要不断修剪。难怪在安妮女王（Queen Anne）统治时期，圣詹姆斯宫（St James's Palace）的两名男仆下班后在市场摆摊卖宫内蜡烛头，生意兴隆。不久之后，他们有了自己的事业：福特南·梅森百货公司（Fortnum and Mason）。

在缺乏书籍的环境中，最不可能成为安慰书的大部头著作也能变成一本安慰书。磨坊工人托马斯·伍德（Thomas Wood，出生于 1822 年）上学的学校里只有《圣经》，于是他以每周一便士的学费进入了机械学院，他在那里找到了查尔斯·罗林斯（Charles Rollins）的六卷《古代历史》（*Ancient History*）。伍德年老后在《基斯利新闻报》（*Keighley News*）上记述了罗林斯“给我留下的印象 40 年也消抹不去”。萨默塞特郡的一个农家男孩约翰·加农（John Cannon）经常利用去集市的机会溜进一位好心绅士的房子，在那里读了约瑟夫斯（Josephus）的巨著《犹太古史》（*History of the Jews*），接着读了亚里士多德的著作。

牧羊人与世隔绝的生活很适合阅读书籍。威尔特郡的牧童埃德温·惠特洛克（Edwin Whitlock，出生于1874年）一边照料羊群，一边"从头到尾"阅读《1867年邮局大全》（*1867 Post Office Directory*）。这驱使他不断缠着邻居向他们讨要更多的书。他不到15岁时，就已经读完了狄更斯和斯科特的"大部分"作品，以及一部12卷的《英格兰历史》（*History of England*）。在苏格兰的克拉克曼南，牧羊人约翰·克里斯蒂（John Christie）不仅拥有一个藏书370本的图书馆，还有全套的《旁观者》（*The Spectator*）和《漫步者》（*The Rambler*）。

与惠特洛克相比，煤矿工人的工作环境像地狱一样，也许正是因为那样惨淡的生活，他们从一开始就为了自学煞费苦心。他们打造了"世界各地劳动人民创建的最伟大的文化机构网络之一"（引自2010年的一份分析报告）。一项关于很多矿工图书馆的研究发现，1741年，最早的矿工图书馆建立于苏格兰的格兰拉纳克郡。图书馆里的书包括流行的寓言和"廉价的恐怖小说"，会使矿工变得激进。一位威尔士的矿工回忆道，罗宾汉（Robin Hood）的故事被大量借阅，因为人们喜爱传达劫富济贫的思想的故事。

在整个维多利亚与爱德华时代，有一本书比其他任何书籍更能吸引工人阶级的读者。纯粹就知名度和影响力而言，哈丽叶特·比切·斯托（Harriet Beecher Stowe）是哈珀·李（Harper Lee）的祖先。在这个给图书颁奖盛行的时代，我们很难想象斯托的反奴隶制小说《汤姆叔叔的小屋》（*Uncle Tom's Cabin*）曾产生过的影响。北威尔士的一名矿工解释道，这本书“把我们的情绪搞得一团糟。我们感受到鞭子的每一次抽打。我们的内心与灵魂都能感受到切肤之痛”。迪安森林的一位煤矿仓库管理员在他的日记中写道他是怎样“深受这本书的触动”的。伊丽莎白·布赖森（Elizabeth Bryson，出生于 1880 年）是邓迪一个贫苦人家的女儿，她惊叹道“啊，这现实呀！”广泛思考后，她道出了书籍带来慰藉的本质：

> 突然之间，振聋发聩的文字在书页上熠熠生辉，那是我们过去无法见到的。这是一个激动人心的时刻……我是谁，这个“我”又是什么？我从三岁起就一直在探索这个问题。
>
> ——《惊奇回顾》（*Look Back in Wonder*，1966）

“一位普通人”写于 1935 年的匿名自传讲述了他怎样在工厂里偷偷摸摸地阅读斯托的书，阅读时许多“咸涩的眼泪”落在他的“号码印字机”上。

大男子主义的工友会对读者带来危险，水手伦诺克斯·克尔（Lennox Kerr，出生于 1899 年）发现自己因为阅读书籍而“受到怀疑”：

> 我必须一见到机会就接受每一个挑战，比如哪怕我不愿意也要狠揍别人的脸，或是吹嘘自己捻接绳子的技术——来证明我即使阅读书籍也没有影响自己当个好水手。

然而克尔也敏锐地察觉到：

人们感觉自己……不受公共场合中他人的冷嘲热讽审视时，内心的隐秘渴望就会浮现出来。他们那内心深处创造的渴望出现了，而不仅仅是当个听话的工人……在讳莫如深的黑暗中，他们更加浪漫、更加勇敢、更加有诗意……我听说有个人，他是我们船上嘴巴最下流的，却在黑暗中对着海浪拍打船首的沙沙声朗诵所罗门之歌（*Song of Solomon*）……独处时，人成为他想成为的样子，而不是被迫假装自己的性格。

——《渴望的岁月——自传》（*The Eager Years: An Autobiography*，1949）

老板们似乎对待工人在工作场所读书写字持宽容态度。一位斯温顿火车工厂的工人阅读了奥维德（Ovid）、柏拉图（Plato）和萨福（Sappho）的原版书籍，然后用粉笔在车床上写下了希腊和拉丁字母。工头一开始让他把这些字清理干净，但得知了这是什么后，他的态度发生了好转。罗兰·肯尼（Rowland Kenney，出生于1883年）偷偷地阅读书籍，直到有一天他的工头“用带着兰开夏郡口音的声音铿锵有力地”朗诵了丁尼生（Tennyson）的《食莲人》（*The Lotos-Eaters*）。他才放下心来。因为“如果像他这样一个爱打架、喝酒、该下地狱的人”也喜爱诗歌，那么肯尼也可以光明正大地阅读书籍。

诺丁汉郡的矿工乔治·汤姆林森（George Tomlinson）也有过同样令人感动的惊喜。他习惯了在“离地面半英里的地方”阅读书籍，却被工头打了一顿，因为他在读一首戈德史密斯（Goldsmith）的诗时，让几辆运煤卡车撞车了。第二天，工头把自己的一大堆诗集借给了他，并附上了警告："如果你把它们带进煤矿坑，我就敲掉这块木板。"后来，一个矿工工友捡起了他掉落的几页自己写的诗，汤姆林森羞愧得无地自容，但他的同事只是说，"不太好，小伙子。你想读雪莱的诗"。

这段经历简直难以置信：兰开夏郡的矿工乔·基廷（Joe Keating，出生于 1871 年）把矿渣从煤矿中铲出，筋疲力尽后还要在家阅读希腊哲学直到凌晨 3 点。他私下与一位不知名的工友交流，我把这位工友叫作 C：

> C 叹了一口气，说："天堂隐藏着万物命运之书。"
>
> 乔·基廷说："你引用了蒲柏（Pope）的诗吗？"
>
> C 说："啊，我和蒲柏英雄所见略同。"

这次交流之后，基廷不再感到那么受疏远了，还组建了一个室内弦乐四重奏乐队，演奏莫扎特和舒伯特（Schubert）的作品。

工人阶级阅读书籍的历史难以考证，在传记和书籍的历史中记述都有不足。查理·卓别林（Charlie Chaplin）在纽约生活时，在偶然的一天见到了一幅比现有叙述都要意蕴丰富的景象：一位非裔美国卡车司机向他介绍了《罗热同义词词典》(*Roget's Thesaurus*)，一位酒店服务员在他讲课时引用了布莱克和马克思的话，一位杂技演员让他阅读了伯顿（Burton）的《忧郁的剖析》(*Anatomy of Melancholy*, *1621*)。旁边那个不倒翁顺便操着浓重的布鲁克林口音解释说，伯顿对塞缪尔·约翰逊（Samuel Johnson）的影响是深远的。

令人惊讶的是，当分析无产阶级阅读时，有时仍然是以居高临下的态度进行的。2001 年，一位学者在评论卓别林自己的阅读时，从叔本华（Schopenhauer）和柏拉图到惠特曼（Whitman）和爱伦坡（Allan Poe），称其为“哲学与情景剧、高雅文化与低俗喜剧的杂种，体现了自学成才者的典型口味”。“杂种”这个词散发着文化优劣论的臭味，暗示着血统纯正的高等生物避开了“低俗喜剧”。当然，无数伟大的小说家，许多博士的催生者，正是通过这种折中主义而变得伟大。

有观点认为，普通人能直接接触到书籍既是一种威胁又是一种惊喜。托马斯·伯克（Thomas Burke）是一位研究伦敦东区生活的历史学家，他因“时尚高雅的伦敦西区小说家”傲慢自大，看不起与他同住在白教堂区的人而感到愤怒。1932 年，他写道：

> 我们的一位“有文化的小说家”以惊奇的口吻记录道，拜访白教堂区的一户人家时，这家的女儿们正在阅读普鲁斯特（Proust）的书籍和契诃夫（Chekhov）的一卷喜剧。这有什么可大惊小怪的？
>
> ——《真实的伦敦东区》（*The Real East End*，1932）

伯克指出，贝思纳尔格林图书馆里总是挤满了当地人。我的父亲（出生于 1913 年）成长于两次世界大战之间，和他的警察继父住在贝思纳尔格林，他们一贫如洗，虽然他 14 岁就辍学了，但是他所阅读的书籍非常广泛。

另一位不看好自学成才的学者是 Q. D. 利维斯（Q. D. Leavis）。她憧憬着一个黄金时代，那时“大众获得的娱乐都来自高级趣味，而不是记者、电影制作人与流行小说家的迎合之作”。

弗吉尼亚·伍尔芙努力理解大众的阅读习惯：

> 我经常问我那些没文化的朋友……为什么我们这些知识分子一本通俗的书都不买。对此，没文化的朋友回答道——我没法模仿他们的语言风格——他们认为自己是没有受过教育的普通人。
>
> ——《伍尔芙随笔集》（*The Collected Essays of Virginia Woolf*，2013）

现在，英国文学史上有一种略显疯狂的理论，认为现代主义者开始晦涩地写作是为了抵御无产阶级读者，因为这些读者正在变得傲慢自负，入侵了文学殿堂。这一理论还认为，当普通民众开始阅读而且该死地理解了艾略特和伍尔芙的作品，后现代主义就应运而生，以击退登上了文学界这艘大船的新无产阶级寄宿者。后现代主义的斯文加利（Svengali），雅克·德里达看似是一个民主人士。他断言通俗文化和高雅文化之间没有区别，暗示麦当娜（Madonna）的演唱会和《哈姆雷特》（*Hamlet*）一样好，因为艺术发生在观众或读者的脑海里。但他自己写的散文却是一团乱麻，令识字的大众望而却步。正如一位看过他演讲的评论家所说，他与其说是一位逻辑学家，不如说是一位行为艺术家，他玩弄文字，享受着一种非常法式的自由联想模式。他自己也没有通过民主试金石的测试，因为在学术界之外没人阅读过他的作品。

埃兹拉·庞德（Ezra Pound）坦率得惊人，他预言了“一个以艺术区分的新贵族”会像以血统区分的旧贵族一样冷嘲热讽地愚弄大众。毕竟，他要对付的是“与兔子一样的头脑赛跑……我们是巫医和巫毒的继承人。我们这些长期被人鄙视的艺术家就快能拿到控制权了”。为了确保成功取得控制权，庞德的意象派试图为“意象派”这个词申请专利，防止拙劣的模仿者入侵这一新风格。那是在1914年，大约是在巴特西邮差的儿子理查德·丘奇的童年时代，他在自传《桥上》（*Over the Bridge*）中哀叹，“普通人能接触到书籍的问题在于知识分子无法从中获益”。令人高兴的是，庞德的继承人桂冠诗人特德·休斯和西蒙·阿米蒂奇（Simon Armitage）都来自“兔子”阶级，而作家的背景对作者和读者来说都不是关注的焦点。

为了结束这一节，我忍不住要讲一个麦考利（Macaulay）讲过的故事，讲的是工人阶级对“经典名著”的真实反应，它阐明了一条道理：你不可能永远愚弄所有的人。18世纪时，一位意大利罪犯被赋予这样的选择，要么被判成为一名苦役犯，要么选择阅读圭卡迪尼（Giuccardini）20卷的《意大利历史》（*History of Italy*）。他刚开始选了那本书，但读了几章就改变了主意，成了“划桨的奴隶”。

无产阶级、普通民众，或者随便什么你用来形容草根读者的词，都经历了艰难的岁月，他们为了获得书籍以及阅读书籍的自由和光明而斗争。他们面对的敌人遍布可怕的当权派。每个阶层的女性读者都面临过非同一般的障碍，却通过振奋人心的独特方式，用智慧来规避这些障碍。

藏在靠枕后面的奥维德——女性这样阅读书籍

茱莉亚（Julia）可以自由阅读她父亲除了书柜里的其他所有的书籍，书柜上有玻璃门，而且所有书籍的书名都朝内放置，所以我们不知道书名和内容，但沃尔德伦（Waldron）先生说这些书籍不适合我们看。茱莉亚敬畏地看着它们。

——佚名，《她会成为一位家庭教师：一个故事》（*She Would Be a Governess: A Tale*，1861）

利亚·普莱斯（Leah Price），她 31 岁时就成为哈佛大学的教授，是阅读历史学家中的领军人物。她认为“阅读是女性一种特有的内心世界的源泉”，我所阅读过的资料似乎可以证实这一点：书店顾客、书商和图书管理员中女性占主导地位，还有大量描绘女性阅读的绘画；仅格温·约翰（Gwen John）一人就画了 17 幅这样的画。

虽然《圣经》中没有提到圣母玛利亚（Mary）阅读的书籍，但从 1100 年左右开始的《天使报喜》（*Annunciation*）中，她经常是在阅读书籍。这种审视虽为奇怪却又最有价值。《天使报喜》描绘的是天使加百列（Gabriel）来告诉怀孕 6 个月的玛利亚，她的孩子是圣灵感孕，他的父亲是上帝而不是约瑟，他是救世主，是被选中的人。最早的绘画中，玛利亚正在缝纫或纺纱，惊讶于长翅膀的闯入者；从大约 1100 年开始，阅读书籍取代了缝纫纺纱，这一时期就是通常被认为是 12 世纪的文艺复兴时期。那时，阅读尤其是女性阅读，已经成为一种公认的文化参考，或是“一件正事”、一种文化基因。因此，这一行为生动而戏剧化地描绘出她接受这一来自上天的惊人消息的情景。有什么时候要比她沉浸于内心世界时，让她得知这一消息更合适呢？对男性来说，阅读书籍的女性形象既浪漫又充满威胁——一种危险的状态。

女孩与妇女在阅读方面面临着特殊挑战：强加的女性观念、审查制度、丈夫、牧师、家务等。毫不过分地说，男人们一直害怕书籍能满足女性的性需求，或能因为书籍而在政治或精神上得到解放，虽然他们自己通过书籍接受教育。这样看来，也许最大的威胁是女性通过阅读来接受教育。而理由很清楚：多阅读书籍就等于少做家务，以及为丈夫作为智慧和满足感的来源的奉献减少。更微妙的是，许多男人感到嫉妒——埋头苦干着一份令人心力交瘁的工作自然会嫉妒女性有阅读的空闲时间。

女性藏书者很早就在历史中迸发光芒了。据说罗马学者梅拉尼娅（Melania）浏览书籍“像吃甜点一样”，直到她决定放弃所有财产去过隐士般的生活。热爱书籍的女修道院院长惠特比的希尔达（Hilda of Whitby，约 614—680），阿拉伯的法蒂玛·阿尔菲赫里（Fatima al-Fihri，约 800—880）与她相似，她在菲斯建立了世界上现存最古老的图书馆。在伊斯兰教早期的几个世纪里，几位女性建立了图书馆和教育机构。12 世纪时，一位女性学者在开罗大学产生了巨大的影响，以至于男学生们说她知道“一骆驼背”的书籍知识。受过良好教育的女性在伊斯兰教中受到推崇，这主要是因为穆罕默德（Muhammad）的妻子——成功的商人赫蒂彻（Khadijah）和著名的《圣训经》（先知的著作）学者阿伊莎（Aisha）。更为普遍的是，穆罕默德本人既教育女性也教育男性，并热情地说：女性是多么杰出啊……羞耻感并不能阻止她们变得有学问。在早先的年代，女性不允许接受正规教育，但在公开的讲座和教育中，尤其在清真寺里受到欢迎。

15 世纪的波兰对阅读书籍的女性抱有更大的敌意。15 世纪 80 年代，克拉科夫的一名女性为了进入大学伪装成男性。在整个课程学习过程中，她一直女扮男装，不仅取得了优异的成绩，而且以具备高度责任心闻名，但就在毕业前夕，一名士兵识破了她的伪装，她因此被告上法庭。当法官问她为什么犯下欺骗的罪行，她那简单的回答感动了法官，让法官对她网开一面，而且在 600 年后依然感动着我们——"Amore studii"，即因为对学习的热爱。她选择了被送进修道院，这里通常是不得志的女性读者的秘密避难所，她在修道院里迅速晋升为修道院院长，为痴迷书籍的女孩与妇女，把整个修道院变成了一所学院。

威尼斯共和国经过一系列意外之喜，造就了一位英勇的女性读者。1368 年，克里斯汀·德·皮桑（Christine de Pizan）的父亲成为法国国王的占星家，那时她 4 岁。她的父亲搬到了巴黎的圣雅克街，这里的环境对她产生了潜移默化的影响——她身处于法国文学和图书销售行业的中心，有机会接触到一座藏书数千本的皇家图书馆，这里奠定了法国国家图书馆的基础。她热衷于阅读，15 岁结婚，育有 3 个孩子，她写道，如果不是命运突然掀起了一场革命，她会成为一位默默无闻的家庭主妇。

在她 23 岁时父亲去世了，几个月后她深爱的丈夫艾蒂安（Étienne）也死于瘟疫。克里斯汀因为遗产问题陷入了法律纠纷之中，所以手头拮据，她之前广泛阅读的书籍有了用武之地，所以她转向通过写作来养活自己。在最初的情歌集获得成功后，她又为贵族撰写了辞藻华美的法国历史，通过提供附有定制前言的个性化版本巧妙地提高价格。这些书籍是由当时那些最好的抄写员和艺术家制作的。

她的一位赞助人——腓力二世（Philip the Bold）去世后，她很务实地以相当于两万多欧元的价格，把腓力二世委托给她的手稿卖给了他那同样谦虚的儿子——无畏的约翰（John the Fearless）。她是世界上第一个以写作为生的女性，而且她的写作越来越个人化。

她抨击备受推崇的小说《玫瑰传奇》（*Romance of the Rose*），质疑书中片面地将女性描写成诱惑者，她的其他作品包括给她儿子移民英格兰的建议，以及她最著名的作品《妇女城》（*The Book of the City of Ladies*）。这个故事虚构了一座城市——由历史中的女英雄建造而成，这是克里斯汀的一个典型特征。这本书以对伟大女性的描述为砖石，构建了一个令人信服的论点和一个不歧视女性的理想知识城市。这个城市是现实的反面，意味着这本书也可以被称为《女性的书之城》（*The City of the Book of Ladies*）——一部激进的女性世界史，迎头痛击了亚里士多德认为女性是二流的男性这一观点。她不仅赞美女性的脆弱是她们的秘密武器，而且颂扬女性的坚强，她特别欣赏亚马孙女战士战斗中的图片。

这本女性的历史收录在她的著作集最佳版本——《女王之书》（*The Book of the Queen*）中。1410 年，这本书被赠送给法国王后伊莎贝拉（Isabel），并于 1753 年成为大英博物馆的创始文物之一。这本带有插图的羊皮纸文集是无价之宝，14 英寸长，11 英寸宽，1962 年用绿色皮革重新装订，当时还插入了保护纸片来保护插图。虽然使用这本书需要介绍信，但作为图书馆最受欢迎的图书之一，它很早就被选中进行电子化，所以任何人都可以在大英图书馆的网站上翻阅这本书的电子版。

这本书燃烧着克里斯汀的个性：她出现在插图中，你可以在好几个地方发现，有她自己的手写笔迹。在混乱的时代，实体书的力量是《女王之书》的根本特点，书中有几张克里斯汀写作或阅读的图片，还有一张图片是她向她的儿子提出建议——他儿子折叠的手臂曾被认为是无动于衷的表现，但目前我们知道那意味着接受意见。

牛津大学的夏洛特·库珀（Charlotte Cooper）指出，画中的克里斯汀总是穿着一条蓝色的裙子。一个关于爱的寓言插图被几个傻瓜轻易地画了出来，他们太过轻易地献出了自己的心，而那个穿着蓝色裙子、深思熟虑地保留自己的爱的形象在随后的版本被删除了。

大英图书馆的手稿，包含了女权主义和对男人怎样昏庸治国的反思，对伊莎贝拉王后来说是一本安慰书。因为和克里斯汀一样，伊莎贝拉也是从外国来的，她有一半意大利血统与一半巴伐利亚血统，15岁时在巴黎结了婚。两个女人都失去了丈夫，克里斯汀的丈夫死于瘟疫，而伊莎贝拉的丈夫死于疯病。作为执政女王或代理君主，伊莎贝拉努力维持国家的稳定，而她不幸的丈夫“疯狂的查尔斯六世”（Charles Ⅵ the Mad）在精神错乱中越陷越深，谋杀了他信任的骑士，并深信自己是玻璃做的。

《女王之书》中，最感人的画面是克里斯汀穿着简单的蓝色裙子把书籍递给伊莎贝拉，而伊莎贝拉身边只有一条狗和两个与她相伴终生的德国宫廷侍女。当时争夺权力的派系控告伊莎贝拉是一个乱伦通奸、缺乏母性的巴伐利亚人，还残忍地砍掉她所谓情人的双手，并杀害了他。即使是君主也需要安慰书。伊莎贝拉自此变成了

“坏女人”的代名词，萨德侯爵（Marquis de Sade）写了一部关于她的恐怖小说《巴伐利亚的伊莎贝拉秘史》（*The Secret History of Isabel of Bavaria*），后来他承认这本书没有事实依据。关于她人生的黑色传说由安德鲁·朗格（Andrew Lang）的《小皇后》（*The Little Queen*，1908）继续传播到了维多利亚时代的英国。现在她的名声有了一些微妙的变化，她是一个有教养的女人，在身处歧视女性的宫廷中，既要尽力履行王后的职责又要支持有心理疾病的丈夫。

伊莎贝拉的书在到达大英图书馆之前经历了一段不寻常的旅程，继续着它与杰出的女性读者的联系。阿金库尔（Agincourt）战役之后，法国新摄政王兰开斯特的约翰（John of Lancaster）把这本书带到伦敦，他的法国妻子杰奎塔（Jacquetta）将它刻在 4 个地方，还在两页上写上她的座右铭。约翰在世时被称为“爱书人”，这些题词表明他和伊莎贝拉一样喜欢这本书。后来，杰奎塔陷入权力派系的纠葛，遭到了贪婪淫荡的指控。一些证据为指控敲响了警钟：她的 14 个孩子展现出几乎不正常的生育能力。她是法国人，她是怎么让她女儿把爱德华四世（Edward Ⅳ）迷上床的？令她的敌人高兴的是，她的住处里“发现”了一些用铅做的爱德华四世肖像，她被当作女巫审判，但无罪释放。杰奎塔写的旁注是有趣的证据，证明这个令人敬畏的强权政治幸存者与克里斯汀·德·皮桑有过无声的对话。

《女王之书》被遗赠给杰奎塔的儿子理查德（Richard），之后这本书突然出现在一位名叫路易·德·布鲁日（Louis de Bruges）的驻英国佛兰德外交官的图书馆里。路易抢购得到这本书后，用它来点缀自己著名的藏书，目前其中 145 本藏书已在全世界的图书馆被发现。因为他在每本书的第一页上华丽地写下了他的座右铭。

接下来，这本书出现在诺丁汉郡的维尔贝克修道院，那是保皇派亨利·卡文迪许（Henry Cavendish，1630—1691）的故乡 [顺便说一下，他是查尔斯王子（Prince Charles）和卡米拉（Camilla）最后一个共同的祖先]。尽管他在封面上孩子气地用大写字母潦草地写着，“纽卡斯尔的亨利·杜克（Henry Duke）的书 1676 年”，但这本书似乎注定会落入克里斯汀·德·皮桑喜欢的那种女人手中。

亨利的一位密友抱怨道，他的妻子弗朗西丝（Frances）“在家庭事务中管得太多，而且希望一切都按她的意愿进行”。这对夫妇在怎样给五个女儿分配遗产的问题上产生了分歧。这本书传给了他们的三女儿玛格丽特·卡文迪许（Margaret Cavendish），然后又传给了玛格丽特的女儿汉丽埃塔·卡文迪许（Henrietta Cavendish，1694—1755），汉丽埃塔是一位伟大的读者，用自己的密码为维尔贝克修道院的许多书作了注释。

汉丽埃塔的独立自主引起了一些困扰。斯威夫特对她的评判非常典型：“她很漂亮，很有头脑，就是有一头红发。”——意思是她极度争强好胜。在贵族生活艰难的时代，她性格内向，书生气十足。她的朋友玛丽·沃特利·蒙塔古夫人（Lady Mary Wortley Montagu）这样向别人为她辩护：“她并不光彩夺目，但比你这种轻浮的家伙更有内涵。”历史学家露西·沃斯利（Lucy Worsley）认为，她只不过是一个精力非常充沛的怪人。在一月一个寒冷的日子里，汉丽埃塔在维尔贝克修道院写书时，抱怨她不得不履行的有限的社会义务，表现出与许多劳动女性读者奇怪的团结一致：“我尽可能地在这里——我的祖先生活了这么久的国家——过隐居的生活，但必须见的客人还是比我想见的要多。”

这本书的最后一个私人拥有者是汉丽埃塔的女儿，她的名字也是玛格丽特，在她的手中，克里斯汀那梦幻般的故事，伟大的《妇女城》似乎在300年后怪诞地成真了。玛格丽特是“蓝袜子”的创办人之一，这是一个非正式团体，也用来指不愿被母亲或妻子的职责限制的知识女性。她是一位开创性的科学家，受到启蒙运动知识分子的青睐。当大多数与她相似的女性花钱买窗帘时，她买了波特兰花瓶（公元20年）；当其他人都痴迷于哥特式浪漫小说时，她更喜欢范妮·伯尼（Fanny Burney）具有开创性的《塞西莉亚》（*Cecilia*）；当烦琐的风景园林风靡一时的时候，她在研究蜜蜂和野兔的生命周期。虽然她本来可以端庄得体地坐在沙龙里，但她却和卢梭一起去峰区徒步旅行，并坚持让卢梭在她的家里避难。

《女王之书》在离开玛格丽特的图书馆后，被安顿在大英博物馆。20世纪，克里斯汀·德·皮桑的作品广泛出版，西蒙娜·德·波伏娃（Simone de Beauvoir）从中获得灵感。一个致力于研究克里斯汀的协会每年都会召开会议。她还在那里，上周我在兰开夏郡买的二手平装版的《妇女城》里，有一个用来当书签的麦当劳盐袋。她藐视性别期望，那个穿着蓝色裙子阅读书籍的光辉形象，至今仍在岁月的拱门下照耀着我们。

晚年的克里斯汀·德·皮桑发生了什么？她退居于一所女修道院，在那里她平静地阅读书籍直到60多岁。她停止写作却仍抱有希望，当她听说圣女贞德（Joan of Arc）的第一次胜利时，突然执笔写下了最后一首诗。拉金（Larkin）很有预见性的诗句记录了历史性的一刻，“性交始于1963年”，而她感叹道，“1429年太阳将再次照耀万物”。

克里斯汀去世后不久，一个与她性格相似的法国女人来到宫廷。弗朗索瓦一世（King Francis Ⅰ）的姐姐昂古莱姆的玛格丽特（Marguerite of Navarre，1492—1549）是“第一位现代女性”，她无拘无束地广泛阅读书籍，即使在她制作她心爱的挂毯时，也有一群人为她阅读文学作品。她的诗是阅读书籍孕育的成果，但索邦大学的神学家谴责这些诗，一位修道士甚至想把她缝进麻袋，扔进塞纳河。有一群独具慧眼的评论家们直言不讳地赞美这些诗，伊丽莎白一世（Elizabeth Ⅰ）作为一个女孩翻译了她的诗；伊拉斯谟则称玛格丽特是伟大的哲学家；达·芬奇（Leonardo da Vinci）曾住在她的房子里。她有两次死里逃生的好运，在亨利八世（Henry Ⅷ）成为国王之前，她被献给亨利八世，但他拒绝了；她的《七日谈》（*Heptameron*）讲述了关于诱惑和通奸的故事，本来会把她送进监狱，却直到她死后才公开。

与玛格丽特相对应的英国文艺复兴时期的人物是安妮·克利福德夫人（Lady Anne Clifford，1590—1676），她身高1.52米，棕色长发及腰。她积累了一个巨大的图书馆，与我们许多人不同的是，她记得她阅读过的东西。约翰·邓恩（John Donne）喜欢与她交谈，因为她可以就“从命运到乳木果丝”的任何事情谈论一番。

有证据表明，许多其他早期的现代贵族女性也拥有庞大的私人图书馆，比如萨福克公爵夫人（Duchess of Suffolk）在1580年就有“满箱的书籍”。1631年，安妮·索斯韦尔夫人（Lady Anne Southwell）搬家时带着“三箱书籍”。她没有作为女性的自卑感，波希米亚和瑞典的国王都喜欢与她通信，国内的政治家和诗人也是如此。她热衷于宗教辩论，认为最大的异端邪说是“女性的才智太过浅薄，只适合为男性服务”。她的一生应该被拍成电影，但在电影发明前，纪念她的是她的诗歌和那从伦敦市中心通往希斯罗机场的路上，郊区阿克顿一片荒地上的一小块墓碑。

男性对这些女性阅读印刷书籍的担忧很早就开始了。埃德蒙·斯宾塞（Edmund Spenser）的《仙后》（1590）现在一般只作为教科书阅读，但却是继莎士比亚的《维纳斯与阿多尼斯》（*Venus and Adonis*）之后，伊丽莎白时代英国最具影响力的诗作。斯宾塞是一个彻头彻尾的当权派，他在爱尔兰那片“疾病肆虐的土地”推行焦土政策，至今仍遭人憎恨。他害怕不受限制的印刷品对女性产生影响。《仙后》中他写的女怪物“令人厌恶、肮脏而且污秽”。她半人半蛇，完全是性能力的化身。当骑士与她战斗时，她会吐出书籍，这体现了读书贪多却不求甚解的危害。

在接下来的一个世纪里，审查制度有所放松，书店和图书馆的数量激增，但那时主要反对女性阅读书籍的敌人——她们的丈夫——却离家庭更近。尽管女性大量阅读了那些被人遗忘的精彩史诗，如60卷的《阿斯特雷》（*L'Astrée*，1627），尽管佩皮斯的妻子比他熬夜还晚，读完十卷的《卡桑德拉》（*Cassandra*）和五卷的《波勒桑德》（*Polexandre*），佩皮斯也不觉得这是一种挑战，许多妻子因此不得不假装成无知少女。在他的戏剧《情敌》（*The Rivals*）中，谢里丹（Sheridan）制造笑料，让人发现莉迪亚（Lydia）和她的女仆阅读了太多书籍：

来，我亲爱的露西，把这些书藏起来。快，快把《佩里格林·皮克尔历险记》(*Peregrine Pickle*)扔到厕所下面，把《蓝登传》(*Roderick Random*)扔进壁橱里，把《无辜的通奸者》(*The Innocent Adulterer*)放到《人的责任》(*The Whole Duty of Man*)里，把《艾姆沃斯勋爵》(*Lord Aimworth*)塞到沙发下面，把奥维德的书塞到靠枕后面，把《性情中人》(*The Man of Feeling*)放到你的口袋里，好了，现在把《弗代斯讲道集》(*Fordyce's Sermons*)打开放在桌子上。

即使女性作家也警告自己的同性阅读书籍不要出格。海丝特·查彭（Hester Chapone）在1777年的《写给新婚女性的一封信》(*Letter to a Newly Married Lady*)中写道，妻子应该学会喜欢丈夫的阅读品味，因为她必须"提防一切……他觉得你的陪伴越来越乏味厌烦"。对于每一个海丝特·查彭来说，都有一个女人给予反击，比如简·科利尔（Jane Collier），她写了《关于巧妙的折磨艺术的论文》(*Essay on the Art of Ingeniously Tormenting*，1753)，书中教妻子在想继续阅读自己的书籍时，打断丈夫大声朗读的窍门，我必须承认这些窍门非常好，我不想让我的妻子看到。1863年，《麦克米伦杂志》(*Macmillan's Magazine*)上刊登了一篇文章，指出男人经常受到反驳，这篇文章警告说，与她的一家之主意见不同的女性不会退居书后。

美国的开国元勋亚历山大·汉密尔顿（Alexander Hamilton）的妻子伊丽莎白将卡姆斯勋爵（Lord Kames）的《批评的要素》(*Elements of Criticism*)藏在椅子靠垫下，一旦在她喜欢阅读的时候就会拿出来，有人警告过她，这样做会让她看起来像个"书呆子"。

又或许她不知为什么深陷于某种刺激，与她预期的角色相竞争。在《威尔德菲尔庄园的房客》（*The Tenant of Wildfell Hall*）中，安妮·勃朗特（Ann Brontë）就提到了这一点，她描绘的一个只读报纸，却不读自己心爱的书籍的丈夫。

问题是，即使人们接受女性阅读书籍，女性阅读的书籍也必须是有教化意义的，而且常常由丈夫选择。维多利亚时代早期，奇切斯特的绅士约翰·马什（John Marsh）无耻地说，他通常在喝完茶后给正在工作的女士们读上一个小时的书。正如维多利亚时代的女权主义者哈里特·马蒂诺所感叹的那样，女性被认为“应该拿着她的针线活坐在客厅里，准备好迎接客人”。当客人来访时，往往自然而然谈论到刚放下的书籍，而那本书必须经过精心挑选。

卢格德夫人（Lady Lugard）因为不顾一切地想要在一个保守党高层家庭里阅读“出格”的书籍，以至于经常在一棵苹果树上读书，《泰晤士报》（*The Times*）哀叹道，“爬上树，她成了保皇党和保守党人；爬下树，她成了狂热的民主党人”。卡莱尔（Carlyle）的妻子简非常喜欢违背“切尔西的圣人”的家风阅读小说，说“我觉得自己有了不正当的婚外情”。讽刺的是，现在读她信的人比读她大部头巨著的人还多。

从某种程度上说，下层社会受到的监视较少。简·爱只是一个家庭教师，但至少她可以躲到窗台的窗帘后，而不是让人看见你在阅读《弗代斯讲道集》或是让一家之主读书给她听。家庭用人们暗中阅读着大量书籍，数量远远多于我们所了解的。伊迪丝·华顿（Edith Wharton）描绘了一座房子，在那里，除了一个因蜡烛使用不当而点燃了床的女佣，没有人读书。

对有钱的夫人们来说，“理发时间”如果没人读书给她们听就是一种无聊的折磨，而这种活动也让家政人员受益匪浅。1749 年，一名女佣听到了《克拉丽莎》，“眼泪像雨点般落在她的夫人头上”，她不得不离开房间平复自己的心情。她的女主人为她的同情心给了她一顶头冠。1752 年，一位不赞成女性阅读书籍的绅士走进伦敦的一所房子，发现“家里的女主人在客厅里忙着看小说，而女佣们上行下效，在厨房里不务正业”。在中央刑事法庭的记录中，书籍盗窃几乎全与女佣偷书有关。1761 年，伦敦人玛丽·盖伍德（Mary Gaywood）去她女仆的住处，发现了 20 年来她偷来的书籍和“我的奶油锅”——这似乎最令她愤怒。有些用人在打扫图书馆时偷偷把发现的书藏起来，也许他们推测这是因疏忽大意而损耗的书籍。到了 19 世纪中期，较为开明的贵族为用人们提供专门的图书馆，这是对仆人打理家务职责的认可，但由于图书馆里起教化作用的大部头巨著太多，这种认可略显不足。

1715 年，劳动女性的阅读量足以让牧师哀叹，如今“每个乡村挤奶女工都能读懂《伊利亚特》（*Iliad*）”。除了神职人员，当职业女性在阅读之路上蹒跚前行时，证据显示有同伴一直在阻挠她们。格拉斯哥的“工厂女诗人”爱伦·约翰斯顿（Ellen Johnston，出生于约 1830 年）习惯在休息时间阅读书籍，别人无能为力，对她既愤怒又嫉妒：“我身边的女孩不理解我，进而感到奇怪、嫉妒，还散播我的谣言……我遭受了她们的一切侮辱。”

与美国非裔女奴隶相比，爱伦的经历还不是太艰难。只有当美国非裔女奴隶自己的故事出现时，她们阅读的历史才为人所知。哈里特·雅各布斯（Harriet Jacobs）的《一个奴隶女孩的生活事件》

（*Incidents in the life of a Slave Girl Written by Herself*，1861）在 2002 年之前一直是孤本，当时汉娜·克拉夫茨（Hannah Crafts）的《一个刚逃出北卡罗来纳州的逃亡奴隶》（*A Fugitive Slave Lately Escaped from North Carolina*）首次以书的形式出版，尽管写于 19 世纪 50 年代。克拉夫茨在主人的图书馆里读过《简·爱》和《罗布·罗伊》（*Rob Roy*）。她对狄更斯的《荒凉山庄》（*Bleak House*）有惊人的了解，这有助于确定她叙述的年代。这本书写得太好，以至于一开始有人怀疑是废奴主义者代笔写成。根据女性阅读历史的资深人士比琳达·杰克（Belinda Jack）的说法，这本书表明"女性奴隶阅读广泛，而且具备很强的批判性思考能力与洞察力"。另一个令人感动的证据是一张亚拉巴马州奴隶女孩读书的老照片。

六位女性继承了几乎被遗忘的汉娜·克拉夫茨的遗志，她们在 1894 年一起创立了"极光读书会"（Aurora Reading Club）。这是世界上已知最古老的非洲女性读书会，最近举办了一个庆祝成立 120 周年的聚会。演讲嘉宾是所罗门·诺瑟普（Solomon Northrup）的直系后裔，也是《为奴十二年》（*Twelve Years a Slave*）的作者。

两个充满书卷气息的时刻唤起女性去寻找一个属于自己的房间，在里面安静地阅读书籍，这会温暖克里斯汀·德·皮桑的心。

埃莉诺·巴特勒（Eleanor Butler）和莎拉·庞森比（Sarah Ponsonby）在威尔士享受了 40 年幸福的家庭生活。她们打扮成男人，带着手枪一起私奔了。她们不同寻常的生活方式吸引了众多从华兹华斯到惠灵顿（Wellington）慕名而来的游客。但一年中的大部分时间里，她们都过着隐居的生活。一起阅读书籍是她们最亲密无间的事。她们一起在书籍上签上自己姓名的首字母。埃莉诺在 1781

年深秋写道：

> 我给我的莎拉读卢梭的作品……雨连绵不绝地下了整整一个晚上。关上百叶窗，生起旺火，点燃蜡烛，这是快乐安闲又思绪万千的一天。

你几乎可以听到屋外威尔士的雨声和书籍偶尔翻页的声音。

大约一个世纪后，1874年意大利火车上发生的一件事是另一个重大突破性进展。在从威尼斯到维罗纳的列车上，两个美国女孩震惊了一大艺术元老约翰·罗斯金（John Ruskin）。一进车厢，她们就拉下百叶窗，四仰八叉地躺在坐垫上，拿出两本心爱的书籍：

> 她们有法国小说、柠檬和方糖……原本用来装订小说的绳子把两本小说连在一起……书页角上折痕累累……女孩们打湿手指，偶尔从里面抽出一张带胶水的书页。

在人类历史上，真正具有历史意义的时刻总是被人们忽视：相爱的第一眼，受孕的那一刻，你最后一次给孩子读故事的时候，致命疾病夺去生命的那时候。历史的里程碑和十字路口不仅仅是战争和政权更迭，还有这些无声的胜利号角。

情感泛滥——哭泣与呐喊

我们的心理史可以从阅读书籍时情绪反应的古怪历史中追溯。

大多数人类历史的故事都是大声朗读出来的。中世纪后人们才广泛开始默读，部分原因是宗教培养了人与上帝更加私人的关系。古希腊和罗马人通常有一个特殊的奴隶，他唯一的职责就是大声朗读。西班牙思想家塞维尔的埃斯多（Isidore of Seville，约560—636）强烈建议默读，他认为默读能让你记住更多的文字。默读反映了自我意识的提升，就像绘画推动了透视的发展，人的塑像变得更加个性化，不那么程式化，而人的自我意识也变得更强。

印刷术的兴起使私人阅读成为可能。例如，在1560年后的40年里，坎特伯雷拥有图书的家庭比例从8%上升到34%；随后，坎特伯雷进入蒸汽时代与印刷时代，建立了4个火车站，人们随即开始在火车上阅读书籍；坎特伯雷建立了一所庞大的大学后接着又建了两所，再加上几家书店，然后是A. S. 拜厄特摆脱了繁文缛节，于1990年在那里开了一家连锁书店，从那时起已经售出了价值5000万英镑的书籍。

我们现在都阅读得很多，但我们的感触可能不像早期的读者那样，除非我们找到自己真正的安慰书和合适的阅读角落。现代文化既能产生百花齐放的观点，又能产生某种类似于羊群的共识（一种从众心理）。精神的多样性与生物多样性一样值得保护。

过去读者的反应之激烈发人深省。与今天不同的是，男性几乎和女性一样容易在公共场合为书落泪。18世纪的诗人托马斯·格雷（Thomas Gray）回忆他在剑桥大学的日子，《奥特兰托堡》（*The Castle of Otranto*）“弄哭了本科生们……他们晚上都不敢睡觉”。1749年，科尔切斯特有两姐妹，“她们是通情达理、多才多艺的女性”，被发现在“一天早上为《塞西莉亚》哭闹得不可开交”，“为了让红肿的眼睛和塞住的鼻子恢复”，她们不得不推迟午餐时间。

哪怕没有看过前两卷，一本德国小说的第三卷也能唤醒安妮·利斯特（Ann Lister）“那颗忧郁的胚芽”，而她1830年就以为这种忧郁已经“永远消失了”，她为此“大哭一场”。19世纪20年代的一位女性注意到了这种情感缺失，她记录下一位朋友把卢梭曾经以感人至深出名的《朱莉，或新爱洛伊丝》（*Julie, ou la nouvelle Héloïse*）扔在一边，朋友不再阅读了：“如果她，一模一样的她，活在50年前，就会晕头转向地陶醉其中、痛哭不已。”

天文学家约翰·赫歇尔耳爵士（John Herschel，1792—1871）记录了一个令人几乎难以置信的故事，这个故事关于白金汉郡年轻读者的阅读反应。一位乡村铁匠在一次集会上朗诵了理查森（Richardson）的《帕梅拉》（*Pamela*）的美满结局，“听众们热烈欢呼，拿到了教堂的钥匙，敲响了教区的钟声”。

狄更斯写信给他的弟媳，说有一个人在约克郡参加了他的《董贝父子》（*Dombey and Son*）读书会：

> 他毫不掩饰地大哭起来，然后双手捂着脸，把脸放在面前的座位靠背上，真的激动得浑身发抖。

塞缪尔·理查森（Samuel Richardson）的书信体小说《克拉丽莎》（1748）讲述了一位年轻女性在困顿之中仍保持美德的故事，是几十年来最催人泪下的书籍，就像在为女主人梳头时哭泣的女佣所体现的那样。一位女士写信给理查森，谈论这本书的影响：“我在痛苦中把这本书放下又拿起，任由眼泪像洪水泛滥，我擦干眼睛，想把书再读一遍，但不到三行就扔掉书大哭起来。”它在男性读者中引起了同样的原始反应。1852 年，“一位年老的苏格兰医生”因为这本书哭得吃不了饭。即使是知识分子麦考利也在 1850 年为这本书“痛哭流涕”。在蓓尔美尔街的雅典人俱乐部图书馆，他曾与萨克雷见面，他们就“《克拉丽莎》效应”交换了意见。麦考利站了起来，开始走来走去，表演印度政府各成员对这本书的反应。当他模仿泪流满面的首席大法官时，自己也因回忆而哭泣起来。

托尔斯泰，在大众的印象中严肃冷静，是一个蓄着胡须的神秘主义者，但在读普希金（Pushkin）的书时他哭得像一个婴儿。就连严肃的大主教克兰莫（Cranmer）也为史诗哭泣。1872 年，大英博物馆馆长乔治·史密斯（George Smith）读了《吉尔伽美什史诗》（*Epic of Gilgamesh*）后深受触动，“开始撕掉衣服，喜极而泣”。

虽然推荐书籍是充满温暖的人之常情，但自己发现书籍也能为自己带来巨大的情感力量：多尼戈尔郡的挖土工帕特·麦·吉尔（Pat Mc Gill，出生于 1890 年）10 岁辍学后没有阅读过一点书籍，直到看到马车窗户外飘着的一页练习本页上写着诗。这页纸吸引了他，他买下了《悲惨世界》，一边阅读一边哭泣。

到底是怎么回事？一个胸膛起伏的约克郡人，一个哭泣流泪的挖土工，一个放声大哭的首席大法官。

在过去，公开表达情感不仅是可以接受的，人们还会觉得缺乏这种情感的人很古怪。在历史中的大多数时间，人们知道只有狼人和吸血鬼才不会哭，他们会支持《老友记》（*Friends*）中钱德勒（Chandler）说他就算看《小鹿斑比》（*Bambi*）也不会哭的那一集中的话：“你的心死了，老兄！”

回望过去，我发现高兴或悲伤的眼泪并不会困扰读者。眼泪甚至揭开了第一部史诗的序章：奥德修斯（Odysseus）回忆特洛伊城沦陷时的泪水促成了《荷马史诗》的开端。古典时代之后，《圣经》故事不仅令人接受眼泪，还让眼泪成为约定俗成的标志，许多雕像上也有真实或魔法的眼泪。“在巴比伦的河边我们坐下来哭泣”，这是一首让许多音乐产生共鸣的诗。

纵观历史，哭泣在崇拜感性的 18 世纪得到了认可。试想一下当时的社会氛围：在那个时代，埃德蒙·伯克（Edmund Burke）和查尔斯·詹姆斯·福克斯（Charles James Fox）这样两位有分量的知识分子会在下议院的地板上当着众人的面一起哭泣。歌德和卢梭把表达个人情感作为思想革命的一部分。而在英国，广受欢迎的小说《性情中人》讲述的是一个四处流浪的人与受压迫的少数民族打成一片，共同流泪的故事。随着法国大革命开启了希望的浪潮，工业时代也渐渐来临，浪漫主义运动珍视情感，19 世纪的小说把我们带到的境界之高与情感之深是过去无法想象的。

阅读有助于复杂的自我意识的成长，但进入 19 世纪，人们越来越不能接受情感的公开表达。帝国的挑战让我们重拾想象中斯巴达的美德，公立学校教育学生要“咬紧牙关”，而且在惠灵顿看来，这种沉着坚定是武器：“滑铁卢战役是在伊顿公学的操场上赢得的。”维多利亚时代中期出版了一部讽刺作品《性情中人》。直到 1958 年，安娜·尼格尔（Anna Neagle）在电视上泪流满面时，媒体对《这就是你的人生》（*This Is Your Life*）的剧情进行了抨击，就好像放映的是赤裸裸的色情片一样。维多利亚时代晚期“咬紧牙关”的风气一直持续统治到圆顶礼帽式微的年代。

令人惊讶的是，虽然现在哭泣是真人秀节目的廉价货币，虽然我们有电影可哭，但是如果我们找到了合适的书，蜷缩在合适的角落里埋头阅读，安慰书仍然能打动我们，就像简·爱坐在她的窗台上一样。

除了审查制度和书籍的稀缺性，现在想要找到一本安慰书会遇到新的困难，我的顾客在书店里也讨论得很多，那就是——书太多了。早在17世纪，人们就抱怨过这个问题了，当时托马斯·布朗爵士（Sir Thomas Browne，1605—1682）曾幻想烧毁一座图书馆。约翰·罗斯金（John Ruskin，1819—1900）觉得自己被书籍淹没了，他说在书籍形成的沼泽中，我们必须找到属于我们的“有一眼泉水与一个湖泊的岩石小岛”。在古腾堡推广印刷术后的前50年里，出版的书籍比过去1000年出版的书籍还要多。仅英国的造纸产量就从1715年的2500吨上升到1851年的7.5万吨。

除了书籍数量越来越多之外，直言不讳的评论家还随时准备好蔑视我们的阅读习惯。在维多利亚时代，政治家亨利·布鲁厄姆（Henry Brougham）嘲笑这个“蒸汽智力社会”；哲学家弗雷德里克·哈里森（Frederic Harrison）强烈批评这种“混乱无趣的垃圾阅读行为”；保守党的《评论意见》（*Critical Review*）指责书商是“文学皮条客”，他们把书籍卖给那些“不能辨别好坏的人，女性读者的胃口尤其贪婪，对食物也不够精挑细选”。那些讨厌的女人太不加选择了。

官方区对“优秀文学作品”的分类仍然可以让书店里的顾客为他们购买的书籍感到抱歉。我想提醒他们，官方的分类是有多么变幻无常——几个世纪以来，小说一直低人一等，狄更斯一度被视为垃圾，詹姆斯·邦德（James Bond）最终收录在“企鹅现代经典”系列中。人们不禁要问，一直备受欢迎却遭评论界忽视的乔吉特·海尔（Georgette Heyer）有什么错吗？

对于爱书的人来说，不论任何性别、任何社会地位，获得阅读的自由就是获得探索自我的自由，这是一场漫长的斗争。我们是什么样的建筑，有什么样的房间、阁楼和秘密通道，只有我们自己隐约知道。在自己最喜欢的安全阅读场所里，捧在手里的书籍中有太多东西值得并在等待着我们去发现。

第三章　廉价书籍拥有奇特的情感力量

科幻小说与奇幻故事

琼·狄迪恩（Joan Didion）说过“廉价音乐拥有奇特的情感力量”，这句话同样适用于书籍：娱乐性阅读也拥有奇特的吸引力。我们很多人都有一本这样的书籍，埋头阅读时很享受却不好意思与他人谈起。为什么每年只享受一次轻松的“海滩阅读”？也许是因为我们花了太多时间阅读我们“应该”阅读的内容。在30年的图书销售生涯中，这种现象我已看得太多：人们买安慰书时常常感到非常抱歉，还要闷闷不乐地埋头苦读那些入围布克奖的书籍。有一种慢性发作的群体性歇斯底里，使所有人都达成共识：最新潮的东西总是好的，以至于人们都忽略了历史上存在着无数个休·沃尔波尔（Hugh Walpole）：这些作家曾经备受推崇，现在阅读他们书籍的读者却寥寥无几。A. N. 威尔逊（A. N. Wilson）告诉我，有一次他和艾丽丝·默多克（Iris Murdoch）在伦敦散步，她指着一栋房子上的一块蓝色牌匾，那是用来纪念当时的埃琳娜·费兰特（Elena Ferrante），现在除了蓝牌匾委员会里那些无能的研究员外，没有人记得她。但我们还是害怕错过布克奖入围名单上的书籍。人们很难坦诚地爱你所爱。

经久不衰的作家的特征之一似乎都拥有兼收并蓄的能力，即能够接受事物的本来面目——反映出人类的怪异。这就是为什么童话和神话不断重回主流文化，就像牛头怪冲进一家高雅的餐厅。马德琳·米勒（Madeleine Miller）的小说《喀耳刻》（*Circe*，2018）、斯蒂芬·弗莱（Stephen Fry）的《神话》（*Mythos*）、尼尔·盖曼（Neil Gaiman）的《北欧众神》（*Norse Mythology*）成为畅销书，以及漫威电影大受欢迎都是上述所言的证明。“我们现在都是极客了”，有些人强调这种现象不是一直都存在。但事实是，我们一直是极客，幻想着森林、半兽人、无形生物、亦正亦邪的洛基式人物与混乱的家庭；只是当代的高雅小说似乎还不够成熟，不适合我们躁动的集体无意识。几个世纪以来，为了满足我们所有人的精神需求，口耳相传的古老故事经历种种雕饰琢磨，灰姑娘才因此有了 395 个变体。

当石黑一雄（Kazuo Ishiguro）和大卫·米切尔（David Mitchelldo）这样的伟大作家突然写下超凡脱俗的奇幻故事时，他们会把出版商吓糊涂的，出版商害怕“科幻小说”这个词，因为它可能就像廉价的霞多丽葡萄酒（Chardonnay）。然而，像安吉拉·卡特（Angela Carter）和 J. K. 罗琳（J. K. Rowling）这样的开拓者毫不避讳地开垦神话和童话的世界。受人尊敬的小说家 A. S. 拜厄特深情地编辑了《格林童话》（*Grimm's Fairy Tales*），她回忆道：“我童年时，我喜欢的故事从来都不是关于孩子做孩子该做的事情，比如争吵、做饭和露营。我喜欢魔法，喜欢虚构的事物远胜过真实的事物。”她承认“非常奇怪——当你想到这一点——每个不同形态的社会，不管是古代还是现代，都需要这些虚构的故事”。她观察到，奇幻故事在互联网上一直非常火爆。由于大多数成人书商都不太迎合我们对奇幻小说的需求——如今我们都假装是霍布斯式（Hobbesian）的理性主义者——所以我们的需求在网上点击鼠标时迸发出来。弗洛伊德会把这种现象解释为满足愿望实现的幻想；荣格（Jung）会说，投身所有这些童话故事的森林只是集体潜意识在起作用，帮助我们度过尼采所谓的“生活的可怕之处”。

那么，为什么要区分“小说”和通俗读物里的故事呢？早在

1929 年，俄罗斯哲学家米哈伊尔·巴赫金（Mikhail Bakhtin）就认为小说“始于”丹尼尔·笛福（Daniel Defoe）的论断简直是胡扯；小说早在“传统文学史”之前就存在了。他指出，像塞万提斯和斯特恩（Sterne）这样的早期小说家，作品都是从模仿“低级”文学形式——通俗读物里出色的童话故事开始的。他认为“小说”只是一个名字，而他所说的“小说性”（在俄语里听起来可能很美妙）是永恒的。他引用了长相酷似奇科·马克斯（Chico Marx）（甚至连帽子都很像）的巴斯克哲学家米格尔·德·乌纳穆诺（Miguel de Unamuno）的话：任何一个发明“小说”这个概念的人都脱离现实。巴赫金一贯大胆，仅仅因为苏格拉底提出“认识你自己”，就标榜苏格拉底（Socrates）是第一个已知的“小说家”，或者说是“小说性”的实践者。当时挨家挨户卖通俗读物的人，一定程度上是在卖小说和心理治疗相关书籍。

一些文学上的巨大飞跃或是独辟蹊径，都是因为新作家热情地接受了永恒的故事。比如，迪伦·托马斯（Dylan Thomas）喜欢看西部片；约翰·贝杰曼（John Betjeman）是电视肥皂剧的忠实观众，翁贝托·埃科（Umberto Eco）特别喜欢《蜘蛛侠》（*Spiderman*）电影。哈兹利特（Hazlitt）写的一篇关于拳击的文章震惊文坛。乔叟的吸引力很大程度上来源于街头语言的粗俗趣味。而莎士比亚的街头俚语被维多利亚时代的人删去了。纵观整个历史，保守主义和文化精英主义一直试图秉着上帝或好品味的名义，删减小说中的娱乐趣味。他们尝试过，但失败了。奥威尔（Orwell）知道，无论文化程度较高的阶级怎样假装嘲笑这些激动人心的文化，他们内心都很享受这种文化，即使他们不能在晚宴上谈论这些：

这提醒人们，尽管曾经有过阶级之分，但英国的文明是多么紧密地联系在一起，它多么像一个家庭。审视自己的思想，你是唐·吉诃德（Don Quixote）还是桑乔·潘扎（Sancho Panza）？几乎可以肯定，两者都是你。你真实私密的自我……戳穿了你美好的态度……说这不是你的一部分，那就是在撒谎。

——《唐纳德·麦吉尔的艺术》随笔（*"The Art of Donald McGill" in Essays*，2000）

通俗读物

从 1550 年到 19 世纪末的 300 多年里，数以百万计的欧洲人无论贫富，都喜欢一种扣人心弦的书籍——通俗读物，这种书籍现在几乎被摧毁了。这是一种短小而廉价的书籍，通常附有生动的插图。通俗读物书普遍存在于整个欧洲：在法国称为蓝皮书，在德国称为民间书籍，在西班牙和葡萄牙称为线装书。马克·爱德华兹（Mark Edwards）在 16 世纪 50 年代研究德国时发现了"一个汇集了 600 万本'民间书籍'的市场"，并指出正是由于这种文学人们只读一遍的特性，当人们在厨房或盥洗室再次阅读之前，往往已经有很多读者。我们中的许多人对英国"通俗读物"的销售路线有着模糊的共同记忆："黑白版一便士，彩色版两便士"。这些通俗读物没有封面，而且是用最便宜的纸做的，所以大多都已经降解消失了，通常是因为被用来当馅饼包装纸或是其他更糟糕的用途。在17世纪，约翰·德莱登（John Dryden）描述了这样一个伦敦：里面塞满了注定要成为“馅饼殉道者和流浪汉遗物”的通俗读物。直到20世纪20年代，迪安森林里一个矿工的女儿，她唯一的读物就是厕所里撕碎的书。通俗读物几乎被抹杀的另一个原因是，它们往往被书籍品味的仲裁者（大多数是男性）嘲笑或轻视。图书管理员认为它们根本不值得收集。

这些通俗读物里的故事无所不包，鬼魂、犯罪、骑士探险、沉睡的公主、不幸情人与不轨行为、神话与奇迹。就像今天的社交媒体一样，这些故事可能不符道德、违反宗教、颠覆政权，但他们却不只是粗制滥造的。这些故事包含世界新闻、盗版诗歌、删节的小说、失传的民间传说和许多有用的信息。

不同年龄段的人都阅读通俗读物，佩皮斯收集了215本通俗读物。山姆·约翰逊（Sam Johnson）63岁时还随身带着一本《帕尔梅林》（*Palmerin*）作为消遣。对鲍斯韦尔来说，一家通俗读物印刷厂是一座神龛，他于1966年怀着哀伤的心情再次来到这里：在迪·西（Diceys）、弓箭教会园（Bow Churchyard）、齐普赛街（Cheapside），身处于老朋友们印刷出来的地方，《杰克和巨人》（*Jack and the Giant*），《哥谭七贤》（*The Seven Wise Men of Gotham*）……他沉浸在一种浪漫的感觉中。童年的魔力出乎意料地涌回他身上——我们靠人生的伪装打造出幻想中的自我，而那些充满想象里的日子就藏在这些伪装背后。他离开印刷厂的时候买了两捆通俗读物。

就连哲学家埃德蒙·伯克在下议院也半真半假地承认，他最喜欢研究“《帕尔梅林》和《唐·贝利亚尼》（*Don Bellianis*）这两个古老的爱情故事”了。威廉·莫里斯（William Morris）并不完全否认喜欢很久以前在廉价读物上读到的“天真而又粗俗的鬼故事”。在诺福克郡高级治安官的家里，尼古拉斯·勒斯特兰奇爵士（Sir Nicholas le Strange，1811—1880）回忆道：“一位贵妇人经常脱口而出这样的句子：上帝爱我，就像我爱流动书贩一样。”

在较贫穷的人中，约翰·班扬（John Bunyan）承认自己的“原罪”是喜欢通俗读物而不是《圣经》，出身于贫苦农家的诗人约翰·克莱尔（John Clare）“非常喜欢街头兜售的只卖一便士的迷信故事”。他把所有的便士都攒起来买通俗读物，而且认为“这些通俗读物和农民的祈祷书一样有纪念意义”。他最喜欢的通俗读物是《以弗所之七圣童》（*The Seven Sleepers*）、《国王与鞋匠》（*The King and the Cobbler*）、《杰克与豌豆》（*Jack and the Beanstalk*）和《罗宾汉》（*Robin Hood*）。大多数小贩的存货中几乎都少不了《罗宾汉》，人们喜爱罗宾汉，因为他满足了大家内心深处对森林那种原始的渴望，而且对中央政府的不信任感也令人们感同身受（我们中有一部分人仍旧有这种感受）。

维多利亚时代伦敦东部人瓦尔特·索斯盖特（Walter Southgate）喜欢的通俗读物讲述了迪克·特平（Dick Turpin，英国的一名拦路强盗）和“水牛比尔”（Buffalo Bill，一名南北战争军人）的故事，但据他回忆，这些书“被他的老师没收了，这些老师都是中产阶级出身”。作为一个有先见之明的后现代主义者，索斯盖特认为这些故事与笛福、斯科特和狄更斯的小说有着相似之处。另一个伦敦警察乔治·亚考恩（George Acorn）“阅读各种各样的书籍，他从‘廉价惊悚小说’读到乔治·艾略特（George Eliot）的作品”，而且怀有同样的欣赏之情。他能言善辩地指出，《金银岛》（*Treasure Island*，现在被认为这是一部经典名著）“和普通廉价惊悚小说上的海盗故事并无不同，只是带着一个伟大光环”。通俗读物不仅是通往文学经典的门户，本身也包含着伟大的东西。

除了扣人心弦的故事外，通俗读物通常是“伟大”小说的删节版本。在《鲁滨孙漂流记》《摩尔·弗兰德斯》（*Moll Flanders*）和《格列佛游记》（*Gulliver's Travels*）正式出版的一个月内，市面上就已经有多个盗版和删节版出售。历史学家阿比盖尔·威廉姆斯（Abigail Williams）说，现存的18世纪《鲁滨孙漂流记》中，竟然有75%是节略版的通俗读物，“这让我们不得不发问，与笛福同时代的人看到的‘原版《鲁滨孙漂流记》’究竟是什么样”，而且这一问题适用于所有的经典名著。她还指出，“大量证据表明，在印刷文化中，大众和精英之间的阶级分化并不明显”。经典小说的节略版通俗读物在全社会具有如此大的吸引力，这意味着文学评论家们对这类小说怎样植入当代意识的研究存在严重缺陷。

1882年，约翰·阿什顿（John Ashton）撰写的通俗读物研究报告最为全面，《18世纪的通俗读物》（*Chap-books of the 18th Century*）有500页，长得令人着迷，目前已经绝版，但其中收录了相当丰富的通俗读物书名：

《森林女巫》（*The Witch of the Woods*）

《浮士德博士的悲剧》（*Strange History of Dr Faustus*）

《梦与痣》（*Dreams and Moles*）

《恋人的争吵》（*The Lovers' Quarrel*）

《曼德维尔游记》(*The Travels of John Mandeville*)

《盲人与死神的对话》(*A Dialogue between the Blind Man and Death*)

全国各地仍然存在着大量没有列入书目的通俗读物，而且这些通俗读物的存在从来不以伦敦为中心。在牛顿斯图尔特和赫克瑟姆这样没有出版商的偏僻小镇，有一些书商在自家后屋用改造过的破旧打字机印书，上色部分则是孩子们动手完成的。直到最近，流行文化史学家才开始艰难探寻了通俗读物这条神秘的文化河流。比如，苏格兰已知的通俗读物有近 2 万种，但爱丁堡国家图书馆只收集了 4000 种。罗伯特·路易斯·史蒂文森（Robert Louis Stevenson）也许是苏格兰最经久不衰的作家，他在通俗读物中度过了有声有色的童年，这就像今天的节略版图像小说、漫画或是伊妮德·玛丽·布莱顿（Enid Mary Blyton）的童书。（读这些书时难免被嘲弄："读一本合适的书籍，亲爱的！"）史蒂文森甚至还自己写了通俗读物向这一体裁致敬。狄更斯整个童年都在读"一便士惊悚小说"，这些书很有"把我吓到魂不附体的才华"，他最后那本未完成的小说《艾德温·德鲁德之谜》(*The Mystery of Edwin Drood*) 其实就是在追溯他童年时读过的一个恐怖小故事。柯勒律治儿时对通俗读物版本的《一千零一夜》魂牵梦萦，惹得他父亲烧毁了这本书。歌德认为，像《蛇女梅露希娜》(*Melusina the Snake Woman*) 这样的故事，是从通俗读物流动书贩那里买来的，这些故事"写在丑陋的纸上，几乎看不清"，却对他的哲学发展起到了不可替代的作用。G. K. 切斯特顿（Gilbert Keith Chesterton）为这些通俗读物正名：这些扣人心弦的故事就像“一件件繁杂的琐事”，其中包含了一切孕育“伟大文学”的主题。

神奇的是，南卡罗莱纳大学（这所大学不在英国）有一个研究中心研究了这些昙花一现的作品。据估计，18 世纪英国每年销售额约 400 万册通俗读物，而当时人口只有 700 万左右。

通俗读物在文化史上的地位日渐高升。通俗读物不仅提高了穷人的识字率和增加了阅读时间，还促进了社会变革和小说的发展。大约在 1860 年之后，蒸汽驱动印刷机取代了手工作坊式的书商，接替通俗读物的是“一便士惊悚小说”和“一先令恐怖小说”。这些书籍反过来又为廉价的平装书铺平了道路。通俗读物的精髓也存在于图像小说中，而这种艺术形式现在赢得了种种文学奖。

第四章　「嗨吼，风和雨」：书贩

街头市场：零售剧场的戏剧感

许多企业零售商回归原始，参与街头市场，寻求其中的人性温暖。就像所有的艺术都渴望达到音乐的境界，所有店主都渴望体验摊贩那种直接参与市场的感觉。连锁零售商口中所需的戏剧感是从商学院衍生出来的概念，如今这一概念已成为连锁零售业吸引公众重返商业街的首选方式。

零售剧场没有固定场所，但对街头商贩来说并无影响。连锁零售手段，比如橱窗陈列、特价优惠、特别问候文字，都起源于古老的街头摊贩或提篮卖物。户外市场是商品销售和大量人际互动的起点。复杂的巨石阵除了用来祭祀，还是一个大集市。伦敦的露天博罗市场已经有1000多年的历史。街头商贩就相当于最原始的商店，他们租金低廉，脚步敏捷，和路人打交道，这些是玻璃橱窗后的商店不具备的优势。他们不需要追求戏剧感，因为他们的大部分日常生活就是即兴表演。

《星际大战》（*Star Wars*）中的莫斯埃斯帕街边市场充满星系间的怪诞感，给人一种市场无处不在的边缘性和可能性，而这种感觉在任何地方的市场都有，一个充满了新发现和逃避现实的可能性的空间，就像阿拉丁可以藏身的阿拉伯露天市场，《银翼杀手》（*Bladerunner*）中戴克（Deckard）可以购买非法机器人皮肤的东方集市。市场上的种种声音为社会注入了活力。用俄罗斯文学理论家米哈伊尔·巴赫金的话来说，街头市场“对抗了工业贸易中人为的单调”。约翰·奥斯本（John Osborne）的革命戏剧《愤怒的回顾》（*Look Back in Anger*）中遭到疏远的年轻英雄吉米·波特（Jimmy

Porter）经营着一个市场摊位，而不是在室内商店里工作，这似乎是很自然的。

市场是人类的竞技场，也是故事叙述者快乐的狩猎场。巴赫金提出：

> 民间文化是低阶文化，是过渡之物的健康解毒剂。在集市和广场上，人们用玩世不恭，妙语连珠，模仿着诗人、学者、僧侣和骑士。等级制度遭到破坏。我在三个英雄人物——流氓、傻瓜和笨蛋——身上发现了小说的开端。

就在我写这篇文章的那天，我在英国广播公司广播频道四中听到了截然相反的观点。东安格利亚大学的创意写作主任对其部门的宗旨提出质疑，他解释说："大学文学系是文学形式的守护者，而商业出版界和市场无法做到这一点。"文学形式的守护者，这是什么意思呢？如果没有学者把好故事编成短暂存在的体裁，好故事就会消亡吗？亲爱的读者，如果你手中的书籍有这种诡辩，请把它扔进正确的垃圾回收箱。

经常受到审查的巴赫金有一个热爱欧洲各地市场的灵魂伴侣——德国犹太人沃尔特·本杰明（Walter Benjamin）。他在逃避纳粹的途中自杀时，留下了一箱关于巴黎文化和商业的笔记，这些笔记令人眼花缭乱，无法归类，后来出版为1000页的《拱廊街计划》（*Arcades Project*）。1926年，他在柏林广播电台做了一次关于柏林户外街头贸易的演讲。录音丢失了，但盖世太保没收了演讲的文字稿，随后又由俄罗斯军队扣押，并在1960年转移到民主德国，直到

1983 年才允许人们阅读。2014 年，该演讲最终以英文出版：

> 街头市场难道不激动人心、热闹非凡吗？即使是最普通的每周市场，也有一些像撒马尔罕集市等东方集市的魅力。市场上的讨价还价，商品的来来往往丰富多彩。“买家和卖家”就像舞台上的两个演员。书贩卖的许多书籍中就有他们自己的影子。当然不是作为英雄，而是狡猾的老人、警告者或诱惑者。用小车卖书的书贩不介意人们在他的车里翻翻找找，他知道人们往往会从一辆他们早上出发时做梦也想不到的车里买到书籍。

我曾经在坎特伯雷高街的一个摊位上卖过新的《哈利·波特》，当时的感觉和坐在我的书店里卖书的感觉截然不同，一个像在海边游泳，另一个像在炎热的市政泳池里游泳。

在我与史蒂芬·伯科夫（Steven Berkoff）组织的坎特伯雷水石书店签售会上，我看到了市场戏剧和古老的传统。伊斯滕德·伯克夫（Eastender Berkof）是一个体格非常好的演员，演“直面”戏剧，也是一个著名的邦德恶棍，他对自己的书籍卖得太慢而感到不耐烦。他站起来，像市场商贩在摊位上卖当天最后的水果一样开始叫卖，他挥舞着满手书籍，迅速聚集了一大群人，卖出了一大把的书。

从印刷术诞生之初到 1900 年左右，这些书商和书贩都是无证经营，四处游荡。1696 年，英国议会法案试图对他们进行监管，但只有一小部分人愿意支付 4 英镑的执照费用，因此第一年购买执照的 2500 人只是少数。大多数书商没有固定住所，因此无论如何都没有资格获得执照。2500 人中，有 500 多人把伦敦作为他们的住处。

亨利·梅休（Henry Mayhew）在他的《伦敦工党与伦敦穷人》（*London Labour and the London Poor*，1851）一书中对维多利亚时代书商的描述令人难忘。梅休是 17 个孩子中的一个，在欧洲躲债的几年前，曾在东印度商船上当过海军军官候补生。回到伦敦后，他与人合创了《旁趣》(*Punch*）杂志，该杂志歌颂并讽刺各个社会阶层，他因此大赚了一笔。梅休对伦敦生活四卷史诗般的记录，证明了他对人性的热爱。书中记录的大量言论都是无价之宝，至今仍是历史学家的金矿。

梅休注意到，书贩经常去一些繁忙的街道，如老肯特路、斯托克纽因顿高街或商业路。民间出版商在斯特兰德（通往西郊的道路）和史密斯菲尔德（离北路很近）周围聚集，表明了伦敦扮演了乡村商贩的出口通道这一角色。

几个世纪以来，商贩和他们的供应商一直坚守在这条主干道。乔叟曾在奥尔德斯盖特城楼上的房间里住了一段时间。彼得·阿克罗伊德（Peter Ackroyd）指出，他注意到每天都有形形色色的人从他的窗下走过，人们也可以想象，通俗文学的叫卖声是他窗外背景声音的一部分。据了解，伦敦桥上至少有 4 家通俗读物出版商和销售商，这是 17 世纪通往多佛的路线，当时这座桥还是一条有房屋的街道。以下是其中一个叫乔赛亚·布拉雷（Josiah Blare）的广告：

> 书商，位于伦敦桥的镜子招牌旁，带着装备的乡村商贩什么的，出售各种各样历史书、小书和民谣。

有人认为这些桥上的场所是相当小的，但通俗读物出版商约翰·泰厄斯（John Tyus），“在伦敦桥上三本圣经的标志处”，放置了9万本书，从楼梯上堆到阁楼上。其中包括375本《盖伊华威故事集》（*The Tale of Guy of Warwick*），每本两便士。

一位商贩告诉梅休，除了主要的主干道，“如果有你所说的凹处，那就是我们的地方，在那里你会经常看到我们摆着花架和卖民谣单的人”。他们卖的书籍种类繁多：西班牙语的《唐·吉诃德》、散卷、经典名著和通俗读物。

梅休记录了如下各种诗集的推销广告，你可以大声喊出来，就像他听到的那样“话语清脆、快速”，你会听到狄更斯笔下的伦敦的声音：

> 拜伦！拜伦勋爵最新最好的诗作。六便士！六便士！八便士！我接受一先令以下的出价。八便士就可以买到一个勋爵写的诗！——成交！你的，库珀先生——库珀！出版于第三大街第六道路的作品，就印在背面呢。比拜伦更厉害——库珀的作品。没有出价者吗？谢谢，先生。一号和六号，——你的，先生。年轻人——《年轻人的夜思》。生，死，不朽——伟大的主题。伦敦版，有第三大街第六道路的标记。开始！——最后一个出价者——两先令——卖完了！

一个小贩记得有两个常客，一个是散文家查尔斯·兰姆——“一个优雅的口吃者”，还有一个牧师，他曾和纳尔逊（Nelson）一起上过英国皇家海军胜利号，是“一个和蔼的老绅士，白头发，脸色红润，喜欢谈论一些书籍”。

这些四处游走的商人在历史中的角色还体现在他们中的许多人出售激进的文学作品。一位退伍军人回忆道，汤姆·潘恩（Tom Paine）的《人权》（*Rights of Man*）在彼得鲁大屠杀时期卖得很好，但是是在反革命宣传册的掩盖下“偷偷贩卖”的。书中还涉及几起法庭案件，在审理重大案件时或议会开会期间，这些书会排列在老贝利墙或威斯敏斯特大厅墙壁的弹出式书架上。

巨大的空白墙壁为“快闪式”书籍销售提供了现成的机会，荒漠也是如此。主教门以西、伦敦墙以北的摩尔菲尔德是一个沼泽地带，不适宜居住，在重新流入地下前，它位于瓦尔布鲁克河的右岸。这里反常的行政地位起到了作用：这里不是由市政当局而是由芬斯伯里的受俸牧师主持，这一点也反映在它的法定名上，即“自由的摩尔菲尔德”。由于大火而流离失所的伦敦人在那里安营扎寨；后来那里的水抽干了，但仍然是伦敦的荒地之一。事实上，用来排干多余水的地下水窖成了黑社会罪犯的避难所。从 1680 年起，为了给这里增加一种超脱凡世的氛围，摩尔菲尔德的南部边缘设立了伯利恒精神病医院。入口上方有两座巨大的忧郁症和狂躁症的雕像（现在可以在伦敦博物馆找到）。警察经常前往该地区，来对付“那些不守规矩的学徒的集会”，戈登暴动的大部分暴力事件都发生在这里，这里是伦敦买卖赃物、抢劫犯、扒手和“鸡奸”的首选目的地，有点像汉普斯泰德荒野与白教堂的结合。

书贩在摩尔菲尔德的摊贩中占主导地位，尤其是沿着疯人院那堵空白的长墙。“疯人院的疯子”与威斯敏斯特大教堂和动物园一样，都是最吸引游客的地方，所以人流是有保证的。书商们也被这种不受监管的气氛所吸引，部分书商从东边一点的小不列颠旧书销售中心而来——该中心至今仍是一条街——也是唯一一条幸免于大火的书籍销售街。

17 世纪晚期，一位在摩尔菲尔德浏览书籍的人发现了已故现代化学之父罗伯特·博伊尔（Robert Boyle）的多语言专业书籍，书籍“随意摆放着”，这体现了街头书市兼收并蓄的特点。18 世纪末，在芬斯伯里的人行道，也就是摩尔菲尔德附近一条升高的干涸大道上，一个身材瘦小、书卷气的男孩注定要在 26 岁死去，他曾住在天鹅与铁环旅店里。就算年轻的约翰·济慈（John Keats）曾浏览过附近的书摊，也不足为奇了。

摩尔菲尔德荒地于 1812 年建成，芬斯伯里马戏团占据了其中一部分。随着时间的推移，管理更加规范的伦敦终结了许多街头商贩的生意。但是，书商们找到了一堵新的不受监管的长墙来取代疯人院那里的墙。

1869 年，新的法灵顿路大道修建在圣保罗大教堂附近。它的东边紧挨着一堵长墙，墙与一条新铁路相邻。这是伦敦唯一一个可以与巴黎塞纳河边的大书摊相媲美的书市。一位名叫詹姆斯·达布斯（James Dabbs）的前板栗商是最成功的商贩之一，他的五辆车卖出了数千本书。这些商人出售的手稿与书籍和印刷术一样古老。记者玛丽·贝内德塔（Mary Benedetta）在 1938 年写道：

> 雨从帆布棚盖上滴到他们肩膀上，但他们从来没有注意到。时间对他们来说毫无意义。他们沉迷于旧书的浪漫和

魅力。

狄更斯在《雾都孤儿》(*Oliver Twist*)中加入了布朗洛先生(Mr. Brownlow)一个角色——一个法林顿路上浏览书籍的人:

> 他从书摊上拿起一本书,站在那里继续读着,就像坐在自己书房的扶手椅上一样。很明显,他专心致志,看不到书摊,看不到街道,也看不到孩子们,总之,除了那本书,他眼里什么都没有,因为他正在通读这本书。

这样的全神贯注才使机灵鬼能够偷走布朗洛的手帕,并回到离藏红花山几码远的费金的房间,这条小巷至今仍然存在。

20 世纪 50 年代,我的父亲在附近的史密斯菲尔罗市场工作,经常在午餐时间到法灵顿路浏览书籍。作为一个有 8 个孩子的低薪父亲,他总是提防妻子看到他把我们买不起的旧书带回家。但某天他兴奋地发现阿格尼斯·斯特里克兰(Agnes Strickland)三卷本《英格兰女王的生活》(*Lives of the Queens of England*, 1848)的原装红布版,回去工作后,那本书还是在他的脑海挥之不去。由于《每日工人报》[*Daily Worker*, 后来的共产党党报《晨星报》(*Morning Star*)] 的办公室就在市场对面,他给他们打了电话,询问是否可以帮他过马路为那本书垫付押金。当然他们帮了他这个忙,那本书现在还在我兄弟那里。

后来市场上的常客有约翰·贝杰曼、特立尼达传奇人物 C. L. R. 詹姆斯(C. L. R. James)和斯派克·米利根(Spike Milligan),但早期不收取任何费用的场地后来租金不断上涨，1994 年，最后一个摊主乔治·杰弗里（George Jeffrey）去世，他在阿纳姆战役当伞兵的时候中断了书籍销售生涯。我记得杰弗里的摊位，那是一个非凡的聚宝盆，杰弗里带着他的热水瓶，穿着蓝色工作服掌管着摊位。一个浏览者在那里找到了托马斯·莫尔（Thomas More）的手稿（后来以 4.2 万英镑的价格出售），另一个浏览者在一本书中找到了拜伦（Byron）的手稿信。心理学家伊恩·辛克莱（Iain Sinclair）在不远处的卡姆登通道经营一家书摊，他在柏油碎石路面上浏览比较便宜的一堆书——每本 25 便士，以寻找 20 世纪的离奇小说。在那里，他发现了罕见的超现实主义者大卫·加斯科因（David Gascoyne）写的《开幕日》（*Opening Day*）。杰弗里从苏富比等伦敦拍卖行拿走不受欢迎的书籍，数量通常以千计，并收购了机构图书馆和私人图书馆，以及大型诗歌书店特雷特图书馆倒闭时的库存。他的摊位是从一个廉租房仓库买来的，那里有他大部分的存货。在他之前，他的父亲和祖父曾在法林顿路卖过书籍，因此乔治真正连接起了狄更斯的《雾都孤儿》世界和伦敦。

神奇的是，伦敦的户外书籍销售精神又一次被转移到了南岸。人类的市场精神是不可抑制的。现在南岸书市一周 7 天都是熙熙攘攘的，它坐落在一个人来人往的河边，受到滑铁卢大桥的庇护。一个重要的摊贩加雷思·托马斯（Gareth Thomas）说，他永远不会走进办公室找工作。

历史上，在伦敦以外的地方，流动书商很难找到顾客。几个世纪以来，在东安格利亚执行的死刑吸引了大量的人群（除此之外那里还有什么可做的吗？），因此书商在那里聚集。博览会是另一个吸引人的地方。

诺维奇在前工业时代是英国的第二大城市，同时也是英格兰第二大市场。1706 年，诺维奇的印刷厂专门为“书商、乡村小贩和叫卖小贩”刊登书籍广告。诺维奇市场仍然充满活力，但它曾经只是这座城市众多市场中的一个。《1822 年杰罗尔德年鉴》（*Jarrold's Almanac for 1822*）列出了 204 个每年都在诺福克和萨福克郡举办的集市。

位于剑桥附近的卡姆河边的斯托尔布里奇集市被人遗忘了，但在都铎时代和汉诺威时代之间，这可能是世界上最大的集市。最初这个“名利场”几乎什么都卖，它是明尼苏达州“美国购物中心”的前身。斯托尔布里奇因性关系混乱和自由主义而臭名昭著。就像伦敦的摩尔菲尔德一样，这个不受监管的低俗集市被通俗地称为“骚动的泼妇”，吸引着书商们。下层社会编年学家内德·沃德（Ned Ward）提到了一个叫作“绿帽子街有很多书商”的章节（可能卖的是安慰头顶绿帽之人的书籍）。20 年后，在一张展览会的平面图上，这一区域文雅地被命名为“书商区”。早在 1700 年就记录了一位常驻书商埃德·米灵顿（Ed Millington）的叫卖：

> 这里有一位老作家！看他的皮夹克就知道他有多老，这里包含了所有你们这些学者需要的知识，这位渊博的作者正因为睿智才发现自己一无所知。我先给出两先令价格，预支三便士。什么，没有人要？……真可惜！你们这些有学问的人肯定不会让这样一位作家被低估吧？没有人预支三便士吗？我告诉你，你会发现在这里学习的东西会让大学都感到困惑。

由于缺乏通常的清单和遗嘱，斯托尔布里奇书籍库存的细节都已湮没在历史中，但对丹尼尔·笛福来说，这比古代法兰克福博览会还要包罗万象。就是在斯托尔布里奇，艾萨克·牛顿（Isaac Newton）买了一本欧几里得（Euclid）的作品，用来自学数学（后来用来演示光谱的棱镜）。我们可以认为，由于距离剑桥很近，斯托尔布里奇的书商虽然缺席主流历史，但是他们在文化上的重要性远高于此。牛顿在剑桥是一个局外人，他不与任何其他学生保持联系，一定程度上他是自学成才，因为他在推动最前沿知识的发展。

露天市场很好地满足了那些缺乏联系的古怪自学者，因为那里不那么拥挤，有无与伦比的库存量，里面有散卷、手稿，还有莎士比亚笔下可爱的商贩奥托利科斯在《冬天的故事》（*The Winter's Tale*）中所说的"未经考虑的琐事"。20 世纪 60 年代，我知道一些人认为皮卡迪利大街的哈查兹书店可能太奢侈了，一般人无法进入，因为这家书店获得了英国王室的认可，是女王的书商。我至今还能看到家长们在坎特伯雷水石书店窃窃私语，仿佛他们身处教堂。而摊贩是没有这种阶级界限的。

苏格兰是世界上伟大的自治国家之一，这是必然的，也是自然的。因为这种态势，再加上许多社区地处偏远，旅行书商备受青睐。其中两个书商甚至出版了自己的回忆录。就像古老的塞纳河书商一样，摊贩穿着华丽以吸引视线，让他们的故事中那些神话人物带来的希望有了实体，就像穿着华丽的小丑和哑剧艺术家，向我们展示另一个神话般的自我。

大约在 1870 年，一位典型的高地商贩"老道维特"（Old

Dauvit）“总是身穿有大金属扣子蓝色大礼服，戴着一顶红顶的宽大帽子，脖子上围着一条绿黄相间的印第安围巾”。就像大多数苏格兰农村的商贩一样，道维特从不敲门，而是径直走进他到访的小屋，希望能在那里有张床。不知何故，他总是质朴地鞠个躬，讲一些恭维的话，比如“我得问问你今天过得好不好，因为你看起来很健康”，或者，看到家里有女儿时说，“你是个漂亮的姑娘，我在苏格兰高地才能见到你这样的漂亮姑娘”。

如果农夫来了，道维特会说：“我从没见过哪个牧场能和你的牧场相比。”即便这些台词好像都是推销语，也确实属于推销手段，但是道维特在哪儿都很受欢迎，他是一个十足的“舞台演员”，就像本杰明柏林街道市场里的那些人一样。佃农们也知道，道维特有来自远近聚落的小道消息；他的拜访就像登录“Facebook”（或者任何一个你读到这篇文章时能满足“Facebook”功能的新论坛）。

通常情况下，商贩在推销和展示他的商品之后可能会在牛棚里过夜，道维特有“苏格兰袜”、羊毛睡帽、缎带、别针以及像《一千零一夜》这样的书就能睡得很好。但这对商贩来说尤其困难，因为许多商贩身体有残疾，不适合参加体力劳动或服兵役。比如，在苏格兰高地有一个著名的驼背书商。

令人惊讶的是，至少有 5 个苏格兰书贩团体都赫赫有名，比如“罗安斯商贩兄弟会”，该协会于 1837 年举行会议，用《老爸上战场》（*Dad's Army*）中忧郁的苏格兰士兵弗雷泽（Frazer）的口吻哀叹道：

> 由于近来开设了大量零售商店，可敬的旅行书贩越来越少，我们兄弟会的老会员很快就会进入坟墓了。

该死的商店！这个深思熟虑的社团选出了一位领袖，并设立了寡妇基金。

格拉斯哥附近佩斯利的工厂工人亚历山大·威尔逊（Alexander Wilson，1766—1813）因为写了一首讽刺剥削其雇主的诗而入狱。这首诗被当众烧掉了。释放出狱后，他成为一名书贩。他用一首诗讲述了他的生活：

我的背包跟你的大桌子一样大，
我刮过粥罐，睡过马厩。

有一次，他从一个积雪的斜坡上摔了下来，为了保命，他不得不割断背包，后来花了整整一刻钟的时间才把背包找回来。1794年，这位不可阻挡的自学者从苏格兰来到了宾夕法尼亚，写了九卷本关于美国鸟类的著作，这为他赢得了“美国鸟类学之父”的称号。

苏格兰西南部加洛韦的威廉·尼克尔森（William Nicholson，1782—1849）怀着五味杂陈的心情坚持在马背上卖书。在他的回忆录中，他若有所思地说，也许他会开一家商店，但话又说回来，他真的会想“安静地在柜台后面待着吗”？

威廉·马吉（William Magee，1782—1849）的《一位流动书商1819—1820年在北高地旅行的回忆》（*Recollections of a Tour through the North Highlandsin 1819–20 by an Itinerant Bookseller*）给出了一份罕见而引人入胜的流动畅销书排行榜，显示了基层存在一种强烈的苏格兰民族主义：拉姆齐（Ramsay）的《温柔的牧羊人》(*Gentle Shepherd*),《威廉・华莱士爵士的一生》(*The Life of Sir William Wallace*),《唐纳德・卡吉尔的生活和预言》(*The Life and Prophecies of Donald Cargill*),《亚历克斯・安德・佩登的生活》(*The Life of Alex Ander Peden*),《波拿巴的简短回忆录》(*A Brief Memoir of Bonaparte*),以及“梦之书”。正如20世纪30年代劳里・李(Laurie Lee)在西班牙拉小提琴过夜一样,书贩也经常用音乐为他们的来访造势:玛吉有着罕见的才能,能同时演奏两架犹太人的竖琴。亚历山大・威尔逊(Alexander Wilson)有着优美的歌喉,威廉・尼科尔森(William Nicholson)吹奏风笛来吸引买家——但他常常会在一个偏僻的休息站,以迷人的形象演奏,只是“为了让我周围的鸟儿和野兽得到启发”。

不名一文的佃农被认为拥有一件公认的极为珍贵的财产:在女性中异常美丽的头发。这些头发通常用来交换商品,卖给城市假发制造商,用来装饰苍白的城市妇女。这种物物交换本身就像是来自神话或童话故事。对于相信预言者和治疗师、水妖和鬼魂的具有神秘感的苏格兰高地人来说,《一千零一夜》和《格林童话》这样的通俗读物文学无疑反映了他们的世界,正如伊恩・麦克尤恩(Ian McEwan)和埃琳娜・费兰特(Elena Ferrante)的小说反映了我们笛卡儿式喧闹繁杂的社会一样。

从1750年到1850年,苏格兰高地清除运动赶走了书贩的许多顾客,从1850年起,所有的“小贩”都必须通过法律许可,因此书贩的生意转移到城镇和集市,但直到第一次世界大战之前,阿伯丁仍在印刷通俗读物。

令人感慨的是,1913年,一位匿名的《邓迪广告》(*Dundee*

Advertiser）记者化名为“一个苏格兰人”，“在一条孤独的高地路上”遇见了一位过去幸存的书贩。关于书贩这个职业，“这位老兵自称颇有天赋。到年底，你会遇到一个奇怪的人”。然后这个商贩展示了他那阴谋论式的售书技巧，这种风格既具有戏剧性又经久不衰：

> 他转向他那破旧不堪的箱子。固定它的带子是用绳子补上的。他展示了他的存货，“棉花，缎带，纸和笔尖”，然后又展示了一个秘密场所。他斜眼看了我一眼，闭上眼睛，瞬间就知道我跪在他身边。他拿出了《洛锡安·汤姆的滑稽冒险》（*The Comical Adventures of Lothian Tom*），“但这些书不太受欢迎，伙计”。回忆里，他的眼睛闪闪发光，“我从没见过哪一天这些书畅销过”。洛锡安·汤姆旁边是《当时最伟大的苏格兰人乔治·布坎南的功绩》（*The Exploits of George Buchanan the Greatest Scot of his Age*），以及嘲弄法夫郡镇的《巴克黑文的历史》（*History of Buckhaven*）。能找到这些书籍很奇怪，因为只有收藏家才知道这些书籍，而且买它们既不是为爱也不是为钱。沃尔特·斯科特有一些这种书籍，他很珍惜，而今天的收藏家包括基尔·哈尔迪（Keir Hardie，工党联合创始人之一）。

流浪书商

在世界各地，流浪书商的隐藏历史正在被慢慢揭开。荷兰乌得勒支历史文化研究所的教授杰伦·萨勒曼（Jeroen Salman）研究了低地国家的书籍销售情况，并开展了 EDPOP 项目（欧洲流行印刷文化维度）。虽然我无法接受 2017 年他对荷兰书商的描述（117 英镑），但他 2007 年关于这些书商的会议论文将他们视为英国商贩的灵魂兄弟。

萨勒曼教授推翻了这样一个神话——即荷兰的书店经营精良，以至于小贩被认为是多余的。根据税务记录、刑事案件和拿破仑式的职业审计，萨勒曼说，“流动书商……甚至在荷兰共和国……也在印刷品的发行中起到了至关重要的作用”。1765 年，阿姆斯特丹书商协会抱怨说，“现在市场摊位的数量很容易与书店的数量相同”，萨勒曼还援引了莱顿和乌得勒支的类似情况的证据。

阿姆斯特丹有一个专门出版通俗读物和颠覆性版本的出版商：1715 年，范・埃格蒙特公司在荷兰出版了《奥蒙德公爵的行为（天主教反叛者）》[*The Behaviour of the Duke of Ormond*（*A Catholic rebel*）]。因为出售这一非法作品而被起诉的几个小贩说，范・埃格蒙特公司是流动贸易中非法书籍的定期供应商。萨勒曼认为，对小贩贸易的理解将改变我们对欧洲文化变化的整体看法。

与此相呼应的是，迪尔梅德・麦卡洛克（Diarmaid MacCulloch）在其长达 800 页的《宗教改革，欧洲分裂，1490—1700》（*Reformation,Europe Divided, 1490–1700*）中将非官方文献作为解释路德重磅炸弹在乡村和农民层面引爆的方式之一。在德国，这位火热的牧师的作品不仅在 1523 年就以 390 种不同的形式出现，而且到 1525 年已经产生了超过 300 多万本“飞行书”（flugschriften）。这些书都很便宜，而且经常是图文并茂；《僧侣起源》（*On the Origin of Monks*）中有一幅魔鬼输给僧侣的画。如何描述这场反抗罗马天主教的草根印刷热潮？莱比锡历史学家弗朗茨·刘（Franz Lau）为这种现象创造了一个强有力的词：**野火**——野火生长在丛林或废弃的花园中。同样生动的是，2016年耶鲁大学的卡洛斯·埃里（Carlos Eire）将反教皇的非官方文学生动地比作“饱和地毯式轰炸”，这是1587年西斯图斯五世（Pope Sixtus V）匆忙成立的梵蒂冈印刷厂无法企及的。

西班牙和葡萄牙各地的书商也将宗教革命和民间故事糅合在一起。他们用半岛上著名的方言（加泰罗尼亚语、卡斯提尔语和加利西亚语）销售文学作品，这是一个有力的发展。牛津大学三一学院的西班牙研究员克莱夫·格里芬（Clive Griffin）是伊比利亚的商贩研究的先驱。格里芬通过西班牙宗教裁判所的记录追踪到了这个难以捉摸的西班牙书商，这起案件烧死了几个书商，有些还烧毁了他们的柳条雕像。他们聚集在萨拉曼卡和塞维利亚两个伟大的学习和人口中心，以及西班牙前现代金融中心，即现在不再举办的麦地那德尔坎波镇的大型博览会上。一个名叫波尔塞勒（Borceller）的商贩精通多种语言，可能来自里昂。他一生穿梭于德国、法国和伊比利亚之间，他散发的宗教改革文学使他受到了宗教裁判所的调查。另一位里昂人皮埃尔·阿尔塔贝尔（Pierre d'Altabel）因在葡萄牙出售教皇禁止的诗篇译本而陷入困境。一旦惹上麻烦，他就转去葡萄牙乡村叫卖祈祷书。这是个好生意，因为人们认为这种书会给随身携带它的人带来护身符的力量。商贩们经常改名以逃避侦查。一位比利时书贩很没创意地称自己为佩德罗·弗拉门戈（Pedro Flamenco）。1570年，因一个商贩同伴怀疑他和自己的妻子有婚外情，他在托莱多附近的一个村庄与他的情敌在一家小旅馆里打了起来，这让他载入史册；不幸的是，两人后来都因为出售煽动性文学而被烧死在火刑柱上。

更多关于西班牙小贩存货的细节来自一名在巴拉多利德附近去世的匿名小贩的存货清单。除了他的驴子之外，他还留下了几本《美丽的马圭隆》（*The Fair Maguelonne*），这是一个得到证实的爱情故事，成为勃拉姆斯（Brahms）歌曲系列、一些圣徒的生活、民谣书籍和一部关于阿伽门农的戏剧的灵感来源。佩皮斯发现西班牙是一个很好的“狩猎场”：在加的斯和塞维利亚，他收集了75本关于西班牙传统白话诗和歌曲的通俗读物。伊比利亚的小贩们经常唱他们的民谣，作为一种图书销售方式。

西班牙将通俗读物和民谣书籍的传统传到了南美的殖民地，而澳大利亚旅行家彼得·罗伯（Peter Robb）经历了一段奇异的时空交错，这记录在他的《魂断巴西》（*A Death in Brazil*，2005）中。在巴西古老的殖民城市累西腓，他看到一个人用电吉他连接汽车电池唱着民谣，伴随而来的故事和歌谣在他四周传开，他还买了一本关于一个女孩变成蛇的故事书。

令人难以置信的是，一家巴西印刷商还在发行关于水仙梅尔露西娜（Melusine）的故事，这篇故事从15世纪开始就在欧洲印刷，但却普遍深入神话之中。沃尔特·斯科特爵士听到苏格兰商贩的歌声，然后这首歌由歌德改编，门德尔松（Mendelssohn）谱曲，还出现在今天的电子游戏中。

虽然四处游走的书商似乎已经绝迹，但他们的市场摊贩却在世界各地蓬勃发展。在孟买植物喷泉附近宽阔的人行道上，有一个世界上有史以来最热闹、最混乱的街头书籍市场。在一个嘈杂的十字路口附近有一个中立地带，成堆的书籍像曼哈顿的天际线一样摇晃着，上班族买的是《魔鬼经济学》(*Freakonomics*)，学生买的是陀思妥耶夫斯基的作品，而背包客则用旧读物换新读物。一位当地记者感叹道，书籍浏览者们似乎“迷失在墨水和纸张的世界里，创造了属于他们自己的沉默图书馆”；就像《雾都孤儿》中的布朗罗先生在150年后又出现在地球的另一端。

1981年，在研究旁遮普历史时，我遇到了德里的达里扬杰书市已故的锡克教救世主库什旺特·辛格(Khushwant Singh)。他从印巴分治中幸存了下来，写了一本关于那段可怕时期的小说，叫作《去巴基斯坦的火车》(*Train to Pakistan*)。作为有50年历史的书市的忠实读者，他是成功阻止德里议会关闭书市运动的核心人物，这场运动一直进行到了最高法院。今天达里扬杰有250个摊位。印度所有城市都有街头书籍摊位，其中最大的一个聚集地是酷爱书籍的加尔各答大学街。

在缅甸，仰光的登拜路书籍市场仍然有70个摊位，奥威尔和聂鲁达(Neruda)曾经在那里闲逛。在19世纪的开罗，书商们沿着阿兹巴凯亚花园的围墙找到了一块不受影响的地方，那里的书市仍然很兴旺，有130个木制摊位。该市场因为出售盗版书籍而遭到官方的反对，比如反特朗普回忆录《火与怒》(*Fire and Fury*)。我希望能迅速得到这样的出版物，因为该书出版后不久，坎特伯雷的水石书店就没有了货源，我不得不回绝了许多顾客。伊斯坦布尔的户外书籍集市可以追溯到拜占庭时代，它坐落在拜亚兹特清真寺的庭院里。在巴格达，2007年的汽车炸弹袭击造成27人死亡后，以前每周五的穆塔纳比街书籍市场就变成了现在的步行街。

户外书商们面临着风、雨、雪。当局会对他们进行监管，用执照加以约束，甚至会逮捕他们，处以火刑。但在过去的500年里，他们一直在向路人和偏远社区传播书籍。他们在宗教改革、启蒙运动和许多革命中发挥的作用却未载入史册。或许同样不可小视的一点是，他们还为这个动荡的世界提供了安慰书。他们用各种各样的戏剧技巧来推销他们的商品——服装、幽默、演讲和音乐。他们的露天贸易其实十分简单，正如莎士比亚笔下的奥托利科斯所说："我懂这一行，只要'睁大眼睛，竖起耳朵，手脚敏捷'就行。"

第五章　图书馆之梦

有一次在伦敦大学亚非学院图书馆读书时，我趴在桌子上睡着了。我前一天晚上因为写文章很晚才睡，加上19世纪早期的苏丹让人昏昏欲睡。我脸朝下趴在桌子上睡觉，我现在还能感觉到那柔软的人造革桌面。醒来时我遇到了一生中最美妙的图书馆时刻之一，因为当我从沉睡中醒来时，我正处于半梦半醒的星系际现实。这种不稳定的状态，既不是清醒着也不是沉睡着，奇怪地与世界的灵魂联系在一起，这一点可以从那里出现的神话生物得到证明：梦魇、女妖和各种令人快乐的生物。像牛顿和贝多芬这样形形色色的思想家都从半梦半醒中汲取灵感。

每当我昏昏欲睡，我真的感觉文化多元的伦敦大学亚非学院图书馆就像亚历山大图书馆一样，有一种仿佛置身于无限之中迷失方向的感觉。在荣格有关他一位最近去世的朋友的梦中，图书馆与潜意识的联系很明显：这位朋友把他带到书架顶层的一本红色书籍前，书名模糊不清。梦醒之后的早晨，荣格拜访了他朋友的遗孀，并且第一次进入了朋友的图书馆。最上层的书架上有一本叫作《亡者的遗产》（*Legacy of the Dead*）的红色书籍。荣格从书的标题中得到了安慰，从某种程度讲，朋友的作品是永恒的。

在梦中，如果我们不是进入普通的图书馆，我们会去哪里？这样一个无限的图书馆就像大脑一样，它有迷宫般的通道，在这些通道里，神经突触在远处发出噼啪声，神话人物出现又消失，所有的一切都是无限的，但又模糊地联系在一起：《潘神的迷宫》（*Pan's Labyrinth*）遇到了《大师与玛格丽塔》（*The Master and Margarita*）。有趣的是，这两位令人费解的作家——豪尔赫·路易斯·博尔赫斯（Jorge Luis Borges）和W. G. 塞巴尔德（W. G. Sebald），不仅都是典型的具有包容性的国际主义者——一位是盲人多语言学家，另一位是德国流亡者。而且这两位作家都是“孤儿事实”的爱好者，他们关于图书馆的故事都引起了普遍共鸣。博尔赫斯的《巴别图书馆》（*Library of Babel*）本身就是一个宇宙，而塞巴尔德在奥斯特利茨的巴黎国家图书馆则位于大屠杀遗址之上。我曾经看到这种无限性冲昏了某人的头脑：1996 年，一位西伯利亚资深学者奥尔加·哈里蒂迪（Olga Kharitidi）准备在我的四层书店里发表演讲，当她上楼去参加活动时，她的脸上流下了泪水。她哽咽地回答我。“是书籍……这么多书籍，都可以免费阅读……每个人都能。”我认为她所说的“每个人”指的是作者、顾客、书籍和宇宙。这种自己与每个人都存在着联系的深刻感觉是神秘的，无法用语言表达，但可以在语言中细细体会。在图书馆里呼气是一回事，吸气是另一回事，然后再呼气又是新的轮回。

如果不是因为我们还有创造偶然的能力，这种无限可能会让人不知所措。这种无限就像给了我们鳍，让我们时不时可以异想天开，在无限的图书馆里畅游。在图书馆或书店的偶然似乎是随机且混乱的，但我书店的顾客经常说偶然且随意地拿起一本书阅读是一种自然的浏览方式。为什么呢？我最近读到的一篇精神分析杂志文章指出，我们的潜意识是“没有形状的、混杂的”，我们不想用这些词语形容自己的性格，但适合形容图书馆里的自我。看来，无意识的浏览在某种程度上就是有意识的浏览。在一个多室的书库里解开大脑计算部分的缆绳对于有多室的心智来说是很自然的，那里有潜意识和意识——书架和楼上、阁楼、树屋和很少到访的木屋。图书馆的书架反映了未被发现的自我。

自由浏览书籍，就像自由潜水和自由攀爬一样，是不受官方干预的活动：它们是对过度监管和商业化世界的回应。在图书馆浏览书籍和网上浏览书籍（被算法玩弄）的关系就像自由攀岩和长途汽车旅行的关系一样。

在莱斯利·贾米森（Leslie Jamison）的回忆录《余波》（*The Aftermath*）中，肯塔基州一家右翼戒毒"机构"的一名警卫谈到一个最高安全级别的囚犯时说："也许他犯了几次罪，做了几次错误的选择，但我们仍然相信他是可改造的。"有时是社会希望我们成为"可改造的"的，我们都是社会从众倾向的受害者，新西兰人称之为"从众压力"。在图书馆里，你可以沿着一条随机的通道逃跑，暂时无法被改造，无法被追踪，你在那里探索其他的存在方式。甚至你可能早已决定成为社会所期望的那样，但多亏了图书馆，你在那里做回了你自己。你可以在图书馆里破解社会秘密控制思想的机制，这个想法在科幻电影中出现过，如《萨杜斯》（*Zardoz*）、《超世纪谍杀案》（*Soylent Green*）和《洛根快跑》（*Logan's Run*）等。

图书馆里那些无法改造的怪人就像礁石上的奇怪生物一样，几乎是预料中的居民。20 世纪 70 年代，我在诺丁山的小戈尔伯恩路公共图书馆工作，当时这座图书馆是暴力的、贫穷的特雷利克大厦公寓脚下的一个避风港。所有的窗户都有厚厚的栏杆，有些时候感觉好像《血溅 13 号警署》（*Assault on Precinct 13*），人们跑进去躲避刀砍，或在被刀捅了之后跑来避难。这个地方也是流浪汉和精神怪人的天堂。

德昆西的（De Quincey）传记作家弗朗西斯·威尔逊（Frances Wilson）是纽约公共图书馆的常驻作家，2018 年他赞扬了这一点，在《文学评论》(*Literary Review*)中指出，无论谁进入纽约公共图书馆，无论他们做什么，“书都具有一种神圣的品质”:

> 每天都有一个女人进了图书馆后，就把买的东西放在书目室的桌子上，然后开始编织东西；有一个人拿出全部24卷弗洛伊德的作品，然后玩六个小时的“糖果大爆险”游戏；还有一个人戴着毛毡帽，不停出汗，正在研究国际象棋。一天早上，当我路过休息室时，碰巧看到一个光着身子的男人，他的裸体像海豚一样闪闪发光，在水池边拍水。这次邂逅并没有让我们感到不舒服的地方。就好像他是亚当，图书馆是伊甸园，而他的自我意识还未被创造出来。

在下一期的《文学评论》中，一位教授严肃地写下了他对在图书馆玩“糖果大爆险”游戏这种亵渎学习空间的行为感到绝望，而这是权力的重申。

比起教授的观点，威尔逊的观点更胜一筹：纽约公共图书馆可能是世界上最具包容性的公共借阅图书馆；纽约将保持这种方式，人们将继续把图书馆当成看电影、阅读书籍和玩电子游戏的地方。现在这些场景经常在电影中出现，甚至有个制片厂有一个永久的纽约公共图书馆模型。

1932年，伦敦大学参议院图书馆内有一座斯大林主义纪念碑。许多电影都用到了这座纪念碑，如《一九八四》(*1984*)，大卫鲍伊(David Bowie)主演的吸血鬼电影《千年血后》(*The Hunger*)。20世纪70年代，作为一个孤独的大学生，我曾在伦敦雄伟的塔楼上层工作到很晚。那深嵌的方形小窗上映照出伦敦人来人往的夜景，然而它离寂静的塔楼是如此的遥远。周围的风是塔楼唯一的噪声，它呼啸着离开伯克希尔，穿过高尔街，好像悲恸的呻吟声在向那间特别的侧屋倾诉，侧屋里收藏着捉鬼人和总是满嘴胡言的哈里·普莱斯（Harry Price）捐赠的书籍（我怀疑这所大学从来没有想过要他的书籍）。

但是，那阵风——它使图书馆好像一艘在海上航行的船，也许这是理解图书馆的最佳隐喻之一。在新建的大英图书馆，人们成天在一排排拥挤的书桌上工作，你都能从那里感受到一种温暖。图书馆里的声音就像在海上时那么安静，盥洗室很大，把手是黄铜的，门很重。烘干机的轰鸣声就像一场持续的狂风，读者们开关门的砰砰声，以及他们用多种语言进行的简短对话，就像"裴廓德号"上各种各样的船员，都在探索未定的结局。

无论图书馆对我们意味着什么，我们都在想象中渴望着它。我们知道，我们不仅仅是一个人——一个带着别人给予的名字的人。我们是大迁徙的产物，我们会说入侵者的语言。因此我们渴望阅读故事，需要像澳大利亚原住民一样定期"四处游荡"。我们知道，树木通过地下的菌丝线相互连接和支撑，生态系统研究和神经科学的每一次突破都更加体现出我们彼此间的联系。

我们在想象中本能地彼此接触，跨越海洋，跨越世纪。在图书馆里的我们感觉更加圆满，因为我们都怀揣着"无人是一座孤岛"的想法。图书馆是一个互相交织的梦，所有的梦想都会成真。保罗·福塞尔（Paul Fussell）的开山之作《大战和现代的记忆》（*The Great War and Modern Memory*）展示了我们曾经如何召唤即将到来的大火，并在小说和散文中给予预示。物理学家保罗·戴维斯（Paul Davies）用量子的术语进行解释：由于存在无限的平行宇宙，因此想象中的一切都可能是真的，而经常想象的想法在数学上更可能成为现实。所以，在想象了几千年无所不包的图书馆后，我们有了互联网，也就是亚历山大的以太网图书馆。

古代图书馆

对于大多数人尤其是西方人来说，亚历山大图书馆一直是图书馆神话的创始之地，这座建筑赋予了我们大量的图书馆知识，曾被罗马人烧毁，或者取决于西方人的想法，被阿拉伯人或犹太人烧毁。2019 年由雷切尔·韦兹（Rachel Weisz）主演的电影《城市广场》（*Agora*），展示了我们对这座图书馆长久以来的哀悼和赞美。荷马在梦中带领亚历山大大帝为亚历山大城选址的故事为图书馆增添了魅力。它收藏了古代智慧。这就是“乌尔图书馆”。

出人意料的是，这座图书馆并没有以它在想象中的形式存在，也没有证据表明它被烧毁了。古苏美尔的乌尔存在过真实的图书馆，那里出土了数千块黏土石碑，这说明这座图书馆才是“乌尔图书馆”，而不是亚历山大图书馆。人们可能会说，乌尔的图书馆就是“乌尔图书馆”。当然，亚历山大有一个伟大的、世界性的学术机构，融合了埃及和古典地中海学术文化。但亚历山大的图书馆神话远比它的历史还要宏伟。

图书馆的这种不确定性增加了它的潜力。正如古典主义学者伊迪丝·霍尔在 2015 年写道，“神话比现实更具普遍性”。

亚历山大是一股鼓舞人心的新鲜空气：知识殿堂的理念向四面八方延伸。与《米德尔马契》中迂腐的老学究爱德华·卡索本牧师（Reverend Edward Casaubon）所在的图书馆截然不同，这座图书馆致力于寻求一种能将所有神话结合起来的基督教合一理论。亚历山大的收藏仍然为我们展示了自由、全球化、多样化和整体性的典范。如果我们有更多关于它的信息，这个理想将会变得很狭窄，更容易被劫持。就像中世纪西班牙阿拉伯科尔多瓦图书馆，它鲜有人知却非同凡响，这座图书馆里有 60 万卷藏书，也是最古老的工作图书馆，是公元 859 年由摩洛哥非斯的一位名叫法蒂玛·菲赫里（Fatima al-Fihri）的女性建造的。

我们所有人都需要一个完整多样的图书馆。伊斯兰世界有“智慧之家”，即巴格达大图书馆，这是由传说中《一千零一夜》中的哈伦·拉希德（Caliph Harun Al Rashid）建立的。还有什么能比一个书中人物创建的图书馆更吸引人呢。这个人物曾让丁尼生（Tennyson）和叶芝（Yeats）等众多西方作家着迷。这座图书馆确实存在于哈伦的时代，也就是伊斯兰教的黄金时代。而且，和亚历山大一样，巴格达也是光辉的国际先锋学习中心。一句精彩的阿拉伯谚语体现了这一点：“在开罗写书，在贝鲁特出版，在巴格达阅读。”

从文化层面上讲，哈伦本人是否建立了“智慧之家”并不重要，重要的是这是他会做的那种事情。以同样的方式看待问题，我曾经听到两位历史学家争论丘吉尔是否真的下令军队向在托尼帕迪罢工的威尔士矿工开火，其中一位反丘吉尔的历史学家在辩论结束时说，“瞧，我不在乎他是不是做了这件事，但这是他会做的事。”同样，摄政时期的东方学者约翰·马尔科姆（John Malcolm）在游历波斯撰写波斯历史时，在一段时间后也意识到当地人告诉他的是事实和传说的混合体。不仅如此，他还意识到他们并不在乎其中的差别；古伊朗历史的重要之处在于它能鼓舞人心，号召集体意识。G. K. 切斯特顿支持这种关于神话历史的奇怪观点："寓言比事实更具历史性，因为它是一千个人的故事，而不是一个人的故事。"因此，哈里发·阿尔马蒙（Caliph al-Mamun），可能是"智慧之家"真正的创始人，让我们暂时忽略中世纪巴格达的其他 36 个主要图书馆，就像吸入熏香一样感受神话。

巴格达的"智慧之家"不仅代表着黄金之地的黄金时代，而且与亚历山大同类图书馆一样，在一场神话般的大灾难中消失了：蒙古人在 1258 年摧毁了它，因此编年史家告诉我们，"墨水染黑了底格里斯河"。

然而，这个神话对什叶派穆斯林来说毫无用处，他们将许多遭受的迫害归咎于逊尼派的哈伦（Harun），因此创造了自己的亚历山大图书馆：11 世纪开罗的"知识之家"是法蒂玛德·哈里发（Fatimid Caliphate）的荣耀。这座图书馆由阿布·阿里·曼苏尔（Abu Ali Mansur）建立，他的蓝眼睛里有金色斑点，令人难忘。11 世纪后期，当柏柏尔人的军队推翻了法蒂玛德王朝时，它就成了克星。

当然，所有这些关于"野蛮人"毁灭的故事——罗马人、阿拉伯人、犹太人、蒙古人或柏柏尔人——一定程度上都是在任何特定时间对文明历史的夸大。正如伊迪丝·霍尔和巴勒斯坦作家爱德华·赛义德（Edward Said）向我们展示的，"文明"的可信度在很大程度上取决于对"野蛮人"的编造。如果他们烧毁了你的半神话式的图书馆，反而会给你的文明增加一种魅力。

历史上真实的图书馆甚至比这些半兽人摧毁终极藏馆的神话更加奇异。在古代世界相当长的一段时间里，图书馆更多的是被献给女神而不是政治。

图书馆中的女神

对女神作出巨大奉献的古代图书馆与后来男性创建的图书馆形成了鲜明对比。正如君主制的其中一个理由是防止独裁一样，因此长期以来，对女神的奉献也限制了图书馆成为国家权力的工具。在古代，与神相比，女神更多与智慧联系在一起，如印度的萨拉瓦蒂（Saraswati），希腊的雅典娜（Athena），罗马的密涅瓦（Minerva）。仿佛人类模糊地认识到这样一个事实：在所有男性统治和都是男性哲学家的时代里，女人擅长和平，男人擅长战争。也许女人早已发现这一点。

公元前 7 世纪，亚述有图书馆女神，这一事实在某种程度上被著名的亚述巴尼帕图书馆所掩盖，该图书馆是亚述国王的一个权力工程，里边到处都是赞美他的铭文。苏丹塔佩的一座图书馆更有趣，那里曾经是亚述人的首都，现在位于土耳其。那里的图书馆里包含医学著作、诗歌和几个版本的《吉尔伽美什史诗》，同时也是女神伊什塔（Ishtar）的神庙。当巴比伦士兵攻击这个建筑群时，图书馆的牌匾作为最后的祭品堆积在伊什塔的祭坛上。

同样不为人知的还有伊拉克古城乌鲁克，大约在公元前 3000 年它的面积就达到 3000 年后罗马帝国面积的一半。公元前 300 年，城市中心有两座巨大的图书馆或者说庙宇，都是供奉女神伊什塔的。

从第一次世界大战后的非法掠夺到 20 世纪末德国人的挖掘，这里出土了数百块刻有文字的碑文。现在这些碑文正在慢慢翻译，并展示在一个专门的网站上。

古希腊佩尔加姆图书馆（现在位于土耳其）的主阅览室，竖立着“智慧女神”雅典娜的巨大雕像（其剩余基座近 3 平方米）——这座雕像放在那里再合适不过，因为图书馆背后的女主人似乎是一位名叫弗拉维亚（Flavia）的贵族女性。

浴场和书籍

古代图书馆不仅经常由一位女神主持，而且还是休闲娱乐的场所。许多古希腊和罗马图书馆都建在公共浴场里，这些公共浴场是常见的休闲中心，正如托尼·鲁克（Tony Rook）在《英国的罗马浴场》（*Roman Baths in Britain*，2002）中所说，“罗马帝国的社会和审美生活一直是人们关注的焦点”。罗马巨大的卡拉卡拉浴场里有一个大型公共图书馆，分为希腊和罗马两个房间。

浴场常常兼作寺庙，部分原因是附带的泉水和罗马人对女水神的热情。塞内卡（Seneca）的这封信生动地描述了罗马浴场——它不仅是一个洗浴的地方，更是一个充满了喧嚣的建筑群：

> 各种各样的噪声：肌肉运动和抽搐的咕噜声，释放压抑的呼吸时发出的尖锐嘶嘶声。如果正好有人在按摩，我可以听到手掌拍在肩上的声音，或是平板或是空洞……球手高喊着得分。还有喜欢在洗澡时欣赏自己声音的家伙，再加上那些扑通

一声跳进泳池的人。现在还有饮料小贩和卖香肠、糕点和热菜的小贩们混杂在一起的叫卖声，每个人都用自己特有的方式叫卖自己的商品。

我在坎特伯雷书店的楼下发现了一个罗马浴场的地板，这是一个惊人的心理地理学实例。首席考古学家告诉我，哲学专区附近的一个大柱基表明，这里有一座宗教雕像，我的书店也可能是一座神庙图书馆，就像一座小型的帕加马神庙。从地下室出来后的楼梯上有个地方常年潮湿，这说明有泉水——可能是附近卢灵斯顿村里那样的泉水，它可能吸引了罗马人来到这里。

在法国查森农的罗马浴场，过去民众会来这里睡觉，然后由现场的专家为他们解读梦境。在我知道这之前，早在 1991 年，我在坎特伯雷的水石书店地下室——学术楼层——有过查森农式的经历。那时我工作了很长时间，但我从一些商业大师那里学到了一种信念，即与其在效率低下的情况下辛苦工作一天，不如自然地打盹儿。我在浴场地板上安装了一张吊床——在一个便利的储藏室里——并在那里度过了我的午餐时间。在吊床上打盹儿时，我可以听到历史专区墙上传来的对话，这些对话与我在那里做的非常生动的梦的余晖融为一体。梦在书籍和澡堂记忆的包围下令人沉迷。有一次，我隔着墙茫然地回答了一个客户的问题：他们可能认为这是一个超自然事件。

一幅古代公共空间的画面正在浮现，以图书馆作为节点，既喧闹又神圣，商业繁荣，充满有趣的事物，这些通常由女神掌管。我们正慢慢地朝着古代那样开放的图书馆演变，那是一个论坛而不是与世隔绝的堡垒。现代世界有两个伟大的开放式图书馆——纽约公共图书馆和大英图书馆——里面有各种外展活动，从讲座、音乐会到电影放映，或是像大英图书馆漫画展这样的互动展览，在那里数百人创造了他们自己的漫画形象。

印刷时代的图书馆

在经历了主要由皇家图书馆和修道院图书馆组成的中世纪插曲之后，古代图书馆的喧嚣转移到了文艺复兴时期的建筑中。然而，瑞士阿尔卑斯修道院的僧侣们却抵制文艺复兴的风潮。1483 年，威尼斯教授安东尼奥·格拉齐亚迪（Antonio Graziadei）被任命为修道院院长，他将一些有前瞻性的书籍和古代经典著作引入了修道院，其中一些至今仍在那里，标记为他的遗物。他曾担任过哈普斯堡皇帝的家庭教师，并在巴黎学习；他太温文尔雅了，没法管理这样一群顽固的阿尔卑斯传统主义者。僧侣们指责他挥霍钱财，他无法忍受冰雪覆盖的山谷和他们的敌意，因此偷偷地离开去了意大利。“那些混蛋僧侣”，引用哈罗德·品特（Harold Pinter）戏剧里的流浪汉的话，就是追踪他并把他关进监狱——当然，每个好的修道院都有一座监狱——在那里他“悲伤而悲惨”地死去。

当文艺复兴的精神侵入意大利的图书馆时，它们变成了发电站；马基雅维利（Machiavelli）是在图书馆宣读其书籍的众多作家之一。圣安德鲁大学的著名书籍史学家安德鲁·佩特格里（Andrew Pettegreev）出乎意料地直言支持这种活泼、包容的图书馆。他说，“文艺复兴时期的图书馆是一个嘈杂的地方——这个地方用来对话和展示，而不是学习和沉思”。只是直到17世纪，图书馆才像他所说的那样开始“漫长的沉寂，作为19世纪和20世纪新现象的出现，图书馆就像陵墓，是一个存放着无数未读书籍的寂静储藏室”。他认为，随着图书馆“逐渐变得默默无闻和无关紧要”，它对于发展自己的事业力有不逮。他还对如今的许多大图书馆不情愿把旧书交给读者的做法表示不满：这当然是最荒谬的，因为旧书除非真的毁坏了，否则这些书籍一定能从中受益。毕竟，与手的互动是它们获得神奇光泽的地方。他动情地描述了他造访现代法国一个“思想空间”多媒体图书馆的经历：

> 在我的职业生涯中，就是在这些图书馆里拥有了一些最快乐的阅读经历，16世纪的书籍经常送到普通阅读区，那里有蹒跚学步的孩子，也有拿着日报的战争老兵。一位领退休金的老人和蔼地走到我的桌前，向我保证，他的插图杂志会比我面前的文章给我带来更多的启发。

文艺复兴时期的图书馆，无论多么奇妙，都是寥寥无几的；到了十八九世纪，使用方便的图书馆出现了爆炸式增长。这是英国的黄金时代，有1000多家随借随还的“流通图书馆”——这些图书馆商业运作活跃，社会面很广，遍布全国，从巴斯到马尔盖特，从普利茅斯到阿伯丁，并在欧洲和北美都有体现。

流通图书馆的广告实际上是邀请人们来这里享受谈话和讨论。1780年，坦布里奇韦尔斯图书馆承诺为女性提供一个“超越偏见的空间”。与大多数咖啡馆不同，这里欢迎女性。一首关于巴斯的匿名诗歌向我们讲述了利克图书馆的活力：

> 现在，人群混杂，花花公子来度假，
> 在利克漂亮宽敞的商店，消磨一个小时。

在18世纪的欧洲和北美，这些流动图书馆是从书店衍生而来的私人企业，也是许多女性和工人阶级到中产阶级广泛接触书籍的开端。就其本身而言，这是一场初步的炮火攻击，通过那些免费借阅的公共图书馆，为所有阶层冲击文化机构扫清了道路，而这些图书馆大部分要归功于工业时代。

在英国，W. H. 史密斯（W. H. Smith）采用了付费借书模式，于1860年建立了一个借阅图书馆，1961年被其长期竞争对手博姿药店接管。在旧书的封面上仍然可以找到博姿盾牌形的绿色贴纸。在历史上的大部分时间里，博姿的顾客大多是社会上最贫穷的人；该公司从现金批量购买库存起家，这使他们能够粗暴地压低传统定制药店的价格。因此，他们的图书馆在大众教育中的作用被埋没了。1898年，弗洛伦斯（Florence）是杰西·布特爵士（Sir Jesse Boot）的妻子，也是一位书商的女儿（她还彻底改变了公司的员工福利），她为他人着想，在她的催促下这家公司成立了。专门的图书馆工作人员还参加了专门的文学方面的特别考试。450家博姿药店有图书室，里面通常有沙发、盆栽，甚至还有专门设计的彩色玻璃窗。1966年，《公共图书馆法案》要求所有理事会提供免费图书馆后，博姿图书馆才关闭。在1938年，博姿图书馆每年借出的书籍数量达到惊人的3500万册，这些书籍在1940年已经足以成为国民心理的一部分，约翰·贝杰曼因此将博姿的书籍、民主与合适的排水系统并列为英国文明的关键特征。

贝杰曼高兴把图书馆与民主结合起来。在现代，这似乎很合理，但图书馆也有邪恶的一面。如果说知识就是力量，那么图书管理员，尤其是编目员，就有一种能力在幕后操纵图书馆，微妙地引导着社会的态度，并渗透到互联网算法的运作方式中。

给书籍分类，给员工分类

华盛顿国会图书馆是有史以来最大的图书馆，它的建立初衷无可挑剔。第一位图书馆馆长安斯沃思·斯波福德（Ainsworth Spofford）是一位内战战地记者，也是亚伯拉罕·林肯（Abraham Lincoln）亲自任命的反奴隶制活动家。斯波福德掌管图书馆 30 年，于 1897 年退休，并监督和见证了图书馆规模的飞速发展。在斯波福德的管理下，图书馆安置在宏伟的杰斐逊大厦中，对一些抗议的政治家来说，它的穹顶似乎能与国会大厦相抗衡。这种抗争不仅仅是象征性的，因为这座图书馆比任何其他图书馆都更能成为国家权力的工具。

国会图书馆的编目员在命名和归类激进思想家和性少数群体的过程中表达并传播了他们自己的观点，这些观点就像 1890 年决定用 9 位伟大白人雕像装饰图书馆的外面一样，都属于他们的时代。

当然，图书馆需要安排得有秩序以便于阅读，但奇怪的是，大多数人在家里不按分类和主题来放置他们的书籍。我们通常是根据颜色、格式或用途来判断分类。我似乎把不同类型的安慰书混合在一起。在家里，我们中的许多人都在罗斯金的对立面——他实际上用锯子把他所有的书籍都锯成一样的高度。

图书分类法就像语言本身一样，既是真实联系的助推者，又是限制者。图书馆反映了大学的院系划分，但这些划分过于简化，他们的世界观比我们的头脑更僵化。大学在院系不断重新命名时也认识到了这一点。维特根斯坦（Wittgenstein）最终因语言的局限性而气急败坏，他认为诗歌往往比散文更接近感性。即使是诗歌也可以如此花哨、冗长、概念化，以至于就像和你隔了一座山。2011 年，小说家马克斯·波特（Max Porter）为《白色批评》（*White Review*）采访了艾丽丝·奥斯瓦尔德（Alice Oswald）。在我写这篇文章的时候，人们似乎越来越认为奥斯瓦尔德是英国最伟大的在世诗人。在采访中她说荷马是一个可以描述即时性的叶子的诗人，并引用了特德·休斯的一句话，但我还没有在其他地方见到这句话，而这使我更加印象深刻，因为我在苏格兰风雪中的一家酒店的沙发上找到了《白色批评》，积雪覆盖了所有显眼的特征："休斯说……如果你烧毁了图书馆，语言会留下来。我喜欢这一点——勇气。"

图书馆必须有秩序，但建立秩序有时会以语言的方式限制美。正如肯塔基大学图书馆学教授梅利莎·阿德勒（Melissa Adler）所说："想象一个没有任何分类工具的时代，在语言的世界吸收了我们的性别之前，改变了它的本质。"生活先于语言，图书馆先于编目员。编目就是限制和定义：性少数群体被国会图书馆编目员粗暴对待。从 1898 年到 1972 年，"性倒错"的范畴包括同性恋和一系列现在属于某些主流的偏好。替代这一类别的"性变态"也是具有评判性的，在 2007 年被"性反常行为"所取代，这种病态术语因其模糊性而被疏远，有效地隐藏了它所分类的内容。

这种老式的编目方式已经在世界范围内流传了一个多世纪：7.2万家图书馆仍在模仿美国国会图书馆的分类方法。这种影响可以追溯到过去：在过去的图书馆索引卡时代，图书馆本身每年向全球的图书馆售出6万张预先印制的索引卡。

国会图书馆维持治安的传统可以追溯到很久以前。美国联邦调查局（FBI）的J. 埃德加·胡佛（J. Edgar Hoover）认为“堕落的性犯罪者”对美国的威胁比有组织的犯罪更大，因此在1937年宣布发动“反恐战争”的前身，即“对性犯罪者的战争”。胡佛关于共产主义者和性变态有威胁的语言是一种渗透和浸染、感染和净化的无缝暗语。和许多道德斗士一样，他那狂热的监管行动一部分是由他自己的邪恶一面所驱使的。

即使人们广泛指责他有异装癖是不真实的，然而他隐藏的同性恋倾向似乎是毋庸置疑的。一位可靠的证人，即《苏菲的选择》（*Sophie's Choice*）的作者威廉·斯蒂伦（William Styron），见过他给老朋友克莱德·托尔森（Clyde Tolson）涂脚趾甲，当然，这项活动需要适当的分类。

图书馆也不能幸免于胡佛的道德讨伐，他的权力非同一般——尼克松总统（President Nixon）承认，他因为害怕报复而从未解雇胡佛。在胡佛时代，受限制的“禁书收藏”不断扩大，不仅包括像《穿裘皮的维纳斯》（*Venus in Furs*）、《洛丽塔》（*Lolita*）和《尤利西斯》（*Ulysses*）这样的作品，还包括有关节育和异性恋的书籍，以及大量的颠覆性宣传作品。弗洛伊德说“我们都是有悖德者”，哈姆雷特也说过：“要是照每一个人应得的名分对待他，那么谁逃得了一顿鞭子？”

随着海关官员将越来越多的禁书送到图书馆的三角洲收藏室，图书管理员艰难地为这些书编目。他在1956年的日记中质疑为这些“大量未经处理的垃圾”分类所花的时间。焚烧越来越成为解决这些“变态”书籍的办法，“变态”这个词同时用于政治和性的污秽不端。国家必须予以净化。仅在1963年5月，就有123个“焚烧袋”被装满了。

工作人员也必须受到清洗：听起来像奥威尔式的国会图书馆忠诚审查委员会的成立，以寻找不论是政治上的还是性方面的变态者。作为病史调查表的一部分，所有员工收到的标准表格中会问到“你有或曾经有过同性恋倾向吗？”1950年，董事会指控15名不幸的国会图书馆员工“性变态”。多数人迫于压力辞职，其余人则被悄悄解雇。

1953年，有报道称三角洲收藏馆发生了盗窃事件。既然藏品是锁着的，那么必然有内鬼。此外，《秘戏图考》（*Erotic Prints of the Ming Dynasty*）被剪掉了几页。人事部主任认为这是性变态的杰作。联邦调查局调查并锁定了菲利普·梅尔文（Phillip Melvin），因为他看起来“非常情绪化”，更确切地说，对于胡佛的侦探来说，他表现出“娘娘腔特征”。可怜的梅尔文，他只是一个缩微照相师，徒劳地抗议他经常要求调离三角洲收藏馆，并在1948年被忠诚审查委员会认定为是健康的人。联邦调查局关于梅尔文的记录被严重删节，但他们似乎怀疑他是一个共产主义者以及“娘娘腔”。

联邦调查局对梅尔文的公寓进行了两次搜查后，均未发现任何证据，此案就这样结束了。直到1962年，另一名图书馆员工被发现有变态行为：图书馆的人事主管要求内文·费瑟（Nevin Feather）签署一份公证声明，说明与传言相反，他并不喜欢同性恋。

可疑的杜威

广受欢迎的杜威十进制系统从未在国会图书馆流行起来，但它仍然是全球最成功的图书馆分类法，至今仍有 135 个国家在使用。“DDS”（杜威十进制系统）在很早的时候就广泛传播开来；从 1888 年到 1906 年，麦尔威·杜威（Melvil Dewey）担任纽约州图书馆馆长，在那一时期的大部分时间里担任美国图书馆协会主席。但“DDS”只是那个时代的产物，同性恋直到 1996 年才完全从“社会问题”中剔除，非基督教信仰体系的社会空间也很小。由于杜威的欧洲中心主义，导致荷兰和美国部分地区的图书馆转向更灵活微妙的系统，通常更接近书店的分类方式。《用杜威系统来完成》（*Done with Dewey*）是荷兰图书馆学期刊最近一篇文章的简明标题。

如果人们普遍知晓杜威体系创造者的真相，那么杜威体系的传播速度将会加快。我那本破旧的传记是前巴拿马市图书馆的馆藏书籍，标题页上恰如其分地印着醒目的红色“废弃”二字。杜威系统所取得的巨大成就让人钦佩；早在 1577 年，马德里皇家图书馆馆长阿里亚斯·蒙塔诺（Arias Montano）就试图建立这样一个具有 64 个主题专区和手写标签的通用系统。这个系统是如此的复杂，只有蒙塔诺自己能理解。当国王的秘书安东尼奥·格拉西安（Antonio Gracian）试图找到一本书时，他想起了“赫西俄德（Hesiod）最初的混乱”，但蒙塔诺一心扑在苦行僧的修行和神秘诗歌的写作上，不关心格拉西安的想法。到1855年，大英博物馆馆长弗雷德里克·马登（Frederick Madden）到访时，这座巨大的图书馆几乎无法进入，图书馆每天只开放3个小时，而且圣徒日不开放。在里面，他发现只有一个无知的僧侣负责图书管理。令人震惊的是，在1935年，当图书馆开始被专业地管理时，佛朗哥（Franco）“系统地处决了”整个图书馆的工作人员。

杜威为知识所做的事情就像数字化为录制音乐所做的一样：对音乐进行数字编码，从而在思想和听众之间施加数字媒介。这体现了他过分专横的人格。10这个数字是他的标准；他以10为单位整理他母亲的工具箱，每天睡10个小时，更喜欢写10页纸的信。他是左脑主导者，对语言和线性感兴趣。从20多岁开始，他就用一种类似婴儿语音学的简练语言写作，他傲慢地希望这一体系能在世界范围内流行起来；这种语言读起来很烦人（例如，“Fyn vu from golfhous”）。在后来的几年里，他声称在教堂里的一次布道中，他产生了十进制分类的想法（“我跳起来，大呼小叫起来”）。事实上，正如他的众多敌人之一——国会图书馆馆长安斯沃思·斯波福德（Ainsworth Spofford）——指出的那样，杜威是从纳撒尼尔·舒特利夫（Nathaniel Shutleff）那里得到这个想法的。舒特利夫是波士顿的一位图书管理员，早在1856年就自己出版了一本关于图书馆安排和管理的十进制系统的书（舒特利夫是另一位左脑系统性强化者和净化者，他在一个致力于清除美国移民和天主教徒的秘密组织中声名显赫，为了这个目标，他在几名牧师身上涂上柏油和羽毛而被起诉）。我那本饱受摧残的杜威传记的脚注里有斯波福德对杜威的指责，这本书很大胆，试图把他描绘成一个半正派的人。这本书的作者韦恩·韦根（Wayne Wiegand）不得不承认，他的主人公“经常是两面性的”。

早在1878年，当杜威辞去图书管理员的工作时，哥伦比亚学院就为之“欢欣鼓舞”。作为一名终身的福音派信徒，他在纽约图书馆服务处任命了一名图书馆总督察，以确保只推广赎罪性的文学作品——例如，《十日论》（*Decameron*）不向女性外借。作为美国图书馆协会的联合创始人，1894年的年度会议在他的普莱西德湖乡村度假胜地举行，而他扩大了这种邪恶的影响。这个庄园占地超过100英亩，拥有完备的图书馆、农场、高尔夫球场和划船湖，由杜威和他的妻子安妮创建，作为一个保护和庆祝“优雅的家庭生活”的地方。

合唱赞美诗是一种礼仪，“不允许有亵渎或粗俗的行为”，因此禁止贴着脸颊跳舞，女性必须骑侧鞍，并且不能在公共场合吸烟。当杜威在宾客名单上看到一位康奈尔大学教授的名字时，他不得不遗憾地告诉他这个度假区的规定——禁止犹太人入内。在执行这一规定时，他总是避免说实话，比如当他告诉犹太纽约人艾伯特·哈里斯（Albert Harris）取消他全家在度假区的度假预订时，没有说是他自己制定了这一规定，而是遗憾地说这会冒犯其他成员。非裔美国人只允许待在仆人的房间里，工人阶级被禁止入内，古巴人或新贵也是一样，因为他们显得“缺乏教养”。度假区的气氛让人摸不着头脑：那里有一张奇怪的杜威照片，照片上的他完全穿着皮衣（“似乎是为了某个活动而穿的服装”，传记作家韦根天真而又有些绝望地推测）。

这种选择性接待的规定需要杜威的系统化处理，所以他为人类设计了一种杜威十进制系统：从 A 类（完全可以接受）到 C 类（经过背景调查后也许可以接受），到 D 类（必须调查），以及 E 类（绝对不允许）。

杜威度假区的“犹太人不得入内”规定一直持续到 1930 年之后，在纽约犹太人社区的数次抗议中幸存下来。犹太人社区的成员尤其反对市图书馆服务部门的公职人员持有这样的观点。实际上，在 1930 年犹太人对他的规定发动“新的犹太人攻击”时，杜威认为这是度假村的一个巨大的公关机会。他甚至邀请黑人民权领袖布克·华盛顿（Booker Washington）到他家做客，但并没有邀请他去度假区——这是公关活动的一部分。

杜威最终因他对女性的恶劣行为而失去公职。自 20 世纪初以来，女性就忍受着他不受欢迎的骚扰，但他的公众声望和自我保证保护了他。到 1930 年，至少有 9 名图书馆员工勇敢地公开指控他。杜威似乎不仅仅沉溺于不适当的抚摸，这些受害者都太文雅了，或者很注重保护自己的隐私，所以没有透露太多细节，但有一位受害者提到了“一种恶性的性变态，在法律上是犯罪”。她警告调查人员他的“虚伪本质”。（和希特勒一样，杜威的双重思想表现在终身便秘和痔疮上，这是巧合吗？）

杜威从公职上退休，逃脱了任何官方的指控或起诉。当权派是封闭的。他的女秘书提出的一项 5 万美元的诉讼，以 2000 美元的赔偿庭外和解。杜威夫人为她的丈夫“对女人的非传统态度”辩护，认为这是他个性的一部分。以下是杜威自己的辩护，我发现我读了好几遍，才能理解它其中的含义和惊人的傲慢：

30年来，我的自负一直折磨着我，我以为我与大部分男人不同，对女人是那么信任。纯洁的女人会理解我的行为。

美国图书馆协会仍会颁发一年一度的麦尔威·杜威奖，奖励那些具有高度创造性领导才能的人。我认为杜威的伪善达到了相当有创意的程度，但或许是时候给那枚奖章重新命名了。

图书馆的色情

尽管我们之前提到过了休闲澡堂和文艺复兴时期的图书馆，还有胡佛和杜威入侵图书馆文化时我们感到的不安，但我怀疑我们是否愿意让图书馆完全不受管制，或完全融入一种以休闲为中心的文化中。图书馆的规则可能是好的。大英图书馆和伦敦大学亚非学院的规定为建立乌托邦提供了一个公平的起点：

请尊重并礼貌对待所有工作人员和其他来图书馆的人；
请把所有的手机调成静音模式；
请小声说话；
请不要携带任何刀片；
请慢慢翻页……

这些规则有着诗歌神秘的闪光，比如：

请使用蛇形砝码（弯曲的金属砝码，用来使大书保持翻开）。

一个安全、安静的公共空间有着用神秘小字打印的规定，这让人放心。许多图书馆工作人员都拥有打开和检查个人物品的法定权利，纽约图书馆的特别巡警也有合法的逮捕权，这似乎很不寻常。对某些人来说，这种检查可能是色情的。利莲·法德曼（Lillian Faderman）也是如此，她是布朗克斯区的资深同性恋权益维护者。她还记得，在当地图书馆里阅读《性变体女性》（*Sex Variant Women in*）时的兴奋由于担心被人发现而变得更加强烈。而《漫步图书馆》（*Cruising the Library*，2017）的作者梅丽莎·阿德勒表示一些读者觉得图书馆很色情，不论是作为禁忌空间，还是作为受虐狂的体验；在服从规则的过程中，有些人找到了一种特殊的自由。从理论上讲，受虐狂有文化、富有想象力——这符合图书馆的使用者，而施虐狂则是系统化和控制性的，因此她对萨德侯爵申请的工作是图书管理员并不感到惊讶。

除了受虐狂之外，以一种更大众的方式违反图书馆规则也会让人兴奋：候任皇帝的马可·奥勒留（Marcus Aurelius）在公元 145 年写了一封信，信中提到他为了违规借一本参考书而与一位年轻的男图书管理员发生了性接触，这让他感到兴奋。最近，一名匿名的康奈尔大学女学生在网上发布一篇大获成功的博客，名为《书堆里的性》（*Sex in the Stacks*），这让校方非常郁闷。纽约乐队“内心纯洁的痛苦”在《年轻人的摩擦》（*Young Adult Friction*）专辑中赞颂图书馆里的激吻：

在图书馆的书架之间，
没有人停下来看。

我们来了，他们在灰尘中消失。

缩微胶片，

不要查到我（这句话重复了25遍）。

《未完成的爱在图书馆》（*Unperfect Love in the Library*）专辑销量甚至更高，《绿色日：图书馆》（*Green Day: At the library*）唱响了在图书馆中渴望另一个读者的感觉，但接着他们烦人的标准情人闯进来把他们带走。

图书管理员

图书管理员在这种满足精神性欲的场景中处于什么位置？他们的传统形象令人生畏。我们很多人都会与伊利诺伊州学生杰西卡·科尔伯特（Jessica Colbert）产生共鸣，她在2017年关于图书馆文化的论文中写道：

我一生都热爱图书馆，但我从来没想过我会去当图书管理员。和其他很多人一样，我认为图书管理员是从图书借还台里冒出来的，在60岁时才算够格。

菲利普·拉金（Philip Larkin）既是诗人，又是赫尔大学的全职图书管理员，对一些学生来说，他就很符合这种令人生畏的刻板印象。他以为自己对这份工作"毫不在乎"，结果发现这份工作很棒。他在办公室里收藏了大量色情书籍，并希望作为图书管理员，学生们会发现他只是“一个很好的小伙子”。但并不是所有人都对他感兴趣，一个人在电梯里写道：“滚开，拉金！”

图书管理员通常被描绘成女性。她们常常不是沦为邋遢丑女，就是沦为性感尤物，供别人取乐，比如贝蒂·戴维斯（Bette Davis）1956年在《风暴中心》（*Storm Center*）中饰演一位美国小镇上的图书管理员，她顽强不屈地反抗审查制度，又或者凯瑟琳·赫本（Katherine Hepburn）在《电脑风云》（*Desk Set*，1957）中饰演的兔女郎班尼·沃森（Bunny Watson），她聪明机智。在被遗忘已久的1932年的《禁》（*Forbidden*）中，芭芭拉·斯坦威（Barbara Stanwyck）对“帕特里档案馆”的末日结局进行了宏大的幻想：“我希望我拥有这个图书馆……我会拿把斧子，把它劈成无数个碎片，然后把整个城镇付之一炬，一边烧一边弹尤克里里。”

女图书管理员们英勇无畏，沸腾的热血已经汇成了一条河流。我们终于从老古板的时代向前迈进一步。蝙蝠女（Batgirl）是哥谭市的英雄图书管理员，在《妈妈》（*The Mummy*）中，她和一个幸福的醉鬼瑞切尔·薇兹（Rachel Weisz）在撒哈拉沙漠的场景中宣布：“我可能不是一个寻宝者或枪手，但我为自己作为一名图书管理员感到骄傲！”底特律图书管理员安妮·斯宾塞（Annie Spence）的回忆录《华氏451度》（*Dear Fahrenheit 451*）非常有趣，书中充满了她对顾客的爱。图书管理员鼓舞和引导了数百万人，包括许多著名作家，使整个文学生态系统繁荣起来。搜索算法只能盘点过去，而图书管理员活在当下，凭直觉感知未来。我想现在我们都应该遵守尼尔·盖曼的“第一条规则”：“别惹图书管理员。”

蜘蛛和跳蚤，蝙蝠和书呆子

大英图书馆新馆开放后不久，大英图书馆出版部的代表如期来到了我的书店。像大多数的旅行书籍推销员一样，杰夫是一个很会讲故事的人。“新大楼是什么样的？”我问道，因为我喜欢在大英博物馆穹顶下的老图书馆里做研究。我认为没有任何东西可以取代这个浪漫的空间，尤斯顿路假冒的建筑当然不能，它既没有令人难忘的形状，也没有任何外部特征。但我却大错特错。

杰夫解释说，图书馆的可见部分是一座非凡冰山的尖端：四个双层高的二层地下室延伸到地下约 22.9 米。杰夫告诉我，在这里大多数书籍都保存在寒冷的环境中，除了最稀有的物品，它们存放在无氧房间里，里面充满了一种叫作烟烙尽的合成氩基气体，这种混合物不会着火吗？我非常好奇。

我问道：“可是如果非稀有书籍区发生火灾会怎么样呢？”

杰夫说：“啊，那些地方有洒水灭火系统。”

我说：“什么！一个插座有一点儿电火花就要往所有的书籍上洒水？”（这在 2003 年真的发生过。）

杰夫说：“他们想到了这种世界末日一样的情景，所以他们在那里有一个叫作‘冻结风隧道’的东西。你把湿书放进去，不用加热也能烘干。”

我说：“你在骗我。”

杰夫：“我没骗你，员工们有专门的使用培训。他们用潮湿的电话簿进行练习。”

我说：“再来一支烟吧（那是 20 世纪 90 年代），再多告诉我一点儿，可这一切都是真的吗？”

杰夫说：“千真万确，我有在里面秘密旅行过。”

我说：“等等，如果那里非常寒冷，而且都是氩气，员工是怎么拿到书籍的？”

杰夫回答：“机器人！”

我说：“这听起来像科幻电影。”

杰夫：“你应该说这很有趣——其实一个法国极客已经在那里拍摄了一部科幻电影。”

我问道：“电影名是什么，我能在百视达（电视租看频道）订阅吗？”

杰夫：“我不是巴里·诺曼（Barry Norman），我不记得了。”

我（仍然怀疑）问道：“那有人去那里吗？”

杰夫（渐渐接近他的主题）说：“嗯，机器人有时会出现故障，把那个地方砸得粉碎，然后穿着防护服的工程师就会拿着棒球棒下去和机器人来一场战斗。”（杰夫这时沉浸在诗意中，但根据图书馆工作人员的说法，进入最底层的工作人员需要“接受特殊培训，并配备呼吸设备”。）

我问道：“但是那个区域不是都有地铁线路连接吗？”

杰夫说：“是啊，从地下室往远处看，目光所及之处有时会听到地铁轰隆隆地开过，好像要向你冲过来。你听说过音频工作室，对吗？”

我问道：“他们为什么有音频工作室？”

杰夫说：“所有那些作者的录音带，朋友，他们要慢慢地把所有磁带都转换成数字化的，因为这些磁带都在老化。”（他掐灭了烟头）“就像你和我一样。当然，他们需要绝对安静，所以音频工作室建在一个约 0.6 米厚的巨大橡胶垫上。”

令人惊讶的是，除了棒球棒，这一切都是真的：烟烙尽、风道、电话簿训练、机器人取书、橡胶垫（但我仍然找不到那部电影）。

这个故事强调了这样一个事实，作为建筑，图书馆是完全独特的，其需求与火车站、政府办公室或教堂这些其他大型建筑不同。这种差异主要体现在两个方面：一是实用性考虑——安全、湿度、书堆等；二是风格，从建筑和陈设直到卫生间里某个庄严又方便的设计（大英图书馆卫生间的卫生纸出纸器是“莱昂纳多”），都要体现书卷气和普遍性的理念。

实际上，古老的大英博物馆图书馆在其早期就面临着独特的挑战。在 1857 年圆顶阅览室建成之前，读者们在闷热的一间间阅览室里患上了“博物馆头痛”，在那里他们可能会被“博物馆跳蚤”咬伤。一位读者说，“这里的跳蚤除了济贫院，比其他任何地方都要大”。

安东尼奥·帕尼齐（Antonio Panizzi），这位推动建造传奇阅览室的图书管理员根本不是英国人。尽管大英博物馆图书馆在 1973 年分离出来成为大英图书馆，但它现在的简明精神和民主观点在很大程度上源自安东尼奥·帕尼齐。他有充分的理由对图书馆的公共性持激进的态度，因为他曾是意大利的一名革命者，为了躲避迫害而逃离祖国，并被摩德纳公爵（Duke of Modena）判处死刑。

他刚来时借了钱，1831 年在博物馆找到了一份工作，1837 年晋升为印刷书籍的管理员。一位来访者形容他是“一个黑皮肤的小意大利人，像一只蜘蛛一样坐在书网里”，但他却是一只颇具争议的民主蜘蛛：“我希望一个穷学生能像这个王国最富有的人一样，沉浸于他对学问的好奇心。”这种坚定的态度滋生了敌人。他最刻薄的敌人是他的资深同事弗雷德里克·马登（Frederick Madden），马登一直没能摆脱被抛弃的命运，这个职位竟然选择了被他称为“外国人”的帕尼齐。另一位图书馆馆长亨利·卡里牧师（Reverend Henry Cary）也注意到了这位管理员，并怒斥“一个外国人竟然在管理我们的国家图书馆”。

今天，游客们认为图书馆的主要珍宝都陈列在免费画廊里是理所当然的——这是帕尼齐的首创。马登与他展开了激烈的斗争，竭力阻止公开展出《林迪斯法恩福音书》（*Lindisfarne Gospels*）、《金刚经》和早期《古兰经》等书籍。马登认为，这些书只适合精英学者阅读。帕尼齐身边聚集了一群盟友，也就是马登所说的“俄罗斯警察系统”；把一位技工描述成“舔口水的傻瓜”和“帕尼齐的奴隶”。至于那个意大利人本人，在马登看来，他具有“黎塞留（Richelieu）一样狡猾和邪恶的品行”。帕尼齐尝试的一切调解都失败了，甚至包括指定马登的儿子为钱币管理员。（马登本人也不是不狡猾，他对妻子和历史隐瞒了自己一生嫖妓的经历，他的私人日记直到1920年才被公开。）

帕尼齐的另一个主要敌人是乔赛亚·福沙尔（Josiah Forshall），这个牧师与马登合作制作冗长的圣经作品。作为博物馆秘书，他试图破坏帕尼齐将图书馆推广给大众的行动。通过扩大秘书的作用和权力，包括为所有理事会议制定议程，然后将所有图书馆工作人员排除在这些会议之外。福沙尔已不知不觉地走向疯狂，他因为精神问题请了三次长期病假。当一个关于图书馆的议会委员会揭露了他的狂妄自大和对普及书籍的反对时，议员们非常震惊，并取消了他的秘书一职。福沙尔退休后，自己出版了一本抨击博物馆新政策的小册子。

作为管理员，帕尼齐第一次强制执行了图书馆的法定权利——要求免费获得每本新书的印刷版本；如果有违规的出版商，他只是对其处以罚款。他利用柏林、巴黎和美国的代理商，使图书馆的采购政策更加国际化。他给美国佛蒙特州的代理商亨利·史蒂文斯（Henry Stevens of Vermont）写信说："把一切都寄给我。"他对这些书籍进行了适当的编目，甚至还通过水墨素描画建造了一间圆形铸铁阅览室，并于1857年开放了。这间阅览室把博物馆中间空荡荡的方形庭院填满了。这座维多利亚时代技术的杰作——现在是一个展览间——完全通风，但冬天有高高的加热管。内穹顶令人印象深刻，上面有两个惊喜：安装在拱肩（穹顶曲线和垂直院墙之间的空间）上的书库和它的材料——它是用纸做的，悬挂在铸铁杆上。

新阅览室给帕尼齐带来了一个新的可怕敌人——当时受人崇拜的历史学家托马斯·卡莱尔（Thomas Carlyle）。他是一个公开的种族主义者，支持奴隶制，反对普选，他的性格由于终身未完婚而变得异常暴躁，是帕尼齐和图书馆民主使用权的天敌。新阅览室里满是底层民众，令他厌恶，所以他写信给帕尼齐，要求在博物馆里给自己一个私人阅读空间。帕尼齐礼貌地拒绝了他后，卡莱尔又写信给他的朋友，外交大臣克拉伦登勋爵（Lord Clarendon），但毫无结果。

帕尼齐"在夜深人静的时候"有了穹顶的想法，他的灵感来自一座罗马神庙，目标是成为一座学习殿堂，而这里确实成了一个巨大的变革发电站。在那里面，弗吉尼亚·伍尔芙觉得她已经变成了“巨大额头中的思想”。马克思和列宁（Lenin）在那里研究革命，甘地（Gandhi）和真纳（Jinnah）是那里的读者，柯南·道尔（Conan Doyle）和奥斯卡·王尔德都有那里的通行证。

当我使用阅览室时，我喜欢那里沉重的橡木皮革椅子、加热的搁脚板和非同寻常的书籍：装在中央环形的两个书架上的巨大的书籍中，每一本的书脊上都有一个小金属把手，可以把它拿出来。一旦你在一个特制的倾斜架子上打开它，你就会注意到交错的空白页，新的入库记录是手工粘进去的。根据口头传统，每个人似乎都知道马克思的惯常座位——G7——尽管这个座位和其他所有席位一样没有牌匾。像其他许多人一样，我经常靠这个座位来想象他的灵魂。一进门，他就在会员登记册上签下“卡尔·马克思，博士，摩德纳的别墅1号，梅特兰公园”。

阅览室一直开放到晚上9点，这时博物馆其他地方都关门很久了。我在九点钟离开，穿过灯光昏暗、空空荡荡的古埃及画廊，一路走到我的自行车边，保持着梦幻般的气氛。

在博物馆没有窗户的手稿室里度过的日子几乎让人产生幻觉。我真的可以毫无理由地给阿拉伯的劳伦斯（Lawrence of Arabia）的战时日记留一张纸条吗？我这么做了，翻了翻那像在干枯的沙漠里褪色的书页。我认为最稀有的手稿可以在那里安全地阅读，因为读者们都在一个年长的管理员的玄关下。他去吃午饭时，手稿室就要关门了，我们都会被赶出去。使用手稿室有一个令人惊讶的条件，那就是必须使用钢笔：不能用圆珠笔或铅笔，因为它们可能会在手稿上留下压痕。

在整个图书馆历史上，这些实际的考虑一直在进行，如果不是完全以结果为中心的话，这些考虑就会显得很疯狂。日本奈良的佛教图书馆（或称藏经库）既巧妙又古老（可以追溯到公元800年）。为了躲避潮湿和寒冷，它的墙壁是由水平的原木制成的，这些原木在夏天会变干燥，使微风吹入保持手稿通风，但在潮湿的天气里会膨胀合拢，保护手稿不受潮湿或冷空气的影响。在古代中国，甲虫不仅吃书籍，还会吃书架；一盒盒精选的草药用来驱赶虫豸，而且中国人很早就在图书馆下面安装石膏防潮层来解决潮湿问题。

这种技术解决方案对图书馆用户来说并不总是能轻易看到的。1730年，当英国哥特式小说家威廉·贝克福德（William Beckford）参观葡萄牙的马夫拉图书馆时，他认为“这个设计很笨拙……有一座画廊以一种非常糟糕的方式伸入房间”。实际上贝克福德在巴斯附近的房子更糟糕，贝克福德委托在那座房子上建造的塔楼高得离谱，在建造的几年中就倒塌了三次。如果贝克福德在马夫拉图书馆过夜，画廊的秘密就会水落石出，因为数百只小蝙蝠会从它们位于上方盒子后面的栖息地蜂拥而出，吃掉可能威胁书籍的昆虫。它们从小出口出去能够在附近的果园里飞行。这种高效又能令人接受的生态害虫控制系统似乎是由建筑师曼努埃尔·德索萨（Manuel de Sousa）上校设计的。我刚刚打电话给图书馆，在最初的沟通问题之后，一位好心的女士以一种实际方式证实，这种一英寸长的蝙蝠仍然住在那里，工作人员每晚都会盖住家具以收集它们的粪便。

蝙蝠吃的这些破坏图书馆的害虫是什么？它们主要是“书虱”，这是一个通常被昆虫学家忽视的大型门类，因为它们行踪神秘，体格太小——很少超过四分之一英寸（6毫米）。人们对书虱或书虫的知识正以惊人的速度变化着。首先，它们不是虱子或蠕虫，更像是小苍蝇。我的1976年版《昆虫指南》说已知有1600种物种，但1993年修订版说有2000种；最近一篇学术文章提到了5500种。当你读到这篇文章时，他们可能正在运行微软修改数字。

书虱的样子让人忍不住回想起一些和它们在老图书馆同居的学者："浮肿的额头、柔软苍白的身体、淀粉般的饮食，它们更喜欢的角落昏暗又没人注意，而且有霉味。它们的繁殖习惯仍然是一个谜。"它们（这些昆虫）非常成功，能够适应树皮下或鸟巢里的书籍，这些书籍来自它们更适合掠食的家园。在图书馆里，它们以纸上微小的霉菌痕迹为食，黏合剂的胶水就是它们的鱼子酱。一本昆虫书籍称它们为"非常有世界性"，这句话让我们眼前浮现了小苍蝇在威尼斯西普里亚尼的露台上喝马提尼酒的情景，但这是昆虫学的说法，意味着"对不同的地方都有高度适应性"。

书虱对它们的对手有一个答案：如果人们使用或拿取书籍就能及时清除，它们就有资格指出，我们对书籍的忽视，会让它们掌握这本书的所有权。

在20世纪80年代，日本的奈良图书馆和葡萄牙的马夫拉图书馆里这种与当地生物圈的合作的理念是缺乏的。在这十年中，新的法国国家图书馆在巴黎建成启动。它的形状像一张倒立的桌子，四条野兽派风格的塔式建筑作为桌腿，对书籍和读者来说都太热了，但却成功地成为密特朗总统（President Mitterrand）的面子工程。W. G. 赛巴尔德笔下的同名英雄奥斯特里茨（Austerlitz）对这幢不实用的建筑持悲观看法。

另一个不实用的图书馆是剑桥大学于 1984 年建造的瑟雷历史图书馆：大学曾考虑将其拆除，但最终花费巨资重新装修了这个漏水、光线过强、温度过高的建筑。

最近，图书馆建筑师已经放弃了对自然的对抗和准教会式的平面设计。我们已经超越了圆顶阅览室，转向了不那么令人生畏和更有机的形式。弗莱堡图书馆在 1902 年以其三角形的形状打破了这一模式，然后在 2015 年彻底重生为一颗巨大的钻石，由太阳能提供动力，并用地下水进行加热。它的停车场被拥有 400 个自行车停车位的停车场所取代。柏林自由大学的诺曼 · 福斯特学术图书馆像一个大脑，里面自然通风。

图书馆建筑的语言正在以令人兴奋的速度发展，不像企业总部的语言，除了一些噱头外，仍然带有男性崇拜和盛气凌人的感觉。350 年前，在佛罗伦萨的一条小巷里，人们悄然开创了设计一个能与周边环境和我们的思维方式产生共鸣的图书馆的想法。

“一些新的幻想”

劳伦提安图书馆开创了一种因地制宜的图书馆建筑，而不仅仅是一种传统复古的建筑，其古怪之处来自艺术家和教皇之间的爱情。米开朗琪罗的一位朋友谈到他的风格时说，他总是“打破束缚和锁链”。在未来的教皇朱利奥 · 德 · 美第奇（Giulio de Medici）那里，有一个朋友积极鼓励使用这种方法。朱利奥的父亲在早年就被谋杀了，所以他被送到叔叔洛伦佐大帝（Lorenzo the Magnificent）那里生活，那时他叔叔已经有了自己备受宠爱的孩子。在朱利奥 12 岁时，

15 岁的米开朗琪罗（Michelangelo）来到了这个家，他是一个害羞、热爱音乐的人。这两个男孩因都是作为外来者而感情亲密，他们都滑稽幽默，热爱艺术。

朱利奥成为红衣主教时委托他童年的朋友画一幅祭坛装饰画，米开朗琪罗问这些人物应该穿什么。“你来决定吧——我看起来像裁缝吗？”红衣主教这样回答。两人之间的不拘礼节令人吃惊：作为红衣主教，朱利奥说，“每当米开朗琪罗来见我时，我总是坐着，并且我总是让他坐下，因为不用问，他肯定会这么做”。

在朱利奥成为克莱门特教皇（Pope Clement）之后，他仍然用亲密称呼“tu”给他的老朋友写私人信件。这足以让一位秘书证实这封信确实是他的教皇陛下写的。一封信的结尾是这样的：“永远不要怀疑，只要我活着，你不会缺少工作或奖赏。”后来在给米开朗琪罗临终前的一封信中，他恳请米开朗琪罗不要过度工作，要照顾好自己。这位艺术家曾说，没有克莱门特，“我将无法在这个世界上生存”，这并不完全是出于经济原因。作为教皇，同时代的人认为克莱门特优柔寡断，他对“探索手工艺人的秘密”比对权力更感兴趣。这种优柔寡断表明了一种非常适合作为新艺术赞助人的精神流动性。从各个方面看问题，可以带来济慈赞扬的“消极能力”。

当克莱门特邀请他的朋友担任一座新图书馆的建筑师时，米开朗琪罗的回答非常直率：“我对此一无所知，这不是我的职业，但我会尽我所能。”他的草图留存了下来，印在一张钞票大小的小纸片上，还被撕掉了一角，可能是用来写购物清单的。从这些废弃的材料中有“他对文艺复兴建筑最原始的贡献”，而且阿尔贝托·曼格尔（Alberto Manguel）在《图书馆的夜晚》（*The Library at Night*）中称它为“有史以来建造的最可爱的图书馆之一”。艺术历史学家马丁·盖福德（Martin Gayford）认为，这是“一件具有非凡创意和超现实想象力的作品”。

对克莱门特来说，这个项目充满激情，他想把美第奇家族（Medici）的藏书留给子孙后代。他把注意力集中在细节上，从头到尾为读者监督着舒适胡桃木长椅的制作——它们很舒服，而且一直如此。他询问胡桃木的来源，以及如何加工，这些也都是他的朋友非常关心的问题。米开朗琪罗曾写过一首关于木材的十四行诗。克莱门特也对内部的大理石细节进行了研究，在这里，米开朗琪罗坚持为图书馆使用当地“颜色和风格”都合适的石头。他们甚至一起设计了合适的灰浆。

那扇门真的很重要。教皇收到门的设计信后读了6遍——想象一下沉默的教皇法庭——然后他大声把信念了一遍，说“罗马没有其他人”会想到这样一扇门：这个设计古典又简约，顶上有一个三角形的三角墙，“像读者或图书馆本身的两个胳膊肘一样突出”，欢迎读者们进来。

克莱门特鼓励米开朗琪罗的特立独行，鼓励他在石头上发明一种新的图书馆语言。当被问及天花板时，教皇说，只要做出“一些新的幻想”就可以。他一次又一次地让米开朗琪罗“用你自己的方式”来设计图书馆。这座建筑既要为读者服务，又要为书籍服务——建筑师们经常忽视的两个优先事项——因此米开朗琪罗建议设置天窗，以免读者觉得温度过高和损坏书籍。克莱门特的实事求是和幽默感体现在他的拒绝中：“好主意，不过我们得雇两个全职修士来清理。”

米开朗琪罗也是一个热爱书籍的人，他是一个很有成就的诗人，他给毕生的男性朋友写过爱情诗，还有一首是赞颂但丁的。意大利本土诗人但丁表明意大利可以重塑古典文学文化，米开朗琪罗通过图书馆的古典形式也做到了这一点。他设计了这座建筑的里里外外，因此建筑内部这样厚重的历史参考——古典柱子、雕花窗框，由于活生生的读者而变得柔和起来：柱子嵌入墙壁的壁龛中，就像过去的雕像一样。

最明显的创新是图书馆完全在三楼，既实用又有风格，既能不让书籍受潮，又能在佛罗伦萨熙熙攘攘的街景之上创造出一个干净的密室。

书籍中包含着秩序和混乱，就像心灵本身一样：秩序体现在图书馆的尺寸测量上，它反映了黄金分割，一种可以追溯到古典时代的数学比例，反映了自然界隐藏的和谐。而混乱，在瓦萨里（Vasari）的记忆中，体现在那使每个人都“大吃一惊”的地方——美轮美奂的楼梯。

楼梯充斥着我们的梦境，它们不知通往何处，或通向天堂，或是像《哈利·波特》中那样随意翻转。劳伦梯像一条无序的河流一样翻滚而下，分成两组不同高度的台阶，而侧壁则按不同的数学顺序下降。我认为这种埃舍尔式（Escher）的错觉，是为了将读者从街头现实中分离出来，像一种通向太空的气闸，将人们引导到在上面等待的文本之间进行太空漫步。当被问及该设计的起源时，米开朗琪罗回忆道：“在梦中的某个楼梯。”

1774 年，图书馆发生了最后一次离奇的意外：一张超负荷的书桌倒塌了。书桌下面的地板上有一些复杂的几何图案，这些图案是用红色和白色的赤土制成的，主要由相互交错的圆形和椭圆形组成。直到 1928 年发生了一场类似的事故之后，才发现了一整块地板上的系列图案。这些马赛克似乎是被早期的木质地板盖住了。在 2006 年 9 月出版的《劳伦提安图书馆隐藏的碑文》（*Hidden Inscriptions in the Laurentian Library*）中，两位来自卡迪夫大学的计算机科学家试图破译这些设计复杂的几何图形，但他们得出的结论是："计算机代数系统不够强大，无法给出一个通用的解决方案。"

我试图联系这篇论文的作者（一位名誉教授），询问有关这层研究的最新进展。但他的网站上说，不要再就学术问题联系他，因为他现在正致力于在威尔士的小屋里养仙人掌，演奏复杂的早期音乐，还附上了一个推荐播放列表。最近，伊利诺伊理工学院的数学家在地板上发现了与柏拉图、欧几里得和黄金分割有关的东西，他们称这不亚于"古代几何学的百科全书"。

米开朗琪罗究竟在做什么？一个错觉的楼梯通向一个由内而外的房间，里面铺满了通往宇宙隐藏机器的钥匙？劳伦提安图书馆的设计是为了让读者在自由的心境中，不受时间的限制也不受质疑。用佛罗伦萨的石头和木头摆出古代的图案，源于文艺复兴时期的自信，是一种神圣的灵感展示，似乎在说"我们需要古老的学问，但我们是佛罗伦萨人，现在是 1525 年"。马基雅维利在《君主论》（*The Prince*）中对柏拉图式的政治思想做了同样的事情，以实用主义和公共事业改造了柏拉图的《理想国》以适应现代世界。

图书馆建筑再次与当地环境联系在一起。作为图书馆设计师的米开琪基罗有了一个当之无愧的继任者——伊东丰雄（Toyo Ito）。他是一位日本木材商的孙子，获得过几个国际奖项，其中一个是为海啸灾民设计的可以快速安装的房屋，他简洁地阐述了自己的哲学：自然是流动的，但在 20 世纪，建筑被迁移到网格模式，产生了同质的城市甚至同质的人。当他设计蛇形画廊展馆时，设计的流畅感让伦敦人感到兴奋，而他的两个日本图书馆是他真正的杰作。仙台图书馆（2001），和劳伦提安图书馆一样也在三楼，从一个疯狂的楼梯上去。伊东的楼梯装饰有不同颜色的旋转管道，“提供了街道和图书馆之间的概念联系”。这些管子提供光、供暖，而且通风。伊东的多摩艺术大学图书馆（2007）是“过去 50 年里最奇怪、最具想象力的图书馆建筑之一”，它有一个倾斜的底层，与周围的景观相融合。一层楼高的拱形窗户、大量的喷泉，以及周围的树木强调了令读者愉悦的混乱无序和无拘无束的感觉，让读者准备好探索书中的思想。多摩艺术大学图书馆一定是建造者的噩梦，但就像许多图书馆一样，是读者的美梦。

第六章　私密的激情——收藏家

Figure 2.3 'Le Bibliophile d'autrefois,' frontispiece by Félicien Rops for Octave Uzanne, *La Nouvelle Bibliopolis* (1897)

几年前，一个小女孩在一位高产作家的签售会上排队，我忘了那个作者是谁了。她一直在哭，越走近签售台，她看起来就越难过。

她的母亲蹲下来问她为什么哭："亲爱的，怎么了？快到我们了。"

女孩说："我不想让他弄坏我的书。"

这个女孩拥有一套原版收藏品，而且不愿意它被玷污。收藏家们都知道自己想要什么，而且他们收藏的欲望很早就萌生了——蹒跚学步的孩子在口袋里塞满鹅卵石和五颜六色的东西；我们开始时像我们结束时一样，喋喋不休地说着明显的废话，珍藏着一些心爱的东西。

关于收集有各种各样昙花一现的理论，包括母亲的替代、伴侣的吸引力、筑巢心理和强迫症。马克思认为收集是一种商品崇拜，是晚期资本主义的一种表现，他有很多关于这方面的书籍。贝阿恩的哲学家皮埃尔·布迪厄（Pierre Bourdieu, 1930—2002）提出了一种观点，认为拥有书籍一类的东西就是拥有一种文化资本，是值得夸耀的战利品。书籍史学家们为了获得庄严的地位，已经在这些范式中纠缠不清，但这只说明了一部分事实。

与收藏书籍的首要原因相比，所有这些理论都无关紧要，那就是历史感，一种利用过去的书籍改善人类未来的意识。过去著名的图书收藏家的收藏习惯，都明确地根植于利用历史创造更美好未来的愿望中。对我们所有人来说，一方面，我们的潜在意识很容易唤起，让我们思索自己在历史河流之中的位置。有人说，他们对"历史"不感兴趣，他们不感兴趣的可能是电视里历史学家谈论着一个日期，试图自然地走向镜头，或是一个乏味的老师重复着政客口述的教学大纲。另一方面，每个人骨子里有一个小小的“h”感受着历史。

1723 年《那不勒斯国民历史》(*The Civil History of Naples*) 出版时，那不勒斯街头发生了骚乱，神职人员说，圣雅纳略 (St Januarius) 的鲜血不屑化解那一年自由主义者对这个地区过去的厌恶。作者因害怕有生命危险而逃到维也纳。虽然我们从未走上街头，我们也都通过收集来表达自己的历史感，如果不是书籍，也可能是家庭照片以及一两件没什么用处却具有家族意义的物品，比如哈丽特 (Harriet) 姑婆的别针靠垫或赛拉斯 (Silas) 伯父的捕鳗鱼叉。

我的父亲是收藏家中的一个极端例子，就像我哥哥所说，“他建造了一座堡垒抵御外界的琐碎小事”。在伦敦街头集市和战时的露天市场，他不仅收集了成千上万的书籍和硬币，还有印刷品，大约 15 根的手杖 (他一根也没有用过)，各地的电话簿 (当我想扔掉一本时，他不同意：“我可能想给里面的某个人打电话。”对此我答道：“1932 年伯克郡电话本里的人？”)，许多烤面包机，一根南非部落的圆头棒，一个装满长矛的雨伞架，一个在暴风雨来临时嘎吱作响的祖鲁盾牌，一个羚羊头 (我们八个天真的孩子有一人为它赐名“角质”)，一个六分仪 (他从没有航海过)，几十个旧工具，吊窗锤，三个手工钻 (他从没有用过电钻)，不同质量等级的项链，一只早期的对讲机，两三个蓝精灵汽油代币和各种促销钥匙环，几枚罗马托加袍胸针，一尊古埃及战争女神塞赫迈特 (Sekhmet) 雕像的手 (当我带着它去大英博物馆时，管理员说：“我想这就是我们这里一个雕像上的。”)，木乃伊外壳碎片，赫梯人的圆筒图章，不论真假，一整本《心理研究学会杂志》(*Journal of the Society for Psychical*

Research，这本书是从直通道路“亚当夏娃喵喵叫”的社会办公室外的跳板上救出来的），一把步枪，一把鲁格手枪，一个击退女巫的绿色玻璃球，一枚带安全针的手榴弹，一整柜他正在逐步修理的钟表，一个装满香烟卡片的木箱，一个在使用时会冒烟的魔法灯笼，还有诡异的玻璃幻灯片，一盒水彩画（我发现那是 1875 年英国皇家海军“警戒”号为了寻找西北巷道的远征时使用的），一套镀金的楼梯（只有 0.6 米高，他在阿勒波战争服役时就有了，有几百年历史，用于某种伊斯兰宗教仪式），一大水壶巴勒斯坦沙漠的沙子（每年圣诞节都用在我们的婴儿床上），一张暗褐色的小素描（他去世后，苏富比拍卖行将它作为一幅著名威尼斯壁画的素描卖了 6000 英镑），一个 1.2 米长的澳大利亚土著飞去来器，两个 17 世纪的波斯花瓶［在萨福克，当圣奥斯被维京人斩首的时候，一小瓶不腐之水，从萨福克的泉水中流出，圣奥西蒂（Saint Osyth）被维京人砍头时，她的头就在这里落地］，两个人头骨，探矿棒和单摆［他是个有名的探矿者，编辑了《英国探矿学会期刊》（*Journal of the British Society of Dowsing*）］，数百块化石，一个沙皇时代的宝石展示盒（上面有俄文铭文），从西部沙漠得来的坦克瞄准工具（带有一个橡胶目镜，这样在崎岖的地形上你的眼睛就不会撞伤），一把贝多因酋长捐赠的匕首（我父亲曾为他探过一口井），梵蒂冈 1890 年出版的《驱魔仪式》（*Service of Exorcism*，阿拉伯主教的那本），还有几个十字架（我的父母都是天主教信徒）。

自从我们开始讲故事以来，世上已经生活过 150 亿个像我们这样的人，但世界上活着的人只有 80 亿。我们是人类本身的一个小片段，我们都有这样的时刻，这种知识就像一场突如其来的雨，把我们淋得透湿。

有一次，我在拉合尔的档案馆里读到一封1821年的书信手稿，在一句“我得停笔了，现在有沙尘暴”处戛然而止。就好像一个穿礼服的人从铜版画里走出来，突然来到房间里与我在一起。就在我的书店里，我和顾客们谈过关于伊恩·弗莱明（Ian Fleming）、约瑟夫·康拉德（Joseph Conrad）、加缪（Camus）和西贝柳斯（Sibelius）的事。与我谈话的人透露了他们认识的这些人是什么样的，讲了他们未曾记录的私密故事时，所有这些对话突然变得生动起来。与常客斯特拉·欧文（Stella Irwin）的一次谈话，的确证明了“今天”的无孔不入。斯特拉很了解罗伯特·格雷夫斯（Robert Graves），还提醒我《向一切告别》中他写了他小时候斯温伯恩（Swinburne）是怎么拍他的头的；斯温伯恩年轻时遇到沃尔特·萨维奇·兰多（Walter Savage Landor）；他小时候塞缪尔·约翰逊拍过他的头；当安妮女王（Queen Anne）生下一个男孩时，他患上了“淋巴结核”；安妮女王和她的叔叔查理二世（Charles Ⅱ）关系密切，他是查理一世（Charles I）的儿子，苏格兰玛丽女王（Mary Queen of Scots）的孙子；玛丽女王的表妹伊丽莎白（Elizabeth）遇到了莎士比亚。在与斯特拉·欧文的谈话中，我们两个老人之间没有很大的隔阂，我们在普里马克商店对面的连锁书店里聊天，莎士比亚是《仲夏夜之梦》（*A Midsummer Night's Dream*）的作者，这本书是一扇大门，通往异教魔法和奥维迪亚式的形体变化。如果你只想着故事而不是日期，那么2000年时间不过一弹指。

收集书籍还为了一种本能的实用目的。马克思警告我们，“历史会重演，先是悲剧，然后是闹剧”。记录我们的故事可以避免这种循环，这就解释了为什么正统犹太教徒要采用一种明智的预防措施，他们把用过的圣书装在密封的盒子葬入墓地之前，先把它们储存在一个柜子也就是藏经库（genizah）里。巴拉克·奥巴马（Barack Obama）希望利用过去的故事创造更美好的未来，这一愿望体现在他宣誓就任总统时用的两本书上：亚伯拉罕·林肯和马丁·路德·金（Martin Luther King）的圣经。“暗网”上批评他的人也看到了这个历史时刻他使用的两本书拥有巨大的力量，但他们阴阳怪气地声称，《可兰经》最重要的书籍，放在圣经上面是有象征意义的。

像奥巴马一样，收藏家们也会通过收藏书籍来守护未来。个人对自己的书籍有鲜明的热爱，比如签售队伍里的那个女孩，在黑暗时期保护着我们的故事。在雷·布拉德伯里（Ray Bradbury）的《华氏 451 度》中，每个背诵一部小说的角色都是保护书籍的收藏家，就像反乌托邦电影《撕裂的末日》（*Equilibrium*）中把书籍藏在墙后的叛乱分子一样，或是像一个聪明的也门信徒一样，在很久以前一个饱受战争蹂躏的未知年代，他把一本 7 世纪的《古兰经》藏在萨那大清真寺的墙后，尽管这本书是偶然被重新发现的，最初是 1974 年的建筑工人把它放进了垃圾袋里。收藏者就是保护者。

如果说世界上伟大的图书馆帮助我们维持了某种文明，那么我们应该把这一功劳归于私人收藏家而不是政府。一些重要的书籍讲述着世界各地图书馆的故事，许多稀奇古怪的收藏家往往怀着哲学目的开始建立图书馆，却被遗忘在了坟墓里。他们对藏书的信仰怀有一种隐隐的英雄主义。我们永远不必在国家图书馆的入口处踌躇不前，因为我们交的税为图书馆提供了很大一部分经费，没有我们它们也不会存在。一个发人深省的事实是，政府维持操纵着国家图书馆，却很少是图书馆的最初建立者。

比如古董收藏家罗伯特·科顿（Robert Cotton）的藏书为大英图书馆奠定了基础，但这却是因为科顿通过议会游说政府收购他的藏书，而他的藏书远远超过了国王。据一位历史学家说，科顿这么做根本不是出于经济原因，他“几乎把自己的藏书送给了国家”。牛津大学伯德雷恩图书馆是英国另一个版权图书馆，由伊丽莎白女王坚定的礼仪官托马斯·博德利（Thomas Bodley）建立。一位阿伯里斯特威斯的博士不仅捐出了他的藏书，还捐出了 2 万英镑来建立威尔士国家图书馆。美国国会图书馆最初只是政治家的资源，直到托马斯·杰斐逊（Thomas Jefferson）用自己的藏书让它成为人民的图书馆。百万富翁皮尔庞特·摩根（Pierpont Morgan）和亨利·亨廷顿（Henry Huntington）建立的图书馆现在是美国具有国家意义的免费图书馆。法国国家图书馆最初是一个私人皇家图书馆。波兰国家图书馆？完全是两个书迷兄弟的造物。意大利国家图书馆？那是美第奇家族的藏书。德国国家图书馆？一个富有远见的书商项目，在 1848 年的狂热革命中强加给了议会。今天的法国普罗旺斯地区艾克斯的图书馆鲜为人知，与小镇的规模很不相称，那是当地人让－巴蒂斯特·皮奎特（Jean-Baptiste Piquet，于 1786 年去世）留下的遗产，他明确表示要将 8 万本藏书作为“公共财产”传下去。

尽管伊斯兰收藏家组成了一个庞大的群体，他们都值得拥有自己的藏书，但我还是忍不住要提一位伟大的波斯学者阿尔·萨伊布·阿巴德（Al-Sahib ibn Abbad，去世于 995 年）。波斯的埃米尔（The Emir of Persia）给了他一份美差，让他管理帝国最重要的省份呼罗珊，但他以搬动自己的私人图书馆需要 400 头骆驼为由拒绝了。

他决心在帝国播下书籍作为文明的种子，鼓励在库姆、伊斯法罕和德黑兰建立国家图书馆，而后者藏有 20 万册图书。

《门多萨药典》的风霜之旅

帝国的建立也是一种本能，这开启了一本书辗转多人之手的旅程。《门多萨药典》（*Codex Mendoza*）是留存下来的一部独特著作，是一位阿兹特克作者记述的原住民文化。看看这本书吧——对于买不起 400 美元的加州大学重印版的人来说，可以选择在网上浏览——就像穿越到了 16 世纪的墨西哥。这本书以图片为主，呈现出图像小说的风格，里面有日常园艺、烹饪、祭祀、战斗的场景，以及养育孩子的亲密描述。

西班牙侵略者系统性地收集焚烧像这样的传统阿兹特克书籍，这是他们消灭阿兹特克文明战略的一部分。16 世纪初，墨西哥总督安东尼奥·德·门多萨（Antonio de Mendoza，1495—1552）将这本药典作为情报工具送到马德里，因为理解阿兹特克文化就能更彻底地摧毁它，这开启了这本药典的风霜之旅。门多萨凶恶暴力、欺凌弱小，所以我为他的情报计划出了岔子而感到高兴。载有药典的船在加勒比海遭到海盗的袭击和劫持。这本药典的风霜之旅从这里开始，激发了太多人们的热情，这本药典的故事让人想起托尔金的《指环王》，几个世纪里一直有暗中迷恋自己的爱慕者，而且有一次给爱慕者带来了灭顶之灾。

海盗船长留下了这本书，你可以想象他在点着烛光的船舱里浏览这本书，桌上放着一把弯刀。最后他在巴黎把这本书卖给了安德烈·泰韦(Andre Thevet)。泰韦来自寂静的昂古莱姆,位于法国中部夏朗德平原。10岁时,他的父母把他送进了方济会修道院,但他成年后偏离了正统基督教,对原住民文化产生了一种古怪的兴趣。这本药典促使他去南美洲冒险探索。

他的私人原住民艺术博物馆和他强烈的好奇心让他得到了一份工作,他做过弗朗西斯一世(King Francis Ⅰ)的宇宙志学家,还当过"Restaurateur des Lettres"——文献修复师。一些人批评这位兴趣古怪的皇家宇宙志学家是假学者,但在巴黎,他与英国人理查德·哈克卢特(Richard Hakluyt)结下了友谊,理查德·哈克卢特是伊丽莎白女王的国务大臣,也是德雷克(Drake)和罗利(Raleigh)的朋友,还是英国航海的歌颂者。哈克卢特小时候曾在伦敦亲戚家的桌子上看到过"某些地理书籍",这让他迷上了遥远国度里的故事。而且他对其他信仰非常尊重,冒着生命危险公开拒绝按字面理解《圣经》。批评人士说他脸上的红点是神罚,而这的确会演变成一种致命的疾病。泰韦给他的英国朋友看了这本药典,哈克卢特的钦佩之情很快就变成了对这本药典的渴望。他不情不愿地花了相当于1000英镑的价钱向泰韦买下这本药典,然后把它带回了英国。

1614年,哈克卢特遇到了萨穆埃尔·帕切斯(Samuel Purchas),他是圣马丁路德盖特教堂的牧师,这座教堂就在圣保罗大教堂的山下。帕切斯是艾塞克斯郡一个羊毛商人的第六个孩子,也对异国故事上瘾。他的旅行者故事《帕切斯世界旅行记集成》(*Hakluytus Posthumus, or Purchas his Pilgrimes, Contayning a History of the World, in Sea Voyages, & Lande Travels, by Englishmen and others*,1625),是几个世纪以来的经典之作。塞缪尔·泰勒·柯勒律治(Samuel Taylor

Coleridge）在读帕切斯描述的忽必烈宫殿时睡着了，醒来后他写了一首著名的关于宫殿的诗。哈克卢特去世后不久，帕切斯买下了他整个关于异国旅行的图书馆，包括这本药典。

萨穆埃尔·帕切斯在 1626 年去世之前拥有了这本药典六年。他的儿子名字也叫萨穆埃尔，却不像他父亲那样对遥远的土地感兴趣，而是对后花园充满热情：他写了第一本伟大的养蜂手册。他把这本药典卖给了舰队街的律师约翰·塞尔登（John Selden）。当时的描述中，塞尔登的魅力无可抵挡："他个子很高，我猜大概有 1.8 米，尖尖的鹅蛋脸，头不是很大，长鼻子斜向一边，满头灰发。他是一位诗人。"博学的塞尔登在英国内殿律师学院一间杂乱的顶层公寓里过着幸福的生活。在那里，约翰·邓恩等诗歌爱好者拜访了这位"高尚谦恭、和蔼可亲"的人文主义者。塞尔登还在那里学会了 15 种语言，包括阿拉伯语和"衣索比亚文"，当他不再撰写具有里程碑意义的法律文本，也不再追求与伯爵夫人的终身恋情时，他写文章为离婚和异装癖辩护。在顶层的公寓里，药典找到了一个幸福、干燥的家，住了 22 年。塞尔登非同寻常地尊重所有文化，因此他在 70 岁去世时，他的 8000 本藏书前途难测，包括《门多萨药典》。

幸运的是，塞尔登的遗嘱执行人把他的书送给了牛津大学博德利图书馆，图书管理员托马斯·巴洛（Thomas Barlow）收到了这些书籍。作为"信奉形而上学的读者"，巴洛热衷于塞尔登这座无所不包的宝藏——现在仍保存在"塞尔登侧楼"，但他预见到了个人事业上的一个问题。他余生的工作会变成为塞尔登的藏书编目，他因此辞去了图书馆的工作，回避了这项马拉松一样的任务。

到了18世纪和更具审判色彩的维多利亚时代，这本精致的药典遭到了忽略轻视。潮湿甚至霜冻折磨着牛津大学博德利图书馆的收藏品。图书馆创办人托马斯·博德利（Thomas Bodley）为安全起见，禁止图书馆内的一切明火。因此不止一个读者在这个冰冷的学习殿堂里感染疾病而死。

这本药典能留存下来最终要归功于它最古怪的所有者。爱德华·金（Edward King，1795—1837）是一位爱尔兰贵族，他一生中大部分时间都隐居在他位于科克郡城堡的塔楼书房中，喜欢读书。他执着于以色列失落的部落与阿兹特克人之间可能的联系，于是他参观了博德利图书馆，那里的图书管理员伯克利·班迪内尔（Bulkeley Bandinel）名声显赫、脾气暴躁，他以前是一位牧师，热衷于购买古代的《圣经》，他暴躁地翻出了《门多萨药典》。尽管金有些古怪，但人们认为他重新发现了这本阿兹特克人的杰作，而且正是因为他，图书馆从那时起就一直将这本书视为宝藏照顾有加。他花了3.2万英镑复制这本药典，用牛皮手工印刷，分成好几卷，里面还带有注解。这本书于1848年出版。这一冒险之举让金破产了，42岁时他在都柏林的一所债务人监狱里死于斑疹伤寒。

《门多萨药典》历经了500年的风霜之旅，现在一般在牛津大学博德利图书馆展览。2017年一位策展人告诉我，这本书要经常移走，放到昏暗的地下室里“休息”。500年来这本书从炎热的墨西哥来到牛津郡黑暗的地下室，历史上罕有书籍拥有这样危险浪漫的经历，这都有赖于一群稀奇古怪的学者。

阁楼上的维纳斯

托马斯·伊沙姆（Thomas Isham，1555—1605）靠都铎羊毛贸易赚钱，但他的心却属于书籍。16 世纪 90 年代，他从利克圣保罗教堂墓地的书商那里——“就在灰狗的标志下”——买下了莎士比亚的诗《维纳斯和阿多尼斯》（*Venus and Adonis*）。在他有生之年，人们最先知道的是，莎士比亚是这首诗的作者，这本书情意绵绵，但它的早期版本却少有存世。女性喜欢这本书，因为书中女主人公充满活力，挑逗猎人阿多尼斯。有人担心这本书会使人们思想放纵，1608 年托马斯·弥德顿（Thomas Middleton）的戏剧《疯狂的世界我的主人》（*A Mad World My Masters*）中，一位丈夫没收了他妻子的《维纳斯和阿多尼斯》，因为他担心这本书会催动她的情欲。在后来的几个世纪里，这首诗常常被排除在莎士比亚的文集之外。伊沙姆并不为这种审慎的态度所困扰，他已经购买了马洛（Marlowe）翻译的《奥维德》（*Ovid*），而这本书由教会下令烧毁。他把这两本书都带回他舒适的红砖房子——位于北安普敦郡的兰波特庄园。这栋房子现在对公众开放，但仍然归伊沙姆一家所有。他们这个家族自古以来思想独立，除了一些别的事，他们还反对约翰王，并借给了理查三世（Richard Ⅲ）40 英镑，但理查三世从未偿还。

托马斯·伊沙姆爱好诗歌，这表明伊沙姆是一个情感表达丰富的人。托马斯孙女充满忧郁与怀疑的日记出版于 2016 年，他曾孙的日记出版于 1971 年，这是 17 世纪唯一已知的青少年日记。这位曾孙也叫托马斯，继承了老托马斯对书籍的热爱。他很有魅力，很有吸引力，广受欢迎，但总是在书籍上花费过多，尤其是在意大利的购物之旅中。为了保住自己的财产，他寄希望于娶个好妻子，但不幸的是他去世于婚礼前夕。

到 1654 年，家族恢复了富裕，足以让后来的查士丁尼·伊沙姆（Justinian Isham）为兰波特庄园加上优美古典的主面，直到现在还能见到。不过，在全面整修的过程中，托马斯·伊沙姆的大部分书籍都存放在阁楼里，包括极为罕见的《维纳斯和阿多尼斯》早期版本。这种疏忽很不解风情，但从房屋主面可以看出，查士丁尼更注重光鲜的外表而不是内在的文化。他的邻居多萝西·奥斯本（Dorothy Osborne）认为他是“我见过的最虚荣、最无礼、最自负的花花公子”。

《维纳斯和阿多尼斯》在阁楼里待了 250 年，北安普敦郡的风在屋外呼啸而过，漫长的夏日烘烤着屋顶，这本书都安静地躺在那里。即使伦敦大火肆虐，攻占巴士底狱，蒸汽火车时代到来，这本书仍然不受打扰。

第十位男爵查尔斯·伊沙姆（Charles Isham，1819—1903）正是拯救了这本书的人。他是个喜欢精灵的唯心主义者，还是个素食先锋，如今他因为把守护花园的守护精灵像从德国引入英国而出名（伊沙姆一家从来没有预料到，他的女儿讨厌守护精灵像，会用步枪把兰波特庄园花园里的守护精灵像打成碎片来庆祝他的去世）。1867 年，一向好奇的查尔斯·伊沙姆走进阁楼，发现了《维纳斯和阿多尼斯》。1893 年，这本书被卖给了伦敦的一家书商，1919 年又以 1.5 万英镑的价格卖给了美国收藏家亨利·亨廷顿，这本书如今保存在亨廷顿位于加州的图书馆里，现在仍然可以公开查阅。

我们应该感谢花花公子查士丁尼无意中把这本书原封不动地保

存在他的阁楼里。像任何色情主题的作品一样，人们反复翻阅这本书的副本，以至于这些副本通常在几个世纪后就散架了。

文艺复兴和启蒙运动中的藏书家

欧洲的私人收藏家反映了他们所处的时代。约翰·迪伊（John Dee）的图书馆里混合了神秘主义和古典学术的文艺复兴时期的作品，比剑桥大学和牛津大学的图书馆都要大。他毕生都在寻找哲人之石，而这是他的主要收藏。据约翰·奥布里（John Aubrey）描述，"他的胡子像牛奶一样白""像艺术家一样穿着长袍，袖子耷拉着"，而且有"魔术师的名气，所以当地的孩子都怕他"。

他感受到了修道院的解散，连带消亡的就是修道院伟大的图书馆，就像我们2015年感受到了巴尔米拉的毁灭一样。当亨利八世（Henry Ⅷ）还是个孩子的时候，就注意到了古代羊皮纸上装饰精美的字体，但"这是过去的习俗"，然后这些羊皮纸就用作印刷书籍的防尘包装，或是更糟。他以前常去拜访马姆斯伯里的教区牧师威廉·斯顿普（William Stump），他是个酒鬼，自己有蒸馏器。斯顿普用附近修道院的手稿堵住了他"啤酒桶"的"桶孔"。"他说没什么比手稿更好了；当时我觉得我比亲眼看到更难过。"古董收藏家约翰·利兰（John Leland）向托马斯·克伦威尔（Thomas Cromwell）发出了相似的哀叹，人们想象不出他是多么诚恳地聆听利兰说的话："破旧立新的人剪下古代的手稿，用这些碎片来擦鞋子和烛台，然后卖给了卖酒的人。"你可以从莎士比亚的14行诗第73行中看出，他也同样为修道院文化的消失而感到辛酸，那句诗写着"唱诗班遭到破坏，那里曾有鸟儿甜美的歌唱”。

在玛丽女王（Queen Mary）的领导下，迪伊发表了一篇关于恢复与保护古代古迹和古代优秀作家作品的恳求书。后来，在伊丽莎白的领导下，迪伊成为女王的私人占星家，并向女王陛下表示他希望自己的书有一天能建成一个“国家图书馆”。其中包括从解散的修道院和他广泛旅行中收集到的重要作品。然而，贫穷给他晚年的生活蒙上了阴影，他的收藏品也随之四散而去。不过其中一些最终还是出现在大英图书馆里。迪伊在泰晤士河畔的莫特莱克花园里埋了一些精选的书籍。罗伯特·科顿在迪伊生前获得了许多他的书籍，迪伊去世后他挖掘出了更多的书籍。迪伊家的原址上有一栋不起眼的公寓楼，名叫约翰·迪伊之家，但疑似迪伊花园的一段围墙还留存着，现在放着晾晒衣服的柏油路下可能还有更多留给国家的书籍。

像许多收藏家一样，迪伊的世俗生涯总是次于他的哲学生活，可以肯定的是，他在一定程度上启发了莎士比亚创造普洛斯彼罗（Prospero）这个人物，他埋藏了另一本神秘书籍，而他的图书馆对他来说“已经够公爵了”。

一位意大利文艺复兴时期的博学者比迪伊更幸运，他为了国家的利益而放弃了自己全部的收藏品。16世纪晚期，弗雷德里克·博罗米奥（Frederic Borromeo）曾写信给一位朋友，希望通过公开自己的收藏，使意大利不再经历中世纪时期“那种蒙昧的时代”。他的安布洛其亚图书馆（Ambrosiana Library）位于米兰，在700年间为了完成这一使命做出了令人信服的贡献。

他是一位红衣主教，尽管他的一部分任务是像许多德国和西班牙当代收藏家一样，为驳斥异端提供坚实的基础，但他从童年在家中发现了一本关于宇宙学的旧书开始，就热衷于兼收并蓄各种收藏品。他像史密斯飞船乐队（Aerosmith）一样坚定，不错过任何东西，他刮胡子的时候看书，旅行时总是坐在一堆垃圾里，这样他就可以在旅途中看书，阅读使他能写出各种各样的东西，比如鸟儿为什么唱歌、天使的习性、埃及象形文字和冰岛的烹饪。

伽利略（Galileo）把自己的书捐赠给博罗米奥做收藏品时，写了一封自荐信，说这实际上是一份自私的礼物，因为如果他的书籍能进入“你那英雄而不朽的图书馆里”，就会增强他的自尊心。其他书籍还包括一卷古老的爱尔兰书卷，这本书被证明是重写本，或是“过度书写”的手稿。丢失的文本是西塞罗（Cicero）佚失的三篇演讲。但是博罗米奥不是一位矫揉造作的古文物收藏家。当别人送给他一本装帧将就的西塞罗的作品时，他的话令人耳目一新：“如果这本书不那么干净，用得更多一些，我会更喜欢的。”

这个人身材魁梧、惹人喜爱，看上去就像中年的奥利弗·里德（Oliver Reed），他可不是一个两耳不闻窗外事的学者，1627 年的饥荒中，他的行为充满了同情心，而且他对瘟疫患者的照顾也体现了他的英雄主义，曼左尼（Manzoni）以此为主题写了《约婚夫妇》（*The Betrothed*），这本书是 19 世纪伟大的畅销书。

其他保留在收藏品中的珍宝包括一本四世纪的《荷马史诗》，一本六世纪的《圣经》古抄本，许多希腊手稿和数百本希伯来书籍。他派代理商去购买日本印刷的书籍，并说服马耳他骑士从过往船只上收集阿拉伯语的书籍，再加上那不勒斯一位西班牙的阿拉伯语学者和开罗一位代理商寄来的书籍。当他听说格拉哥里字母时，他又把用这种语言写的古老手稿夹进了书里。他有亚美尼亚人的代表书籍，其中包括第一本亚美尼亚语词典。没找到象形文字的书是他一生的遗憾。就像他所写的："即使是来自其他信仰的书籍也能给我们带来好处，书籍既美好又有益。"

最珍贵的宝藏是《大西洋法典》(*Atlantic Codex*)，这是一本装订好的速记，里面有大约1000页达·芬奇的笔记本，包括他关于数学、飞行、降落伞和炼金术的思考。在宗教审查制度盛行的年代，收集这么多书籍是冒险的行为，但这位红衣主教用了一个新奇的解决方案，我们中一些人平常遇到棘手的情况时也喜欢用他那种措辞方式。他在图书管理员合同中规定，"由于众所周知的某些原因"，不能将任何图书目录自由展示给任何人。

图书管理员一定一直忙于工作，因为合同规定他必须在"任职的三年内"写出一部学术著作，这些收藏品从1609年开始就免费向任何人开放。1670年，一位英国游客注意到他慷慨得不同寻常：

> 它不像别的图书馆那样羞于见人，很少让人见到；这座图书馆把各种东西向所有来来去去的人公开开放，让他们看他们喜欢的书籍。

这座图书馆是世界上最伟大的图书馆之一，即使拿破仑的军队偷了一些书籍（这些书籍现在仍在巴黎），1943年英国皇家空军把博罗米奥原来的阅览室炸成了废墟，图书馆的藏书也超过了100万册。而现在博罗米奥的开放理念比任何时候都鲜活：2019年，整本《大西洋法典》放到了网上，图书馆仍然对"所有18岁以上"穿着得体的人开放。

像迪伊和博罗米奥一样，塞缪尔·佩皮斯（Samuel Pepys）希望他的书籍比他的生命和任何事业成就都更能长存于世。他在海军部有一份重要的工作，同时要兼顾建造一座计划作为公共资产的图书馆，他表示这座图书馆是单独为牛津大学建造的，而现在也的确如此。有一天，他发现自己周围的椅子上堆满了书，就委托船厂的一位木匠为他的收藏品制作了一个正面是玻璃的书柜，这是第一个这种样式的书柜。他选择让他的收藏品“不同于华而不实的……王子的图书馆”，其中包括深奥的知识、通俗读物和短效物收藏品。佩皮斯去世后，密封的一队货车将书籍与书柜护送到了牛津。

佩皮斯之后不久，意大利一位不出名的收藏家收集满屋子各种各样的书籍，这些书籍至今仍奠定了佛罗伦萨国家中心图书馆的基础。安东尼奥·马利亚贝基（Antonio Magliabechi）在遗嘱中将他所有的4万本书籍和1万份手稿捐给了国家。他对书籍的热爱压倒了一切琐碎小事，比如服装（他总是穿着同样的黑色旧斗篷和紧身上衣）和饮食（他靠鸡蛋、面包和水维持生命）。

他小时候是个不识字的后街顽童，直到他的父母在一家水果店给他找了一份工作。水果包装纸上的文字令他着迷，有一天他坐在外面，全神贯注地阅读这些纸，隔壁的书商就主动提出教他读书。不久，他精通希腊语、拉丁语和希伯来语，他是出了名的行走的百科全书，而且有着神乎其技的速读能力。一个印刷工为了试试他的能力，借给他一份手稿，让他在自己把手稿拿去印刷之前阅读。后来，他假装弄丢了手稿，让马利亚贝基重写，而马利亚贝基做到了，而且成品几乎完美无瑕。

他在佛罗伦萨的家里不久就堆满了书籍；书籍遍布在楼梯上和

每一个房间里，访客不得不侧身挤过书籍之间的狭窄峡谷。对于安东尼奥的家，许多访客留下了令人震惊的描述。一旦你动作娴熟地进入了他的房间，你就会与他交谈，而他躺在一个木制摇篮里，周围都是书籍，上面还挂着蜘蛛网。“不要伤害蜘蛛！”他常常大叫道。一位喷着香水的贵族来访后写道，他过着“野蛮人一样”的生活，但马利亚贝基对蜘蛛的尊重有一种朴素的魅力。

他有独一无二的取暖方式。他不会浪费钱为整个房间供暖，所以设计了一个小火炉，固定在他的胳膊上。他很愿意付出烧焦袖子和手的代价，让他可以继续阅读书籍，不用照料壁炉。

这个身材娇小的佛罗伦萨人长着耷拉的嘴唇，乌黑发亮的眼睛，如果不论外表，人们会满欧洲地找他，把他纳入人类数据库作为数据。他从未写过一本书，但许多人向他捐献书籍以感谢他渊博的知识。科西莫·德·美第奇（Cosimo de' Medici）任命他为图书管理员，有一次他要找一本书，马利亚贝基告诉他那本书“就在君士坦丁堡的苏丹图书馆，在右手边，倒数第三个书架上”。

马利亚贝基并没有囤东西的强迫症：他了解他所有的书籍，而且有一些资料证明他读过所有这些书籍。他收集这本书是有目的的，是为了转变内心，在这本书中，他是一个文艺复兴时期城市里的巫师，他喜欢引用这句话：“如果我们不加思考地阅读，那么阅读再多都是不够的。”他去世时已 81 岁高龄，把他所有的钱财都留给了城里的穷人，因为他就是在穷人中间长大的。

在这个由男性主导的早期近代世界，一些著名的女性图书收藏家脱颖而出——比如瑞典的克里斯蒂娜女王（Queen Christina）和俄国的叶卡捷琳娜二世（Catherine Ⅱ the Great）。而墨西哥人伊内斯·胡安娜·德·拉·克鲁斯（Ines Juana de la Cruz，1648—1995）没那么有名，生活方式也没那么优越。她是一位父亲几乎缺席的私生女，在火山边的一个小农场里和她的四个兄弟姐妹一起长大，其中几位是继兄弟姐妹，她早期生活的细节很难查到。她的祖父热爱阅读书籍，在他家里，她不到五岁就自学读写拉丁文。希腊文的学习紧随其后，青少年时她学会了阿兹特克语——用这种语言写诗给了她一个宣泄个人思想感情的出口。一位阿兹特克语言学家根据这些诗表示："她的那瓦特尔语（阿兹特克语）说得非常流利。"

墨西哥城的大学对她大门紧闭，她的母亲也劝阻她放弃女扮男装的计划，所以她继续自学，最终收集了4000多本书籍。17岁时，她在与资深神学家的辩论中独占鳌头，她的美貌和博学使她在西班牙总督的宫廷里得到了一份宫廷侍女的工作，但这种生活是一个镀金的牢笼，没有智力上的成就感，她在此期间多次拒绝了求婚。像那个时代的许多女性爱书者一样，成为修女是她追求学习生涯最简单的方式。就像她20岁时公开承认的那样，她希望"没有固定的职业限制我学习的自由"。

她货比三家，在加尔默罗会待了一段时间后，她把她的藏书带进了以圣杰罗姆（Saint Jerome）名字命名的隐修会修道院，这个修道院像它的创始人圣杰罗姆一样珍视书籍和学习。在那里，她写诗和戏剧，与访问学者辩论哲学，尽管她是在栅栏后面。但是这样有限的学习自由也会给她带来麻烦。

她写了一封批评耶稣会布道的信，这封信在未经她允许的情况下发表后，当地主教正式警告她，说她只关心世俗事务。她对此的回应《答菲洛塔修女》（*Reply to Sister Philotea*）有力捍卫了阅读和学习的权利，也是早期的女权主义宣言。她认为，阅读应该是女性共有的习惯，就像烹饪技巧和针线技巧一样。这些活动与学习并不相斥：“我们做饭的时候可以很好地进行哲学思考。”但是听她告解的神父也斥责了她，之后，1694 年，她的藏书不是被没收，就是被变卖——对于藏书的命运，历史记载是模糊的。那时她 46 岁，第二年因照顾瘟疫患者而去世，因为她自己也染上了瘟疫。几个世纪以来她都遭到忽视，在 20 世纪她又遭到了男性学者的打击：

> 一个精神分裂、精神错乱的人。
>
> ——路德维希·普凡德尔（Ludwig Pfandl，1953）
>
> 她的诗是低俗的特技。
>
> ——弗雷德里克·卢西亚尼（Frederick Luciani，1960）
>
> 一个伪神秘主义者。
>
> ——杰拉德·福克斯·弗林（Gerard Fox Flynn，1986）

现在人们广泛研究她、钦佩她，用多种语言出版她的诗，演奏她的音乐，用她的名字为一所大学命名，把她印在墨西哥的纸币上。玛格丽特·阿特伍德（Margaret Atwood）在 2007 年写了一首关于她的诗（你那炸雷般的音节散落在草坪上），皇家莎士比亚剧团（RSC）上演了一出关于她的戏剧。

另一位遭到大众遗忘的收藏家生活在 18 世纪的法国，值得注意的是，他的收藏品仍然存在，供公众参观。巴黎的阿瑟纳尔图书馆是纪念波勒米侯爵马克 - 安托万（Marc-Antoine）收藏热情的纪念碑。这座图书馆原本是炮兵的武器库，就在巴黎圣母院东面，是一座精致对称的四层石制建筑。波勒米侯爵坚持要路易十六（Louis XVI）为了后代将它一直作为公共图书馆。这位侯爵出身于一批政治家之中，却对国家事务几乎不感兴趣，尽管他曾在多个办公室任职，还是皇家马厩的主管。书籍才是他的真爱，因为他在书籍上消费过多，所以不得不在 1769 年卖掉了房子，这使他的父亲很不满。他的父亲勒内 - 路易斯（René-Louis）是外交部部长——政坛绰号是“野兽”——也对马克 – 安托万感到绝望，因为马克 – 安托万是个素食主义者，看喜剧常常发笑，看悲剧却从来不哭。“我的儿子，不被憎恨，就不会被爱”，他的这一判断错了，如今波勒米侯爵因他的书籍而被爱。

在他收集 10 万卷书籍时，他关注的是文本，而不是精美的装帧，他阐述了自己的使命如下：“一个建立图书馆的人最要关注的是研究人类精神的进步，甚至是错误，以及研究历史。”这种对错误的接纳意味着他像佩皮斯一样，收集并保存了一些真正有异国情调的书籍，以备日后的史学研究，他在欧洲各地派遣代理商去寻找异国书籍。在英国，伟大的藏书家霍勒斯 · 沃波尔（Horace Walpole）是他的供应商。除了卡克斯顿印刷书籍和乔叟与莎士比亚的早期版本书籍，他还从世界各地购买了大量的东方文学作品、克罗地亚诗歌、被遗忘的浪漫故事、基督教在中国的情况以及关于耶稣脐带的权威著作，我们中的一些人会惊讶地得知，在兰斯附近的一个小教堂里，有一本关于耶稣脐带的书。

波勒米侯爵为了扩大他的收藏，买下了瓦尔利埃公爵（Duc de la Vallière）的巨大图书馆，他是法国大革命前伟大的书商之一。尽管这本书称赞那些在逆境中阅读书籍的出生贫寒的人，但特权阶层也面临着他们自己的挑战。像波勒米侯爵一样，瓦尔利埃公爵也身负投身于公共事业的期望。他 19 岁时被任命为一个团的上校，后来又成为省长、狩猎队队长和皇家驯鹰人，当国王的情妇让他经营皇家剧院时，他觉得自己无法推辞。尽管如此，他还是追求自己对书籍的热爱，与伏尔泰、狄德罗（Diderot）这样的作家而不是官员混在一起。瓦尔利埃公爵有一个习惯，他购买整个图书馆，然后丢弃复制品和不太珍贵的收藏品，以至于一位法国作家诊断他患有“图书馆贪食症”（boulimie bibliophagique）。据他的图书管理员所说，瓦尔利埃公爵的河畔修道院几年来每年卖出 2 万本书。

与一些虚荣的收藏家不同，波勒米侯爵是一个如饥似渴的读者，他几乎读过自己收藏过的所有书籍。很多书籍上都有他的旁注。但令人悲伤的是，他却始终没有完成他那两本巨大的书目，一本 16 卷，另一本 70 卷。他“总是彬彬有礼”，临终前可以告诉女儿，他“没有不诚实的行为令自己感到自责”，许多政客都不能做出这样的保证。

1789 年，暴徒们从巴士底狱涌向了阿瑟纳尔图书馆，但守门人很快更换衣服，并向他们保证这座建筑与贵族无关。很不寻常地，暴徒们离开了大楼。

尽管波勒米侯爵希望图书馆免费开放，但现在不是时候。法国国家图书馆接管了它，阿瑟纳尔网站在一份关于提供“最广泛访问途径”的宗旨声明后解释说，读者进入图书馆需要买 20 欧元的“文化通行证”（国家官员可以免费进入）。

收藏家中的利维坦

19 世纪，800 页的《藏书癖》（*Bibliomania*）的作者将“收藏家中的利维坦”这一头衔授予托马斯·罗林森（Thomas Rawlinson）的儿子，他是芬切琪街迈特酒馆的老板，他在魔鬼海滨旅馆迎娶了房东的女儿玛丽（Mary）。他们的第一个孩子是伟大的藏书家，也名为托马斯（于 1725 年去世）。最初，小托马斯被父母逼着从事法律工作，但是他发现自己对这方面的兴趣“微乎其微”。书籍才是他的兴趣所在，因为他认为书籍能让人避免重蹈覆辙，这种动机在收藏家之间反复出现。就像小托马斯所说，这个时代需要“守护精华的人”，所以他的职责就是“给流浪的书籍一个家”。博尔赫斯（Borges）和泽博尔德（Sebald）很关注“遭受孤立的真相”，小托马斯这句话就带有这个意味。他的祖父，也就是玛丽在魔鬼海滨的父亲，对这个男孩的理想主义很是赞赏，所以给了他终身年金，并为他购买书籍提供担保。

小托马斯的收藏影响了他的一生。他很快搬了很多书籍到格雷旅馆的房间，他自己不得不睡在走廊上，于是他搬到了奥尔德斯盖特街的一套低档公寓，他是那里一家咖啡店的常客。在那里，他遇到了艾米·弗鲁温（Amy Frewin）并娶了她，我们姑且认为艾米是一名咖啡师。小托马斯的朋友们说她“名声不好”，但这似乎只是自以为是的随意评价。他在书籍上的花费让他负债累累，而且他投机地向政府支持的南海公司投资，当“南海泡沫”破灭时，他付出了沉重的代价。他 44 岁去世时非常潦倒，但他还是有一个好结局，因为这至少证明了一点，那就是他对书籍的信仰是正确的。

小托马斯的父亲有大概 14 个孩子，而他的第八个孩子理查德（Richard，于 1755 年去世）也迷上了书籍，并怀有一种将书籍带给公众的使命感。这是历史上一段黑暗时期，詹姆斯二世党人（Jacobites Ⅱ）的内战撕裂了民族精神，与西班牙和普鲁士的战争更是火上浇油。我们与欧洲的关系使国家分裂。他写道："在这个忘恩负义的时代，我们必须为后代做好准备。"理查德的座右铭是"我收集，我珍藏"，他游历欧洲，经常参加珍宝拍卖活动，还走访了伦敦的杂货店和蜡烛制造商，就是为了找拆散后用作馅饼包装纸和蜡烛包装纸的书籍，这些事就连公职人员或历史学家都没做过。

尽管艾米·弗鲁温的新婚丈夫约翰要卖掉托马斯所有的收藏品，在各种咖啡馆举行的拍卖会总共持续了 300 多天，但艾米·弗鲁温还是违背了他的意愿，仍保留了许多理查德的珍宝为自己收藏。理查德后来又买回了他哥哥的许多书籍，成了一个生活宽裕的主教，并且有能力在牛津大学设置盎格鲁 - 撒克逊教授一职。设立这个职位是因为他希望自己的国家更多地了解自己的多语言根源，并停止内战。

他每年都向牛津大学博德利图书馆赠送书籍，其中包括一件稀世珍宝，那就是《1092 年茵尼斯法尔岛编年史》（*1092 Annals of Innisfallen*），这是一部非常重要的爱尔兰历史，共和党政客至今仍要求归还。随着年事渐高，他把自己的全部收藏，都分给牛津大学博德利图书馆和英国古文物协会，而他在那里担任副主席。然而，工会发现了他同情詹姆斯二世党人，就把他赶了出去，因此牛津大学就得到了全部书籍。理查德的老祖父，也就是魔鬼海滨酒吧的老板，他的信仰终于得到了回报。这多亏他给了小托马斯梦寐以求的年金。而向公众开放的牛津大学博德利图书馆，也因为托马斯·罗林森的收藏而变得更加丰富。

有毒的托普汉姆

当然，并不是所有收藏家都会投身于发展公益事业。托普汉姆·博克拉克（Topham Beauclerk，1739—1780）的故事便是纠正这一误区的实际案例。他小心翼翼地保管着自己的3万多本书籍，除了爱德华·吉本（Edward Gibbon）坚持要借的书籍，他不愿再借出去一本。他们把书籍放在大罗素街（Great Russell Street）上的专用图书馆中，该馆由时尚古典建筑师罗伯特·亚当（Robert Adam）设计而成，气势宏伟，正好坐落在大英博物馆对面。霍勒斯·沃波尔（Horace Walpole）考察后表示，“这图书馆把大英博物馆的鼻子都弄歪了”。

埃特尼（Etonian）是个被宠坏了的独生子，大家都认为他很令人不快。在他过世后，塞缪尔·约翰逊回忆起他的“种种劣迹”，认为“再也不会遇上这样的人”。鲍斯韦尔觉得他的下流玩笑令人厌烦，但还是陪他“夜间游戏”以求鱼水之欢。他的家室非常显赫，他是内尔·格温（Nell Gwynn）和查理一世（King Charles Ⅰ）的孙子，他的父亲是一个冷酷的财富猎手。他穿着叠层鞋跟的鞋子，扑粉，戴着高耸的假发，是个能称为“纨绔子弟”的花花公子。当年轻的安妮·皮特（Anne Pitt）小姐走出马车，靠在博克拉克伸出的胳膊上时，却发现他根本靠不住。他支撑不住她的重量，摇摇晃晃，令她扭伤了脚踝。

他身上满是虱子，曾经感染了布伦海姆宫（Blenheim Palace）的所有人，他“像乞丐或吉普赛人一样肮脏”，患有极度严重的便秘，性病缠身，每天服用400滴鸦片酊来对抗这种疾病，但他的身体也永远因为这种毒品而晕晕乎乎的，总之和他扯上关系没好处。人们同情已婚的布鲁克子爵夫人（Viscountess Bolingbroke）戴安娜·斯宾塞（Diana Spencer）。她在1767年怀孕，布鲁克子爵（Viscount Bolingbroke）是个酒鬼，通奸多次，很快就与她离婚了。两天后，托普汉姆又与戴安娜结婚，基本上是为了钱。据霍勒斯·沃波尔所说，“迪夫人和他一起度过了最悲惨的一生”。她忍受了12年，直到他去世于41岁，但她不得不每天更换床单。弗洛伊德少校后来遇到了托普汉姆，并指出他设法“折磨自己和他周围的一切”。戴安娜的女儿玛丽·博克拉克（Mary Beauderic）遗传了托普汉姆的短浅目光，同自己同父异母的兄弟，布鲁克子爵夫人的儿子乔治（George）生了四个儿子。

幸福的结局是戴安娜作为寡妇享受了28年的自由，成为一位杰出的画家，吉本和伯克（Burke）尊她为朋友。在托普汉姆恣意挥霍之后，她并不富裕，但是她幸福地生活在泰晤士河边里士满附近的一所小屋中。埃德蒙·伯克在里士满威克山（Wick Hill）参观约书亚·雷诺兹的房子时看到远处的那栋小屋，转身对吉本说：“我很高兴看到她在那间温馨的房子里安顿下来，逃离了所有烦恼。”但她的坟墓下落不明。

而那伟大的图书馆呢？为筹集资金，托普汉姆将其抵押给了戴安娜的父亲，而后者将其全部出售。

藏书癖

在欧洲，被称为“藏书癖”的现象从 18 世纪中期开始流行，并在法国大革命后真正兴起，因为贵族的图书馆大量涌入市场。人们有一种感觉，特别是在英国，经历了断头台的恐怖之后，家庭的旧收藏品必须珍视。这种观点在《傲慢与偏见》(*Pride and Prejudice*)中得到印证，达西先生(Mr. Darcy)解释了他保持彭伯里家庭图书馆运转的责任感。收藏书籍成为一种时尚和魅力。一个大图书馆可能象征着地位，就像一辆闪光的汽车，而不再标志着发霉的蒙昧主义者。对一些人来说，比如朗斯代尔勋爵(Lord Lonsdale)，图书馆不过是身份的附属品，他在哥哥死后说：“可怜的老圣乔治(St George)，他是我们当中唯一一个读过书的人。”

塞缪尔·约翰逊经常讲他是怎样对付一位庸俗的收藏家的。在为托马斯·奥斯本伟大的图书馆编目时，他因为把时间浪费在阅读上而受到责备，他曾反复发誓要用一本厚重的《希腊旧约圣经》(*Biblia Graeca Septuaginta*，1594 年于法兰克福出版)击倒他的雇主。1812 年，剑桥的一家书店里仍然有人知道这本书，但后来它就消失了。

英国最狂热的藏书家是理查德·赫伯(Richard Heber，于 1833 年去世)，他真正热爱书籍和其中的内容，他的八幢房子放满了书籍，有 15 万本。他是一位受人喜爱的学者，会多种语言，除了他最珍贵的书籍外，所有的书籍他都有备用的副本，以便自由地借出。他最要好的女性朋友是同为藏书家的弗朗西丝·柯勒(Frances Currer)，也是他考虑结婚的对象。她在约克郡的家中悄悄收藏了 2 万本书，这一收藏的世界意义可与斯宾塞伯爵的奥尔索普图书馆和德文郡公爵的查茨沃斯图书馆相媲美。像我遇到的大多数女性收藏家一样，她的默默无闻是由于她自己的原因。托马斯·迪布丁（Thomas Dibdin）想在他 800 页的《藏书癖》中介绍她，但她拒绝了。他对一位朋友说，“她的心像圣保罗教堂的圆顶那么大，像火山熔岩那么温暖”。直到最近人们才发现她给附近霍沃斯的勃朗特姐妹提供的经济援助。夏洛特·勃朗特（Charlotte Brontë）的笔名柯勒·贝尔（Currer Bell），就是一种致敬。她的 2 万本书中有很多现在存放在布拉德福德公共图书馆。

目前还不知道柯勒和赫伯是否达成了亲密关系，但他与一名 19 岁的男子有同性恋关系。可悲的是，当这一点被发现时，许多朋友转而反对他，包括沃尔特·斯科特，他表示“恐惧”这种“不自然的做法”。煽动廉价情绪的爱国主义杂志《约翰·布尔》(*John Bull*，最后一期，1960）公开揭露了他。赫伯不得不辞去议员职务，孤身一人去世于皮姆利科，去世前他刚刚发出了最后一份订单，订购了 3 本书。他的遗嘱很难才被找到，因为他将其藏在了书籍后面。他的大部分藏品仍然是大英图书馆的重要组成部分。

赫伯在图书狩猎方面的导师是艾萨克·戈塞特（Isaac Gosset，于 1812 年去世），他是一个名不见经传的人物，他的父亲也叫艾萨克，掩盖了他的名声，他吹嘘自己有一种不寻常的能力，能在半小时内做出一个栩栩如生的蜡制人头像。书生气的艾萨克在牛津大学伯德雷恩图书馆留下了一系列重要的经典著作。虽然没有蓝色牌匾标明他在牛津街以北的房子，但他在 1812 年去世时，有一首诗《书商的眼泪》(*The Tears of the Booksellers*）来纪念他，这就是他的名气。几十年来，他戴着一顶过时的三角帽，身材矮小畸形，一直是拍卖会上受欢迎的人物。在拍卖台下的座位上，他会发出他熟悉的叫喊：“一本漂亮的书，一本漂亮的书。”

戈塞特毕业于牛津大学，富有到可以放任自流，但与他同时代的弗朗西斯·杜斯（Francis Douce，于1834年去世）虽然聪明，却被肆意剥夺了受教育的机会，需要劳作一辈子。他的父母认为他的光芒不能超过他哥哥那个糊涂的继承人，把他从学校带了出来，送到一个由“无知的禁卫军”开办的学校，后来还蓄意破坏他进入大学的努力。他不仅自学成才，还收集了1.8万本书籍，而他写出的作品有关民间习俗，还是对政府镇压的勇敢攻击，至今仍令人受益。

他和伊莎贝拉·普莱斯（Isabella Price）结婚后没有孩子，过得并不幸福，部分原因是她患有精神疾病，或者用一位日记作者的话说，“她的性格有些古怪”。虽然他是一位很受器重的大英博物馆馆员，受到约瑟夫·班克斯（Joseph Banks）等人的尊敬，但他讨厌被工作外的事情分心。

当杜斯41岁的时候，他的父亲去世了，弗朗西斯认为继承遗产后他可以停止工作，但是邪恶的哥哥建议他的父母不要把钱留给弗朗西斯，“因为他只会把钱浪费在书籍上”。不管怎样，他还是很有勇气地辞掉了这份工作，大英图书馆也大胆地将他那封著名的辞职信放在了他们的网站上。这封信直截了当地指出了他离职的原因，任何身处庞大组织的人读了都能感到安慰：

博物馆这个组织令人反感。

工作环境潮湿寒冷，“夏天像火炉，水槽和下水道里排出有害健康的气体”。

加班过度，但“我的部门没有丝毫援助”。

“同事们一点也不有趣，有时令人厌恶”。

“五花八门又琐碎的委员会”，而且“装腔作势”。

“接连不断地要求搞报告”。

问题的关键是可疑的员工“间谍系统”，要求他“汇报憨豆先生的情况”。

杜斯对宇宙的信仰得到了回报。在他提前退休后不久，他的朋友，没有孩子的雕刻家、臭名昭著的守财奴约瑟夫·诺勒肯斯（Joseph Nollekens）留给了他 5 万英镑，相当于今天的 500 万英镑。杜斯一向慷慨地借书给学者，他在遗嘱中将全部藏书捐赠给牛津大学伯德雷恩图书馆。

斯宾塞一家与他们的书籍

我在 1988 年入职水石书店，提姆·瓦特斯（Tim Waterstone）派我到肯辛顿高街的书店工作，步行一小段路就是肯辛顿宫。这是一家漂亮的三层书店，位于街角，在那里你可以碰到大卫·霍克尼（David Hockney）、范·莫里森（Van Morrison）、米克·贾格尔（Mick Jagger）或麦当娜。还有“变成一个废物之前”的莫里西（Morrissey），就像一位前同事回忆的那样。在我入职这家公司之前，我喜欢在那里浏览书籍直到深夜，这家店晚上 10 点关门，尤其是在洞穴般的地下室，或者在一楼靠窗的座位上，你可以在那里翻阅 90 磅重的艺术书籍，而且不受监视。这家书店是许多人的天堂，包括戴安娜王妃（Princess Diana）。她把她的保护人员留在外面，尽管现在看来这很不寻常，当她独自浏览时，没有人在店里打扰她。她买过小说，也从地下室买过心理学和灵性方面的书。

戴安娜在成长过程中很少考虑自己的教育，而是找到了自己的读书之路。如果我们按照宇宙法则用三角学的方法测量那个书店里的公主，罗经点不仅包括巴黎一个可怕的地下通道，还有一个大得惊人的图书馆，她在家谱上创造了一些旁支，而现在她的家人失去了她。第二代伯爵乔治·斯宾塞（George Spencer，1758—1834）在奥尔索普拥有世界上最大的私人图书馆，那里正是戴安娜墓地所在。它的命运是斯宾塞式的，不论是它大理石般的美好，还是它为无限广大公众带来的最终利益都是这样。

乔治个子很高，体格健壮，但很害羞，这和他脾气暴躁的姐姐德文郡公爵夫人（Duchess of Devonshire）乔治亚娜（Georgiana）很不一样。他喜欢书籍和书的内容。与戴安娜不同的是，乔治在进入剑桥三一学院之前，曾接受过梵语学者威廉·琼斯（William Jones）的一对一辅导，威廉·琼斯是卓越的启蒙运动学者。后来，牛津大学授予他荣誉学位，并邀请他加入塞缪尔·约翰逊文学俱乐部。他的母亲玛格丽特（Margaret）是一位服装商的孙女，也是著名的慈善家，她为他树立了一个学习的榜样，她如饥似渴地阅读拉丁语和古希腊语，还用这两种语言说俏皮话。她的个人档案系统和管理技能都很出色，她的儿子身上也显现出来这些有条不紊的特点。他的记忆力和对细节的洞察力人人称道，他只需要看字体一眼就可以认出印刷这本书的印刷机。他的每一本书都在同一个地方标明了登记信息。

24 岁时，他为 22 岁的艺术家拉维尼娅·宾厄姆（Lavinia Bingham）“如痴如狂”。有争议的是，她没有嫁妆，但他们结了婚还生了 8 个孩子。她与他分享了对书籍和思想的热情，还把奥尔索普变成了一个文化游客的大沙龙来消除他的羞怯。

随着他从欧洲各地获得的收藏品越来越多，他建造了这个约 61 米长的图书馆，当地板开始嘎吱作响时，他的书籍已经溢到了上面的美术馆。图书馆的天花板后来坍塌了。斯宾塞一开始浏览收藏品就停不下来了。一个仆人挖苦地建议他的主人买一匹设得兰矮种马，这样就可以把他从收藏品的一端驮到另一端了。

这些收藏品通常被称为最伟大的收藏，因为质量上乘、数量庞大，里面有 4000 本印刷术摇篮期的古籍，时间在 1500 年前，而且包括一本 1472 年但丁的作品。在一次著名的拍卖会上，斯宾塞与布兰福德侯爵（Marquess of Blandford）竞标 112 次，试图得到第一版薄伽丘（Boccaccio）的《十日谈》。在很长一段时间里，布兰福德侯爵花了 2260 英镑得到这本书都保持了图书销售的纪录。几年后，他把这本书以 900 美元的价格卖给了斯宾塞。

乔治·斯宾塞收集书籍的决心坚定，方法巧妙。他在蓓尔美尔街买了一本古腾堡圣经，并设法说服林肯大教堂卖给他几本来自英国印刷术之父卡克斯顿出版的书籍，最终他得到了 55 本书籍。他在全欧洲的范围内寻找收藏品。斯宾塞把一位意大利伯爵描述为“宝贵的助手”，他给了斯宾塞一本 1469 年维吉尔的作品，以及意大利印刷的第一本有插图的书。其他的供应商还包括一位巴伐利亚的修士、一位慕尼黑的图书管理员、一位奥格斯堡的教授、一位穷困潦倒的那不勒斯公爵和一些狡猾的维也纳圣方济会托钵僧。

维多利亚时代晚期，图书馆的死敌若隐若现，所以第五代伯爵斯宾塞·约翰出现了，但比起家族的书籍，他更注意自己的翘八字胡和比头还大的出名胡须。一位传记作家承认，他“几乎没有追求知识的欲望”。在哈罗公学，他分心于板球运动，他缺乏教育，却在成年射击、猎狐和压迫爱尔兰上投入很多。他曾经借了 1.5 万英镑来养他的猎犬。作为爱尔兰总督，人们记得他在那里中止了人身保护令。1892 年，他在《泰晤士报》上刊登了一则公告，宣布他打算在苏富比拍卖行出售整个奥尔索普图书馆。图书馆的藏书本来很容易分散在众多收藏家之间，但碰巧的是，一个不太可能出现的救世主使图书馆保持了完整。

哈瓦那来的女孩

维多利亚统治初期，一位利物浦商人在古巴娶了比他小 18 岁的当地女孩胡安娜（Juana）。他死后，他的遗孀带着孩子们去了欧洲，包括五岁的恩里克塔（Enriqueta）。这个家庭接下来过了多年的艰苦生活。当恩里克塔 20 岁的时候，她找到了一份工作，给曼彻斯特一个百万富翁纺织商人约翰·赖兰兹（John Rylands）当秘书。这大约是在 1860 年——似乎没有人知道确切的时间。有人说，她的工作是“陪伴赖兰兹夫人”。赖兰兹是一个自由的慈善家，但像许多白手起家的人一样，他很节俭。他的酒是出了名的难喝，还为菜园里的蔬菜收费，他说：“这是菜园赚钱的唯一方法。”

赖兰兹的妻子玛莎（Martha）去世于 1875 年。在那之前他可能和恩里克塔相处融洽，因为他几个月内就娶了她。他 75 岁，她 32

岁，但他们真是天生一对，这就像是数字计算一样毫无疑问。1888年他去世后，她在他的家中建立了一个神学图书馆，而且继续经营其中一家书店——索特兰书店，就在皮卡迪利大街附近。我最近打电话给他们的总经理克里斯·桑德斯（Chris Saunders），想要一份他们的限量版公司历史，他们仍然经营得很好。1892年，桑德斯的前任亚历山大·莱尔顿（Alexander Railton）在《泰晤士报》上看到了关于拍卖奥尔索普图书馆的消息，作为一名书籍爱好者，他希望这座传说中的图书馆能原封不动地售出。他把这条消息剪下来给恩里克塔看，却不置一词。

她对此很感兴趣，而且她继承了约翰·赖兰兹的数百万英镑财产，因为他早年婚姻所生的7个孩子都英年早逝。她联系了苏富比拍卖行的高级合伙人埃德·霍奇（Ed Hodge），他当时正在为厄尔·斯宾塞（Earl Spencer）做代理。霍奇同意把图书馆预留一个星期，让赖兰兹夫人考虑价格。尽管纽约公共图书馆当时的出价更高，苏富比拍卖行还是履行了承诺，把图书馆卖给了赖兰兹。恩里克塔为国家保存了这些收藏品，让它们成为今天伟大的免费图书馆。

在18世纪斯宾塞的藏书中，她又添上了克劳福德伯爵（Earl of Crawford）亚历山大·林赛（Alexander Lindsay）的藏书，这“也许是19世纪最好的私人图书馆”。林赛就像众多书迷一样使获得的书籍充满色情，他说他已经“屈服于狂热的喀耳刻（希腊神话中的女巫）的魅力”。浮华的林赛从煤矿工人的汗水中取得财富，而他在无意中帮助建立了一个巨大的开放图书馆，这真是富有诗意。

为了容纳这一切，恩里克塔在曼彻斯特贫民窟委托建造了一座巨大的新哥特式图书馆，因为她知道这座图书馆将使这个地区重获新生。事实也的确如此，它仍然在丁斯盖特大道占据主要地位。恩里克塔对她的图书馆很有主见：她自己设计了几个细节，胜过了建筑师，四个月后解雇了图书管理员，因为她对这些作为文物的书籍太感兴趣了。她是一个意志坚强的女人，有藏而不露的激情，对曼彻斯特的社交场面不感兴趣，也不爱出风头，这是她的典型特征，而那个以她的名字为约翰·赖兰兹图书馆命名的男人却一无所知。这座图书馆在他们结婚周年纪念日宣布对外开放。

厌世者的故事

在维多利亚时代，寂静的英国贵族图书馆外，遥远的蒸汽火车汽笛声宣告了一个以工业为基础的财富新时代。许多古老的家族都让铁路线改道绕过他们的地产，但他们仍然无法摆脱蒸汽时代，而且很多因此产生的工商界大亨涌入了他们的阶级。托马斯·菲利普（Thomas Phillipps，1792—1872）就是这样的一个富豪，恩里克塔有多慷慨，他对自己书籍的保护就有多强，他的病理学还引起了一场法律纠纷，直到 1977 年才结束。

菲利普是曼彻斯特一位白棉布商人的私生子，他终身从事书籍收藏的部分原因是他的父亲希望他成为一名“正人君子”。他偶尔插手家族生意，但实际上他从来不工作，也不需要工作。他的母亲和一个叫弗雷德·贾德（Fred Judd）的人私奔后，他由他那个总是因痛风而呻吟的老父亲抚养长大，不需要弗洛伊德的理论支持，他把他暴躁、容易积怨的性格倾向归咎于他的父亲。虽然他的母亲在他 59 岁时还活着，但他们之间没有任何联系。这让我想起了我父亲把收藏书籍作为补偿行为，因为他自己的父母在他婴儿时把他丢给了一个脾气暴躁的老姑娘。人们说“书籍就是房里的家具”，书籍也能提供一个家，就像苔藓和树枝能筑巢一样。

菲利普六岁时有110本书，成年后他不止一次走进一家书店，买下全部存货。他特地寻找手稿书籍，通常是牛皮纸的，还把自己描述成一个“牛皮纸狂人”。他在金匠的住所里找到了几本这种材质的重要书籍。金匠时时刻刻用锤子把黄金锤打成金箔，金箔非常薄，可以轻轻地吹到它们该待的位置上。直到20世纪中叶，几千年来在锤打黄金的数小时中，唯一能把黄金夹在中间的材料是“肠膜”，一种由牛的肠壁制成的精细牛皮纸。这种纸具有独特的强度和光滑度，在避孕套工业中很有用武之地，但也能制作出很好的书页，所以金匠有时会在图书收藏家找到这些牛皮纸手稿之前，在清仓大甩卖时买下它们。他还经常出没于裁缝店，寻找印刷书籍的残留部分，因为裁缝店用废纸打版。重复利用纸张的用途还是很广泛的，旧书甚至会用来重新装订新书。菲利普对收藏的热衷促使他冲动地从废纸商那里大量购买废纸，几十年来许多宝藏从这些废纸中找到，比如1964年发现的卡克斯顿印刷的奥维德的作品，售价超过一百万英镑。

菲利普42岁时住在伍斯特郡一栋名为“中山”的豪宅里，受到三个女儿和妻子的影响，他的妻子很有耐心，容忍他花费太多钱在书籍和防治害虫上。记录中有一次妻子罕见地对在这所房子里过的生活发怒了：“一边的侧楼已经预订出去了，另一边的侧楼也把我赶出去了。”一个聪明的年轻人的到来打破了这种不安的状态，他叫詹姆斯·霍利威尔（James Halliwell），刚从剑桥大学毕业，他写信给菲利普询问他的书籍。菲利普邀请他住在家里并帮助照顾他们，他爱上了新雇主 23 岁的女儿汉丽埃塔（Henrietta）。老人确信詹姆斯是为了钱才与想女儿结婚，所以反对这桩婚事，但这对年轻人私奔了。

菲利普从来没有原谅他们，但他在一次债务管理操作中，将一部分房产划归汉丽埃塔继承。为了确保她继承的是一片荒野，他采取了焦土政策。他砍倒了中山的林荫大道和树林，搬走了房子里摆的配件，把他的全部收藏品移到了切尔滕纳姆一座阴暗的新古典主义拱顶式建筑里，现在那是学校的一部分，那座建筑非常宽敞，以至于菲利普可以骑着马在里面转来转去。这次搬家动用了一百匹运货的马和 238 辆满载书籍的货车。有些马在途中就累垮了。他故意对中山疏于照顾。当地的混混砸碎了门窗，牛在富丽堂皇的房间里漫步。

随着菲利普的藏品越来越多，他成了拍卖会上令人畏惧的竞拍者，他的竞拍价往往比大型博物馆还高，他要收官了，所以把藏品保存在其中一个博物馆里。他一开始傲慢得惊人，说如果他能成为牛津大学博德利图书馆的首席图书管理员，他就会把这些收藏品卖给它们。牛津大学博德利图书馆拒绝了，所以他把他的书籍卖给大英博物馆图书馆，如果它们愿意让他成为受托人的话。大英博物馆图书馆答应了，却发现他在受托人会议上提出了许多难以接受的建议，所以他厌恶地辞职了。最后，他发现了菲利普贵族家族一个遥远的旁支，想方设法让他们接手图书馆。他们拒绝了他的提议，所以他继续痴迷于书籍编目，而且因为害怕火灾，越来越频繁地把书籍锁在像棺材一样的金属箱里。

他因从图书馆的梯子上摔下来而于1872年去世，人们发现他的遗嘱是一篇充满厌世之情的文章。图书馆不仅禁止罗马天主教徒和霍利威尔夫妇进入，而且不能出售，要像保存在甲醛中一样保存在切尔滕纳姆的家中。经过几十年的法律运作，这些书籍最终被分批出售，1977年在纽约出售了最后一批。这是一个残酷的托马斯·哈代（Thomas Hardy）式结局，可怜的汉丽埃塔·霍利威尔从马上摔下来，比她父亲晚几个月去世。她丈夫詹姆斯的命运要幸福一点。他后来成为童谣和伊丽莎白时代的领军专家。他是约翰·迪伊日记的第一个出版商，在国家购买莎士比亚在斯特拉特福德的房子时发挥了重要作用。1889年，他在布莱顿附近的家中去世，并将自己的"充满了奇珍异宝"的图书馆捐赠给了多个公众收藏。

登上19世纪末颓废思潮的高楼

从肯特郡圣玛格丽特湾我坐的地方开车15分钟，那里曾经有一家旅馆，酒吧里有一个望远镜。伊恩·弗莱明等客人能从这个有利位置看到加来市政厅时钟上的时间。尽管距离如此之近，加来这个法国城市还是那么不同，有着不同的价值观（比如，专门在复活节装饰最简陋的商店橱窗）和另一种世界观。

法国的这种差异，无论是电影还是书籍，服装还是烹饪，都得到了有力的保护。语言很重要。法兰西学院在20世纪80年代进行了大胆的尝试，试图阻止使用"周末"这样的词汇，后来也一直没有放弃这种尝试。随着全球化进程的推进，2008年科学学会的一份报告称这种语言"处于危机之中"。最近发布了一些词语禁令，而这些词语的官方替代品包括：

标签（hashtag）：mot-diese

时尚主义者（fashionista）：une femme qui aime l'époque

大笑（LOL）：MDR（mort de rire）

当地缘政治威胁到人们的身份认同时，所有的文化都在挖掘内涵。阿尔弗雷德大帝（King Alfred）用他的藏书和宫廷写作文化来对抗来自维京人和敌对的英国王国的影响。在法国，1870 年普法战争的失败以及因此失去的阿尔萨斯 - 洛林严重伤害了法国的自尊心。在政治上，煽动者布朗热将军（General Boulanger）无能却有魅力，在他的领导下，复仇主义诞生了，布朗热将军希望还击德国。在建筑学方面，埃菲尔铁塔就像一篇阐述工业实力的文章。在艺术方面，抒发爱国与哀悼之情的绘画比比皆是。在小说中，左拉（Zola）编织了一个序列的小说来解释法国是怎样迷失了方向。在更广泛的书籍制作和收藏领域，受伤的民族自豪感与其他三个主题合并在一起：对知识女性的恐惧，19 世纪末的审美主义和对大规模生产的恐惧。沃尔特·本杰明注意到在蒸汽印刷机面前，"书籍的光环正在枯萎"。对于 19 世纪 90 年代苍白无力的唯美主义者来说，苦艾酒酒瓶和书籍装订商成了他们追捧的稀少之物。

在巴黎，一小群书迷营造了一种收藏精致书籍的温室气氛。这一运动也有朋克的一面，反映了一种通过消灭衣着乏味的老古董书迷来复兴法国的愿望。就像深受威廉·莫里斯（William Morris）影响的热爱中世纪的社会主义一样，新的书迷是现代主义和反抗精神的有力结合。

巴黎火山爆发的催化剂是奥克塔夫·乌扎尼（Octave Uzanne），他是一位前中尉，执行着用书籍复兴法国的任务。当他不在俯瞰伏尔泰码头书摊的精致阁楼公寓里，这位戴单眼镜的单身汉经常与美国艺术家詹姆斯·惠斯勒（James Whistler）在那波里小咖啡馆阐述自己的观点。游客们从一扇雕花铁门进入，这扇门类似于“拜占庭艺术家想象的天堂之门”。在楼上，棺材般的房间是这场运动的一个特点，象征着拉起吊桥，反对资产阶级的陈规旧俗和随波逐流的消费主义。

乌扎尼提出，让漂亮的书籍更受欢迎将产生一种涓滴效应：“根据人道主义面包师的基本原则，奶油糕点的价格会使普通面包的价格下降。”但他天性中的精英主义的一面背叛了这些美好的话语。1889年，他在“孚日山脉纸上”出版了500本传记百科全书，讲述了同时代的时尚人士因爱上了一种掺有可卡因的葡萄酒——文·马里亚尼酒而团结在一起的故事。但是，非常可怕的是，“一大群乞丐蜂拥而至”吵着要买书。作为回应，他惊呼着“筑坝”，又制作了一个超级豪华版。

带着一点对英国艺术和手工艺自由的理想主义，乌扎尼预言新的书籍装订师将成为“梦想的磨坊主”，一个新国家的梦想。书迷亨利·韦弗（Henri Vever）的行为是这群人早期的一个象征，他回到德国统治的阿尔萨斯家中，把他已故的亲人挖出来，装箱用火车运到巴黎，重新埋葬在自由的法国。

首先必须要取代的就是保守派，而“法国藏书家协会”就是它的象征。在乌扎尼的狂热想象中，保守派是“一个很老的先生，骨瘦如柴，干巴巴的像木乃伊，衣着寒酸，像狼在自己的巢穴里一样在他的旧书房里生活，动不动就发脾气”。与他同为反传统者的费利西恩·罗普斯（Felicien Rops）警告“这本书的考古学家”要为他们舒适的环境感到恐惧：“真倒霉！……我们要把所有的东西都扔到垃圾堆里再全部踩烂”。罗普斯的性虐艺术描绘了无聊古板的法国人由一个穿着靴子的女性施虐者带领。当权者辜负了法国永恒的女性精神，必须受到惩罚、清洗和新生。

1889年，乌扎尼在一个新的“当代藏书家协会”中召集了160名他认为是“现代藏书家中的红衣主教”的人。这个协会除了包括收藏家以外，还有很大比例的图书生产者、装订师、艺术出版社和作家。美国源源不断地向巴黎文化中注入大量能量，所以“当代藏书家”与此相一致，也包括了许多美国人。乌扎尼说，法国需要他们“活泼热情的头脑”。“永远向前”是社会的座右铭。

对这个新的社会群体来说，典型的外出活动是参加巴黎左岸一位传奇书商的葬礼。先锋派工艺艺术家奥伯利·比亚兹莱（Aubrey Beardsley）的去世也得到了庄严哀悼，也委托制作了莫泊桑（Maupassant）这些城市时尚作家作品的精致版本。这可不是乡巴佬的运动。工作服和烟嘴根本不相配。然而，这场运动有一个重要的区域前哨站。位于洛林附近的南希城似乎受到了日耳曼文化一定的影响，成为新艺术运动的先锋，其中包括一群装订师，他们激进又丰富多彩，受到自然形式的启发，“藏书家”经常需要他们。

新派藏书家经常在阿瑟纳尔图书馆碰面，在那里他们阅读过去黄金时代的书籍来造访创造力的源泉。然而，他们强调实用胜过美丽，这个图书馆属于一个装腔作势的收藏家，乌扎尼说这个原始的图书馆“仅仅是一个皮革厂”，里面有未读过的书籍和未剪过的书页。

这场运动在英国引起了注意，英国伟大的儿童作家安德鲁·朗格并不是唯一一个察觉到犹太人密谋抬高书价的人。令人失望的是，他注意到新派藏书家中有许多“以色列的孩子”。伦敦人亨利·阿什比（Henry Ashbee）的态度更积极，他羡慕藏书家及其类似的衍生社团快乐又有活力。一位记者注意到，英国读书会提供的是“冷点和瓶装啤酒”，而法国人则享用“令人愉快的小晚餐……然后是柑香酒和雪茄”。

在这一环境之外，罗伯特·孟德斯鸠伯爵就像林间的兰花一样诞生于1855年的伦敦。这位爱书人长期以来一直是19世纪末颓废的标志，他超越了乌扎尼，使唯美主义成为一种生活方式。一位游客为他画了一幅特点突出的小像：

他身材高大，黑头发，蓄着恺撒式的小胡子，以一种奇怪的态度又尖叫又咯咯笑，而且咯咯笑时音调很高，把他的黑牙藏在一只戴着精致手套的手后面，非常装腔作势。

衣服反映了他的情绪，就像作家伊丽莎白·德·格拉蒙特（Élisabeth de Gramont）解释道：

> 一个明亮的春天早晨，我靠在阳台栏杆上俯视着大街，突然我被一个高大优雅的人的外表吸引住了，他穿着鼠灰色的衣服，向我的方向挥舞着戴着讲究手套的手。他出现时很可能穿着天蓝色的衣服，或是他那件著名的杏仁绿衣服配上一件白色天鹅绒马甲。他挑选服装是为了配合心情。

对于当时来访的伦敦人来说，他可能是个“怪胎”，但在21世纪这个屈从市场趋势的时代，他似乎有某种东西。他启发了普鲁斯特和于斯曼（Huysmans），而且把魏尔伦（Verlaine）和德彪西（Debussy）算作他的朋友。

他意识到德国人的想法是让你的生活成为一件艺术品——一件总体艺术品。受埃德加·爱伦·坡的文章《家具的哲学》（*The Philos of Furniture*）的影响，他把自己楼上俯瞰塞纳河的公寓变成了“我灵魂的镜子”，里面充满异国情调地摆满了日本风家具和书籍。我们中的许多人环顾自己的住所，看到的不是一面心灵的镜子，而是一系列破烂的妥协、传下来不太爱的垃圾、破掉的东西、挥之不去的宜家便宜货，早已破灭的爱的小饰品——扪心自问，有没有人拥有他们真正想要的窗帘？

这位伯爵坚持认为，室内装饰具有他所谓的“治疗价值”，但前提是必须充满友谊和故事。大规模生产已经过时了。他解释自己“本能地开始寻找”的东西是什么，那是“有一种联系，几乎是一次对话中的一组对象”，能“传达到灵魂”。这与数百万我们这样的人现在拥有的东西相去甚远——几本企鹅出版社的书籍放在宜家的比利书柜里，旁边是从阿尔迪超市买来的蕨类植物。那间公寓的重要之处是它在楼上，远离喧嚣的街道。楼上作为一个读书的地方在这本书中出现了很多次。它宁静甚至封闭，你经常从楼上看到的遥远地平线让你的思想更自由了一点。伯爵的公寓的重要之处，也在于楼下的河流和河边粗俗却招人喜欢的书摊，以及几扇门之外的外交部对话。他离开奥赛码头，搬到第16区的帕西后气氛再也没有那么好过了，后来他住在塞纳河边一个小行政区维内特的城市边缘，他在那里为自己的书籍建了一个特别的温室。尽管他在那里举办了盛大的聚会，并建造了一个称为“隐士”的独立书亭，但这一切都和冲积土、牛、郊区有关。

19 世纪 90 年代的精神屈从于一种文化沼泽，上面布满了弥漫欧洲的迷雾，这是一种哄骗心理和军国主义的有害混合物，在佛兰德斯转化成现实中的芥子气。在巴黎，让 - 马丁·沙可（Jean-Martin Charcot）写了一篇关于恋物癖收藏家“生殖器倒转”的文章，然后德国的克拉夫特 - 埃宾（Kraft-Ebing）和伦敦的哈夫洛克·霭理士（Havelock Ellis ）说，这些精神失调的人是潜在的同性恋者。一位居住在巴黎的匈牙利医生马克斯·诺尔道（Max Nordau）也通过他的著作《堕落》（*Degeneration*，1892）加入了辩论。作为德国军国主义的崇拜者，他抨击唯美主义者表现出的“堕落的病理”。他特别厌恶奥斯卡·王尔德，认为他的衣服代表着“病理性的精神失常”，他的作品是“模仿”，他的性行为是病态的。

诺尔道的书大受欢迎，在 6 个月内发行了 7 个版本。在奥斯卡·王尔德受到审判之前，英译本就出来了，激起了人们对他严厉判决的渴望。雷丁监狱里的艰苦劳动不仅是一种惩罚，也是要让他有个男子汉的样子。

20 多年来，这本书一直是唤起欧洲男子气概的号角。诺尔道博士留着家长式的大胡子，似乎已经诊断出欧洲流行着一种软弱病。在英国，他的作品用来解释布尔战争的失败。就连与诺尔道同样信奉犹太教的人也太软弱了：他开创了一个新的阳刚犹太教——*muskeljudentum*（德语），还将在乌干达建立一个阳刚气十足的以色列国，在那里复兴愚昧的班图人。这个有缺陷的想法遭到了一个人的激烈反对。1903 年，居住在巴黎的俄罗斯犹太人柴姆·鲁般（Chaim Luban）意图暗杀他，在近距离朝诺尔道开火，高喊："东非的诺尔道死了！"诺尔道活了下来，鲁般被列为精神病患者。

这些唯美主义者有多堕落，诺尔道对他们内心的斥责就有多严厉："这些房子里的一切都是为了刺激神经……脱节和对立的效果……一切都是不一致的，任意而为的混乱。"他写道，在这种混乱中，书籍可能是"反社会的"，会腐蚀整整一代人产生。

在诺尔道式的迷雾中，另一种有毒的东西是优生学，即认为智人可以通过绝育不再生出像王尔德和孟德斯鸠这样软弱的家伙，没有他们人类就可以继续建立一个由健全的资本主义战士组成的超级种族。哈夫洛克·霭理士是优生学协会的杰出人物。1891 年，"同性恋"一词在法语中流行起来，成为一个新的令人讨厌的词，同时认为唯美主义者书籍收藏家离经叛道的消极观点也深入人心。

孟德斯鸠无法消化这一切。1914 年他逃离了巴黎，作为第四个火枪手的后裔，他前往了达达尼昂（d'Artganan）的祖宅，他在里维埃拉的曼顿度过了冬天，1921 年在那里去世，被人遗忘。他的书籍在拍卖会上卖掉了，当他听到那三卷拍卖目录本身现在就是受人追捧的收藏品时，他会音调很高地大笑起来。

隐藏的女性

当女性也要求她们的权利时，19 世纪的社会却几乎没有像对待工人那样，把选举权和教育权扩大到她们之中。

1875年，大英帝国有了获得学位的第一位女性（于加拿大蒙特爱立森大学），一年后，美国、荷兰和意大利的大学录取女性。1880年，法国女性才能免费接受中等教育或进入大学。1910年，英国有了第一位女性语言教授。

男性对此的反应各不相同。1897年，一家法国杂志将对女性骑车的恐惧和认为她们对男性的书籍有威胁的想法结合起来。杂志刊载了一幅不同寻常的卡通画，画上汗流浃背的女性骑自行车从旧书上碾过去。一些书商遁入了厌女症，或把书籍性别化来凸显自己的支配地位。他们笔下的纸像女人的皮肤一样柔软，还把寻找书籍比作性征服。1904年，巴黎法国剧场的导演坦言，他“像情人一样”抚摸自己书籍的封面。泰奥菲尔·戈蒂耶（Théophile Gautier，1811—1812）是两个女儿的父亲，曾是一位著名作家，却更令人不快，因为他享受着“象牙刀在书籍未裁页上的挑逗；这就像是童贞，不论是哪种破处，总是令人愉快的”。爱德蒙·德·龚古尔（Edmund de Goncourt, 1822—1896），承认了软装书的“魅惑”，而法国有以他名字命名的图书奖。戏剧评论家阿道夫·布里森（Adolphe Brisson，1860—1925）抚摸书籍能获得一种“近乎情欲的快乐”，甚至是一种“享受”，或者说高潮。

女人们似乎从来没有以这种性政治的模糊方式来看待书籍本身，她们通常对书籍的内容更感兴趣。1886年，安德鲁·朗格感到绝望：“我记得，我看到过一本私人印刷的牛皮纸小说，被交到一位喜欢文学的女士手中。她把书拿到火上，牛皮纸封面立刻就卷起来了。”

四年后，一位法国男人哀叹道，这些女人会厚脸皮地找到一个舒适的角落，让自己沉浸在书中："她坐在低矮的椅子上，把最美丽的封面靠近炉火。"

到了 19 世纪 90 年代的塞纳河，"女中学老师"把奥克塔夫·乌扎尼惹恼了，她们

> 非常彻底而迅速翻阅了所有陈列的书籍，独占了书摊，把那里当作她们的安身之处，甚至在阅读时记笔记，然后漫不经心地把书籍扔到一边。

她们可能是在一个匆忙的午休时间才能偶然行使她们浏览并沉浸于文字的权利。乌扎尼同样不顾自己的优越地位，嘲笑她们为一本书讨价还价，仿佛买的是小龙虾或鸡。

现在不论男女都会折叠书页的一角做标记，但过去认为这种行为是女性的恶习，是与文本互动的一部分，对少数有话语权的男性收藏家来说很陌生。1896 年，一位巴黎记者写道，妻子们用折叠书页角的方式"给丈夫戴绿帽子"。

女权主义者伊莲·肖沃尔特（Elaine Showalter）说，感觉这十年是"性无政府状态"的爆发。女性确实收集书籍并成为书籍史专家，这既是一个英雄的故事，又是一个隐藏的故事。在 19 世纪 90 年代的巴黎，朱丽叶·亚当（Juliette Adam）是一位警察的妻子，也是一位女权主义者，奥克塔夫·乌扎尼描述了她怎样以"优雅和才智"在书籍之友俱乐部的"黑色燕尾服之间"塑造了一个受欢迎的形象。布兰奇·哈金（Blanche Haggin）是旧金山的一位书迷，她把苏菲派诗人哈菲兹（Hafiz）的诗用波斯语翻译过来，她的会员身份让同时

代的人耳目一新。年轻的女演员朱莉娅·巴特（Julia Bartet）也加入了俱乐部，她一直活到1941年，是第一次世界大战前欧洲的“美好年代”最后的幸存者之一。热爱书籍的波希米亚人利奥汀·利普曼（Leontine Lippman）是俱乐部的另一个成员，对这十年的美学研究足够深入，成为《追忆似水年华》（*À la recherché du temps perdu*）中的一个人物。令人惊奇的是，他们竟然费心加入了对女性会员比例有限制的社团，在当时的书籍俱乐部里，女性会员的比例限制低至10%。

在90年代真正的矛盾风格中，乌扎尼设定了这个比例限制，但仍然觉得他从根本上颠覆了前一代歧视女性的收藏家，那些人是“疯了的老偏执狂”。他鼓励他的律师朋友欧内斯特·昆廷-布沙特（Ernest Quentin- Bauchart），写了两卷《法国女性爱书者》（*Les Femmes Bibliophiles de France*，1886），另一位藏书家成员艾伯特·西姆（Albert Cim）写了《女性与书籍》（歌颂法国女性爱书人）和一本关于玛丽·安托瓦内特（Marie Antoinette）图书馆的书籍。与纽约藏书家的格罗里埃俱乐部（成立于1884年）和芝加哥的卡克斯顿俱乐部（成立于1895年）相比，乌扎尼和他的伙伴们堪称包容的典范。然而，这并不是说女性都不喜欢书籍，她们仍然是书店主要的顾客，只是她们更加安静私密，就像本章中几位女性所展现的那样。

发现最古老的印刷书籍

当西欧还在摆弄19世纪末颓废的概念时，一个像牦牛一样强壮的小匈牙利人正在中亚从事收藏，并且书写了历史。

中国道士王圆箓出生时维多利亚女王30岁，英国正进入蒸汽火车时代。像许多流浪的托钵僧一样，他靠乞讨为生，但在 19 世纪 90 年代，他的生活有了一个新目标。他参观了中国沙漠之中的莫高窟，那里在加尔各答向北 2000 英里。即使是现在乘火车从最近的城市到那里也要 29 个小时。像所有的游客一样，王道士对岩石上凿出的 490 座寺庙大吃一惊，这么多寺庙给了这个遗址一个通俗的名字——“千佛洞”。如今这里仍然是朝圣者和旅游者的热门目的地，王道士参观这里时这些寺庙状态不佳，因此他自愿献身成为这里的保护者，他清除了一些石窟里填满的沙漠沙子，修复壁画，甚至委托别人绘制新壁画。他常常用尽布施与乞讨，但现在这些钱财只有一个用途——石窟。

这些洞窟记录了中国的历史，作为佛教冥想场所和寺庙已有近 2000 年的历史。在佛教中，手写与印刷文字的重要性与其在其他宗教中的作用大不相同。背诵和书写佛法本身就能积累功德。用伦敦东区人的说法，这些写上文字的纸张就会变得“火热”。我的一个朋友是铁杆佛教信徒，给了我一系列各式各样的活佛、喇嘛和仁波切的信让我烧掉，因为他不像我有一个壁炉，而这些信纸不能扔进垃圾车。真正的佛教徒不会把一本佛法书（佛教教义）放在地板上或另一本书下面，在厕所里读这样一本书是绝不可能的。

你设计展现佛法的方式越持久、越广为人知，你获得的功德就越大。在拉达克，我看到了绵延数英里的经文雕刻。最极端的方式出现在中国神圣的泰山，正是在这里，一位叫静琬的僧人（于 631 年去世）在石窟里刻了 400 万字的经文。他知道这些石窟有利于抵御天气侵扰，但他更进一步，在一些石窟上安装了窗户，并封闭了地下的雕刻室，用宝塔标出了它们的位置。出于类似的业力考虑，日本推古（Shotoku）女天皇委任 100 万名祈祷者，进入国际象棋棋子大小的宝塔里，而这些宝塔遍布日本全国。仅仅写下佛经就能有福报，反复抄写就更好。因此印刷能得一个福报头奖。

有一天，王道士正在修复一幅岩洞壁画，突然意识到这幅壁画掩盖了一堵人造墙。一些报道说，他注意到香烟的烟雾消失在裂缝中（波音公司过去就用香烟来测试机身的完整性）。他破墙而入，在他那盏小油灯的昏暗光线下，他看到另一个约 2.7 米见方的山洞，里面堆着约 3 米高的卷轴。这项考古发现与霍华德·卡特（Howard Carter）进入图坦卡蒙（Tutankhamun）陵墓不相上下：这些卷轴可以追溯到 4 世纪到 11 世纪。王道士多次试图引起当地官员对这个藏经洞的兴趣，但他们兴致缺缺，只是让他看守石窟。

这个拥有 5 万卷文档的藏经洞基本上是一个宗教档案馆，其中包括一卷印刷于 868 年的《金刚经》卷轴。这一版本的佛经最初写于 2 至 5 世纪，是世界上最古老的印刷书籍，也是中国唐代的典型产物。在唐朝皇帝和女皇的统治下，女性在这个时代非常突出，伴随从牙齿填充物、厕纸到钟表的一系列创新，文学和印刷业蓬勃发展。《金刚经》的幸存几乎是奇迹：沙漠干燥的空气使它保持了极好的状态。"金刚"是指佛经那种能够减少错误观念的力量，这是一个大乘佛教的核心文本。有趣的是，由于大乘佛教崇拜这本书，佛教规定无论这本《金刚经》在哪里，本身就是一个圣地，是一个通向宇宙真实的虫洞。因此，这本书现在位于圣潘克拉斯车站附近的大英图书馆 8210 号书架，如果可以到达那里，那里可能会有一个长长的队伍，就像 91 米外《哈利·波特》里国王十字车站的九又四分之三站台一样。

在大英图书馆《金刚经》出版的时候，中国人普遍与书籍有大量的身体接触。诗人柳宗元在打开他朋友韩愈的诗之前要用玫瑰水洗手。

在石窟中发现的其他纸质版佛经展现了它的愿力：一卷是一个农民为他的牛许愿获得更好的转世，另一卷是一位女性希望逃离荒芜沙漠回到国都，还有一卷是一名官员为了升官花钱买的，第四卷因为在遥远的国都吃蛤蜊而赎罪。对理查德·道金斯（Richard Dawkins）来说，这也许是一个悲观的想法，正是因为这种重复和传播佛教教义的愿望使印刷业兴起，就像基督教改革推动了欧洲的印刷革命一样。

如果《金刚经》的发现者王圆箓值得更多人了解，那么《金刚经》的印刷者王玠也值得更多人了解。他是第一个在历史上留下姓名的印刷工，这个名字动人地记录了在868年“代表他父母”印刷的这本书里。两卷册的《牛津书友》（*Oxford Companion to the Book*，1400页，900英镑）中没有提及他，甚至在中国部分里也没有。

王玠的技术是慢慢发现的。公元前200年左右，中国发明了纸，当时纸是用破布、树根或旧渔网制成的，但王玠用更耐用的桑树皮做了这本经书长五米的卷轴。过去人们一直认为这张纸是随着时间推移而变黄的，直到快原子轰击质谱等名字奇妙的技术揭开了它的秘密。这种颜色是故意用黄柏树的树汁染的。这种树汁中含有一种叫小檗碱的化学物质，除了用在中药中治疗多种疾病外，还起到杀虫、杀菌和防水的作用。轰击并未揭开王玠所有的秘密，因为最近在染料中发现了另外两种化学物质，它们的植物来源还未确认。这种持久的黑墨水是由油烟制成的，你可以在大英图书馆的网站上看到整部经书，细节部分可缩放。红墨水来自茜草根部，这很容易从老植物中提取，但很难变成持久的染料。

所有这些工艺都是为了让经书日常使用时方便耐用。佛经不是为收藏家或国王准备的，所以你可能想知道，为什么在这本书印刷后两百年也就是西方历史上的黑斯廷斯战役之前，这个石窟才被封上。你的猜测和我读过的所有的学者猜测一样，这些猜测都暗示着是因为战争威胁或秩序崩溃。如果一个人读佛经有困难，这会被看作佛陀在其中给出了指示，表示着他认为佛教将要经历的阶段。他预感到自己的教义会腐化、停滞，会有各种起起落落。当然，鉴于上述泰山的密封卷轴室，应对方法是将《金刚经》隐藏在一个干燥的石窟里，保存在沙漠干燥的空气中，《金刚经》重现天日时就能用到需要它的地方，而这个地方很可能是在20世纪混乱的伦敦。因为《金刚经》的其他特点，一行禅师称它为“最古老的深层生态学文本”。这本书连同莎士比亚的《第一对开本》（*First Folio*）和《英国大宪章》（*Magna Carta*）一起被奉为“大英图书馆的宝藏”之一，却可能只是一颗仁慈的定时炸弹。

在写这篇文章的时候，我做了一个这样的梦。大英图书馆组织了一个国际研究小组研究莫高窟。我工作到很晚，在网上翻阅了25年的研究档案，正看到了一个专门介绍《金刚经》各个方面的部分，网站却崩溃了，所以我上床睡觉。那天早些时候我也读了整本经文。像大多数人一样，我梦到无聊的琐事或有焦虑的感觉，但凌晨三点，一个生动的梦惊醒了我，梦中一个漂亮的树墩上，一只五子雀变成了一只翠鸟，又变成了一只小翠鸟，再变成了一个0.6米直径的环，环上联锁的小翠鸟，像照片一样直立着，而且慢慢地旋转。我粗浅的研究表明这是一个坛场，这个圆圈保证着出现在每一个宗教传统中的完整性。翠鸟，或称为“神翠鸟”，在西方是和平时期的先兆，也是大自然风暴的平息者。

前面提到的《牛津书友》这本书，和其他所有关于莫高窟藏经洞的记载一样提到了它的“发现者”，但不是王圆箓，而是在匈牙利出生的考古学家奥利尔·斯坦因爵士（Sir Aurel Stein）。他是“发现者”，就像哥伦布（Columbus）发现了美洲，库克船长（Captain Cook）发现了澳大利亚一样，好像他到达的时候没有人知道那里一样。对于许多中国人来说，斯坦因怎样以130英镑的价格买到这部经书和50箱卷轴是一个黑暗的故事。王道士用这笔钱对石窟进行了进一步的修复，而他告诉王道士，这些经书会去“一座伟大的学问神殿”（大英图书馆）。

空空如也的石窟，1900—1920

斯坦因来访后，王圆箓从其他几位来访者那里拿到了报酬。1908年，年轻的法国人保罗·伯希和（Paul Pelliot）掌握了斯坦因所缺乏的古代汉语知识，他拿走了3万本书籍和手稿，现在大部分都在法国国家图书馆。这其中包括独特的九世纪《本生经》，或者说是一本寓言，用过去未知的塔吉克人粟特语写成。他用照相储存器记录了他留在山洞里的许多卷轴。这些卷轴的历史和数量都非同一般，以至于在巴黎人们一度指责他为骗子和幻想家，认为他带回法国的卷轴是赝品，直到斯坦因发表了自己的研究成果，并公开证实了伯希和关于石窟的说法。

几个德国探险队将卷轴和雕版印刷书籍安置在柏林民族博物馆，却遇到了很多坎坷，在战争期间它们被藏在三个盐矿里，然后在分裂后的东、西柏林之间重新分配，过程中有很多损失，最后于1989年分散在多个德国机构中。

富有的27岁日本伯爵大谷（Otani）是一位真正的佛教徒。他在第一次世界大战前拜访了王道士，买了369幅卷轴，但由于卷入了日本的金融丑闻，他卖掉了自己的藏品，将藏品分给了中国、韩国和日本。

1914年，俄国人谢尔盖·奥登贝格（Sergei Oldenberg）购买了300多幅卷轴，现在保存在圣彼得堡的东方文献研究所。

1915年，一位在上海的丹麦电报员亚瑟·索伦森（Arthur Sorensen）决定经由莫高窟回到哥本哈根的家中。他从王道士那里买了14幅唐代石窟卷轴，最终被保存在丹麦皇家图书馆却基本受到忽视，直到1988年才编入目录。

即使经过这么多的掠夺，中国仍保有1.6万份石窟手稿，其中8000份是中国北京学部的官员傅宝书在1910年保存下来的。

王道士继续住在莫高窟，就在藏经洞对面的一间小房子里，直到1931年去世，享年83岁。他既受到历史学家的尊敬，又遭到历史学家的唾骂，就像1907年进入他生活的那个小匈牙利人一样。斯坦因打算继续实现他进入阿富汗的梦想，1943年开着一辆吉普车来到阿富汗首都。他在冰冷的喀布尔博物馆中受了寒，健康情况每况愈下，在美国大使馆去世，享年80岁。他的坟墓在喀布尔，现在那里杂草丛生。

古版书收藏家玛丽

古版书：印刷于1500年以前印刷术初期的书籍。古版书收藏家：收藏古版书或对古版书感兴趣的人。

——《牛津英语词典》(*Oxford English Dictionary*，1933)

我是在“古版书”中长大的，是这个词，而不是这个词指的东西。我父亲经常谈论古版书，尽管他周六沿着波多贝罗路搜寻时从来没有发现过，他似乎认识那里大多数的商人。他拥有最早的书籍出版于1543年，我现在把这本书放在弗莱曼，哈迪 & 威尔斯的莫卡辛软皮鞋鞋盒里（不顾我兄弟对那些开创性的鞋类的嘲笑而保存）。这本书是一个蹒跚学步的孩子，而不是一个印刷书的摇篮年代来的婴儿。

在我年轻时的想象中，这些“襁褓期的书籍”有一种脱离现实的气场，就像月球上的石头一样，人们说起过却从未见过。即使在今天，我在大英图书馆画廊里隔着玻璃只看到一两本。作为一个连锁书店的书商，我怀疑我是否有必要的宣誓书来获得持有一本古版书的经营许可。我在网上的“预注册”止步于提货单要求我从下拉菜单中选择我的附属机构，里面没有“其他”这一选择。我加入的唯一一个机构是1961年道路安全主题的塔夫蒂俱乐部，这个我精挑细选的俱乐部由一只红松鼠主持，它感知危险的技能无与伦比，但这家俱乐部却不在下拉菜单上。

印刷品问世后的几十年里，人们对古版书的兴趣微乎其微。人们认为古版书太原始了，就像手斧对上了萨巴蒂尔刀具。大多数的古版书离开印刷机时还没有完全完成，而是准备好加上装饰。即使在那时，古版书也常常被视为伪造的手稿。一些像乌尔比诺公爵（Duke of Urbino）这样的大收藏家，拒绝在他们的图书馆里收藏任何一本古版书。但大约从 1650 年开始，一些行家意识到古版书是稀世珍宝，它们通常是手工装饰的，在机械化令人惊奇的时代是一件艺术品，那个时代保留了许多手稿美学，融合了热金属和羽毛笔、印刷文字和艺术。许多古版书或是佚失或是屈服于时间的消磨；其中大约 27% 的古版书就是因为仅存一本而为人所知。在 19 世纪 80 年代，朗格多克一位女性图书管理员开始认真研究古版书的踪迹，她就是盖伊·巴拉尔（Guy Barral），称古版书为“狂热的激情”，但“只有少数关注古版书的人知道”。玛丽·佩莱切特（Marie Pellechet）已经从历史中销声匿迹，被更为浮夸或健谈的收藏家所掩盖，尽管她学术作品的贡献远远超过许多父权制中徒劳的喜鹊。她开始了整理古版书的目录，并制定了沿用至今的标准。

她自己也部分导致了她的默默无闻。像恩利塔克·赖兰兹和弗朗西斯·柯勒·贝尔（Francis Currer Bell）一样，玛丽努力保存的是她的收藏，而不是她的名字。最近在蒙彼利埃发现了朱尔斯·特鲁巴特（Jules Troubat，法国国家图书馆的图书管理员）的一封信，这封信是在她 1900 年去世后写的，是对她很好的描述（以下是我的翻译）：

> 佩莱切特小姐是一个好女人，她很慈祥，做好事不卖弄，为人很谦虚，很简朴，非常精通古版书。这是她的天职……我们法国国家图书馆非常尊敬她。

特鲁巴特的信是在回复一位想了解佩莱切特的研究人员。令人干着急的是，他说图书馆里确实有一些她的档案，而且“我可以拿到有关她的文件，只是这对我来说很麻烦，因为我在下面的阅览室里”。1900 年《泰晤士报》的一则讣告也支持特鲁巴特的温暖话语：“对认识她的人来说，她是一个好朋友，一个最令人愉快的幽默记者。”

她的故居位于巴黎北郊，在一条主干道上，现在那里的环境很差，但当时是充满田园风光，位于马利森林的边缘，毕沙罗（Pissarro）曾经画过这片林地，现在一分为二了。在这里，年轻的玛丽迷上了科学，有一天她展示了自己的魄力。因为玛丽的母亲非常担心她，觉得她身体有点不舒服，就派人去送了药。年轻的女孩认为这是没有必要的，她跑到花园里，坐在井边，威胁要跳下去，而不是接受处方。母亲让步了，而玛丽自然康复。

她与当地牧师的通信使她对旧书产生了兴趣，她想知道最早的印刷者的语言，于是自学了德语。那时巴黎刚经历过恐怖的战争，一个十几岁的孩子竟能公然反抗当时对德国的恐惧，这很了不起。此后不久，她学习了拉丁文和意大利语，而且个人稳定地支持女权主义和和平主义。

作为独生女，她在书中写道，建筑师父亲的不懈付出和“对法国的爱”（l'amour de la France）激励她开始了一个主导她一生的项目——整理法国所有古版书以及邻国德国、意大利大部分古版书的目录。她从巴黎的四大档案馆开始，然后访问了 178 家地方图书馆。对她来说，这就像《夺宝奇兵》（*Indiana Jones*）一样令人兴奋。她描述了她对阅览室日益增长的喜爱之情：

> 在这宁静的气氛中，我感到了一种用法语无法表达的尊敬与害怕，虔诚而神秘，英语中有个词很贴切——敬畏。当我把书放回书架上，走到门口时，我几乎觉得自己离开的是一座神庙。

她意识到她需要迅速记录下那些状态多变的书籍，所以她掌握了新的摄影艺术。她凭着科学精神和坚定决心，做到这些轻而易举，并且她对待这些的态度非常认真。她发明了“一种特殊的摄影器材”来拍摄书籍，大英博物馆向她收取拙劣书籍照片使用费用，50 先令一张，她非常恼火，就给它们寄去了用她的发明拍摄的照片，并建议它们“任何木匠都能为你们造一个，只要花一点钱”。她的大量设备放在巴黎工艺博物馆，与福柯的钟摆在同一个地方，她的照片独具神韵，除了在她的摄影书籍里，还出现在它们不太可能出现的地方。普罗旺斯艾克斯的图书馆网站上有该镇的城市景观：农场马车被时间冻结在广场上，被遗忘的普罗旺斯在上面的窗户上。一位照片墙（Instagram）用户把其他图片剪碎做成拼贴画。

尽管她努力争取官方资助，主要得到的却是公共教育部的书面鼓励，但她还是向法国国家图书馆捐赠了许多濒危的古版书。她的寻书苦旅令她筋疲力尽。她成了偏头痛的牺牲品，脸上大部分皮肤会定期暴发罕见的皮肤炎症。1878 年，一位朋友请求她不要再“在雨雪、大雾和严寒中”旅行，在炉边休息。她回信说：“你以为这是《波诺伊顿家族》（*The Benoiton Family*）吗？”在那出流传已久的法国滑稽剧中，一位专横的父亲不准他的女儿独自出门。他们回答道："哎呀，你真是个法国爸爸！为什么我们不能像在美国那样一个人出行呢？"

玛丽描述了她对古版书的痴迷："每天待在图书馆的时候是我一天中最美好的时光，我必须小心不要让我的大脑和心灵太过全神贯注，以至于忘掉了吃饭。"她的旅行来信尚未用英语出版，证明了她有女性骑行者德尔夫拉·墨菲（Dervla Murphy）的耐力和比尔·布莱森（Bill Bryson）对人类愚蠢行为的幽默。她的这些信比她哥哥晦涩难懂的《意大利的来信》（*Letters From Italy*）好多了，而这本书是她编辑出版的。与一些内向的收藏家不同，玛丽为人们的盛大庆典欢欣雀跃。她对"小人物"的偏爱，引起了不止一位评论家的注意。

经过阿基坦时，她遇到了一个名叫菲利普·拉罗克（Phillippe Larroque）的村民，他已经悄悄积累了6000本旧书。他成为一名终身通信员，并在1866年成立了一个读书俱乐部，至今仍在波尔多图书馆有聚会。拉罗克对她忠心耿耿，并以迷人的笔触引诱她离开纵横交错的旅程，再次来拜访她：

> 让我们再次见面吧，不要像流星一样一闪而过，稍纵即逝令人徒生遗憾。给我们两个星期，如果那显得太轻率，就至少一个星期。我们起码需要那么多时间。你在这儿可以呼吸到新鲜空气，这对你有好处。你可以把我家当作自己家来住。你想在这里待多久都可以，我会在我简陋的图书馆里专门为你设一张桌子。我们可以一起散步来增大食欲。你喜欢羔羊肉吗？现

在它像露水一样嫩。你喜欢吃鸡肉吗？我们的鸡肉特别好。

玛丽确实经常去拜访菲利普，大火烧毁了他的藏书后，她用书籍来安慰他。他写道这一打击使他心情低落，还“导致了大脑萎缩”，过去几年都“忧郁而悲伤”。这个人感到玛丽给他的乡村生活带来了他急需的智慧和活力。

在发现勃艮第附近散布着许多古版书之后，她找到博讷的主教，想去他的图书馆：“他不把我的能力当回事，对我的研究和我在他教区像唐·吉诃德一样的旅行笑了个痛快。”她并没有气馁，发现主教的图书管理员愿意让她在早上六点溜进藏书室。在那里，她发现了许多宝藏，大部分都是以前没见过的，因为就像她仁慈的话，图书馆目录“‘需要不断编写’，这里引用了黑格尔先生的话”。

在苏黎世，玛丽有了更多的发现，虽然图书管理员又老又聋，她向他提出要求时不得不大喊大叫。在这里，成堆的古版书被带到了她的办公桌上，而她连续 10 个小时“鼻子都不抬”地工作，直到敞开的窗户飘进了礼拜唱诗。在瑞士的阿尔卑斯山，她在修道院的图书馆里发现了隐藏在高高山谷中的宝藏。她知道的通常比遇到的图书馆馆长还多。她早上五点起床去一个州立图书馆时，她发现看守图书馆的是“一个普通的工作人员，年老、暴躁、业务不熟，而且很聋”。经过 7 个小时的步行，她到达了下一个村庄，似乎没有人拥有通往寂静修道院的钥匙。但是一个路过的农民把玛丽带到一幢老房子里，那里住着一个乐于助人的钥匙管理员。他穿着 18 世纪风格的及膝马裤、黑色长袜和礼服外套：

他毫不尴尬地接待了我，但我好不容易才忍住不笑他那套卢塞恩服装。“夫人，您真是个无畏的旅行者！”他喊道。

到了热那亚，她遇到的馆长没那么热心，但她的反应很宽容：

这里有一个教会的图书管理员，长着长而尖的鼻子和白头发，身材干瘪瘦削。一看到我，意识到图书馆的大门向着街道敞开着，他就站起来瞪着我，轻蔑地指了指打开的图书馆门，说：“女人不许进来！”一开始我被惊呆了，但接着就突然大笑起来，低下头走了，我猜那可怜的教士恋爱时运气不好——当然是在进入圣职之前。

在另一家热那亚图书馆，玛丽遇到了一位肥胖的图书管理员，他只懂意大利语，穿着教士服，她发现自己的性别和40岁的年龄都被他视作威胁：

教士说：“但是夫人，我不能让您在这里学习！”

玛丽问：“可这是为什么，教士先生？”

教士说：“因为年轻人。”

（我环顾四周，看到学校组织的旅行中有几个十岁左右的小淘气。我以讨好的语气回答……）

玛丽说：“哦，好了，先生，我对这些先生们并没有威胁。我老了——看看我的眼镜！让我在这里学习吧，求您了。”

（小个子男人笑了笑，但还是引述了一些规定。）

教士说："嗯，我想你可以向馆长请求在图书馆关门时工作。"

虽然她提出了这个要求，但她只能看图书馆的目录。她在罗马时来运转，成为梵蒂冈的第一位女研究员，一位戴着绿色塔夫绸眼罩的图书管理员很欢迎她。在佛罗伦萨，这位和蔼的馆长一直开放图书馆，直到她完成调查。返回法国之前，她在帕尔马和锡耶纳发现了更多的古版书，在那里她与她的笨重的相机一起去了里昂、第戎、阿维尼翁和蒙彼利埃的图书馆。她在最后一座城市这个古老的学府中受到的慷慨接待播下了一颗感恩的种子，这颗种子后来花团锦簇，她把她的个人图书馆捐赠给了城市档案馆。在一次德国寻书之旅后，她收到了朋友吉尼亚尔先生（Mr. Guignard）的另一个请求，让她放慢脚步，照顾好自己，因为上帝给她的健康身体是有限的："大力神都比不上你，这样的活动！这样的火车旅行！这样的活力！你永远都在行动。"

1896年，她停下来为一家流行的报纸写了一篇题为《图书馆之火》（*The Fire in the Libraries*）的辩论性文章，引起人们注意到许多法国收藏品管理草率，并谴责某些大学为了牟利而变卖古版书。她自费出版的《古版书总目录第一卷》（*General Catalogue of Incunabula, Volume One*，1897）为她赢得了新的尊重，甚至连耳朵最聋、脾气最暴躁的馆长也不例外。现在凡尔赛宫图书馆成了许多邀请玛丽前来的欧洲图书馆之一，希望让她评估自己的古版书。1899年，法国教育部部长任命她为法国国家图书馆名誉图书管理员。在那个图书馆里，与她曾遭受的性别歧视形成鲜明对比的是，晚年的她每天总是受到欢迎：

> 所有的常客都认识这位女士，在打开的门边，她就坐在阅览室里的老位子上，送信的小伙子们热心地为她服务，图书管理员们也对她表现出极大的敬意。

她这个阶段的生活更安定一些，她开始的一项倡议恢复了她早期对科学的兴趣。肆虐的白蚁破坏了巴约纳图书馆，她因此开始认真研究威胁书籍的昆虫。一项表彰这一科学分支进步的奖项以她的名字命名。在政治上，她始终是一个狂热的自由主义者，她反对布尔战争，并强烈谴责德雷福斯事件透露的反犹太主义。

在她写给老朋友吉尼亚尔的最后一封信中，她展示了所有这些旧书也就是“她的职业”非但没有死亡，反而减轻了死亡的刺痛。这段话是任何爱书人都可以欣赏的挽歌：

> 别担心我的工作榨干了我的灵魂。我对书籍的材料从来没有太多兴趣；只有文字触动了我的灵魂。与这些文物的不断接触让我想起了那些曾经触摸过这些书籍、读过这些书页的人，那些用手指描绘过这些线条的人。这让我反复思考死亡是多么顺理成章。

玛丽 62 岁时卧病在床，由她 24 岁的门徒路易斯 · 波林（Louis Polain）照料。比利时人波林在莱比锡的哈拉索维茨书店（现在还在营业）学做书商这一行。他已经和玛丽合作完成了《古版书总目录》，并打算继续下去。玛丽握住他的手问：“我能托付于你吗？”他回答道：“能，我保证。”1909 年，他完成了玛丽的大作的第二卷和第三卷，很大程度上利用了她的笔记。

不久之后，古版书收藏家的单纯世界在 20 世纪的政治中不寻常地遭到扫荡。古版书代表了优秀的文化，尽管意大利语是最优秀的，但德国还是印刷古版书的先驱。当德国人在 1914 年 8 月入侵比利时时，他们的头等大事之一就是开始清查该国的古版书。从 1898 年起，德累斯顿的图书管理员康拉德·海布勒（Konrad Haebler）就开始为德国古版书编目，从 1904 年起，他编写《世界古版书目录》（*Gesumkatakog de Wiegendrucke*），这是一份拟议的世界古版书名录。这个项目带有文化帝国主义的色彩，由普鲁士文化部部长弗雷德里克·奥尔索夫（Frederick Althoff）正式赞助，他领导了被兼并的阿尔萨斯 - 洛林的普鲁士化，建立了斯特拉斯堡大学。他因他圆滑的“秘密外交”出名，他的一位对手说他是一个冷酷无情的阴谋家，假装成一个“威斯特伐利亚农民”。古版书目录将是奥尔索夫《[德国]帝国文化百科全书》（*Encyclopaedia of Culture of the [German] Empire*）这个宏伟计划中有价值的一个附属品。奥尔索夫选择了海布勒这个极其严厉的盟友。在一幅油画中，海布勒看起来正经得难以亲近，最近一位德国历史学家形容他“对自己和他的员工都很严厉”，是一个“没有个人感情空间”的人。不知什么原因，波林在战后得到了海布勒详细记录的比利时古版书目录并完成了它，在他去世的前一年 1932 年出版，这本书记录了他祖国的 4000 本古版书。

塞尔彭特街的女英雄

除了她的研究方法外，波林还继承了近30盒玛丽的古籍研究成果和数百张玻璃底片。1933年，他把这一切连同自己的文件遗赠给了欧仁妮·德罗兹（Eugénie Droz）。德罗兹和佩莱切特一样出色，但也同样不为人所知。她生于瑞士，是一位语言学家和中世纪民谣诗人的专家，1924年，她在巴黎文学左岸的中心地带创办了德罗兹书店。她30岁出头。西尔维娅·比奇（Sylvia Beach）在1919年无畏地建立了莎士比亚书店，这值得赞颂，但欧仁妮在塞尔彭特街34号的事业值得一块牌匾，而且这座建筑几乎没有什么变化。当比奇经营着她文学熔炉般的商店时，德罗兹的书店却毫不妥协地充满了学术气息。她还在1934年创办了关于文艺复兴研究的学术期刊。战争来临时，两位女性都不得不与盖世太保抗争。

海布勒还活着，他的特工人员很快就听到风声，德罗兹书店里有佩莱切特和波林的研究文件，就在1941年向书店打电话索要。关于这个场景，我唯一能找到的新闻报道在《苏格兰人报》（*The Scotsman*）上，这令人诧异：

> 今日消息，一名女性挫败了（对书店的突袭）。这位女英雄在给我们驻爱丁堡记者的信中简洁地写道："德国人想拿走研究文件，但我阻止了他们。"

令人沮丧的是，我找不到更多关于欧仁妮怎样摆脱盖世太保的信息。1947年，她搬回瑞士，把德罗兹书店搬到了日内瓦，并于

1976 年在那里去世。

德罗兹以一种令人吃惊的方式活生生地呈现在我面前。在我的研究中，我不断遇到一位伟大的佩莱切特专家，她叫乌苏拉·鲍尔梅斯特（Ursula Baurmeister），她 1978 年至 1999 年，是法国国家图书馆的古版书管理员。我找不到她的电子邮件地址，就寄了一张明信片让法国国家图书馆转交给她。这就像漂流瓶，我真的没想到会得到回复。几个月后，她用商店的固定电话给我打电话，她也很艰难地通过手写的卡片与我联系。我在收银台里，她"从巴伐利亚打来电话"，电话线路不好，她"非常年老"，但她安排给我寄来佩莱切特的资料，包括 1997 年大英博物馆搬到新楼时，在一个尘土飞扬的角落里发现的一些玛丽的信件抄本。我问起欧仁妮·德罗兹，鲍尔梅斯特开始说她有多艰难。当我的同事为收银台前长长的队伍服务时，我突然意识到她其实认识德罗兹。我感到脊背一阵刺麻。德国人占领的巴黎，塞尔彭特街上的那家书店，以及玛丽令人惊奇的人生，都突然变成了现实。

德罗兹出版社仍在营业。在欧仁妮离开巴黎之前，她把佩莱切特和波林的档案卖给了纽约书商 H. P. 克劳斯（H. P. Kraus），这位传奇人物从达豪和布痕瓦尔德幸存下来。他几乎是立刻就慷慨地把佩莱切特的论文捐给了法国国家图书馆。克劳斯一直保存着大量波林的档案，直到 1979 年他把它们捐赠给了纽约的藏书家格罗里埃俱乐部，该俱乐部报告说，这是他们最常查阅的藏书之一。克劳斯继续在他曼哈顿的书店工作，直到 1988 年他 81 岁，也就是他去世的那一年。最后，在 2018 年 11 月，克劳斯的遗孀向俱乐部捐赠了波林的日记。总有一天，有人会看到这些文件并发表更多关于波林的文章。米兰历史教授爱德华多·巴比里（Edoardo Bari）给我发邮件说，波林“有点疯狂，但非常聪明”。

玛丽·佩莱切特《古版书总目录》的最后一部分于1970年出版，现已录入大英图书馆的世界古籍线上数据库。这补充了奥尔索夫和海布勒正在进行的德国古版书目录，今天它是一个非常有用的在线资源。现在很少有未记录的古版书了，这在很大程度上要归功于这位来自巴黎郊区的建筑师的女儿，她在这些古版书面前感到如此“敬畏”。

隐藏画作猎手

在有足够存货的二手书店里，可以看到一些顾客，但数量很少，他们会特意打开封面，用拇指和食指夹住所有的书页，然后把它们弯曲一道斜面。

他们只检查1910年以前出版的书籍，因为他们正在寻找一种罕见的书籍艺术——书口画，这是一种画在书页的最边缘——而不是页边空白处——的图片，通常只有当书页弯曲或“扇形展开”时才能见到。这些绘制精细的水彩画是通过以下方式画出来：把所有书页夹在有角度的夹子中，让书口表面均匀倾斜。一旦画作干燥，就合上书籍，并在外缘镀上金，完成这一步，要用鸡蛋白和水做的黏合剂来将金箔贴上去。镀金可以保护牛皮纸页或纸张书页免受灰尘和昆虫的侵害。通过这种方式，这本书看似是一本标准的镀金作品，但从正确的角度检查时，一幅秘密绘画就显露出来。我父亲得到一本书，30多年后才发现有书口画。这就像是我们发现他的一根手杖是一把剑，多么激动人心啊（好吧，其实也没那么激动）。因此，书口画常是在一本普通的祈祷书上，画上是一个鼓舞人心的田园场景，有乡间别墅。在使用书籍时，书口画用来安慰书籍的主人。书口画往往具有这种游击队的功能，让乏味布道的受害者转移一下注意力。

一本约翰·齐默尔曼（Johann Zimmerman）的《孤独的好处》（*the Advantages of Solitude*, 1805）现在存放在纽约一家博物馆里，这本书的书口和文本正在进行着一场不同的对话。当读者读到第二卷时，有一个愉快的惊喜在等着他，那是一幅隐藏的书口画，画的是傍晚风景中一个孤独的捕蝇人。

甚至还有更稀有、更难绘制的双重书口画，也就是一本书能显示两种不同的水彩画，因为页面能向一个方向倾斜，然后向另一个方向倾斜。我只在柯珀（Cowper）的诗歌集上见过一次，一个老人在离多佛三英里的中世纪房子里给我看了这本书。我想问题是你在博物馆里展示这些书籍时只能用夹子把它们夹起来，而且这本书你甚至只能选择展示其中一幅水彩画。

因为在近代早期，书籍放在书架上时经常书口朝外，书页的边缘不仅包含秘密绘画，而且通常包含主人的姓名或他们的家族徽章。这种东西很少出现，部分是因为在重新装订的过程中，装订工会重新在一套带有签名的书页上缝线。重新缝线后，页边不再完全对齐，因此装订工会稍微修整一下页边。这本被称为《林迪斯法恩福音书》（*Lindisfarne Gospels*）的巨著，制作于 715 年，幸存于维京海盗的劫掠，却成了一位维多利亚时代装订工的猎物，丢失了一些原来的装饰。

无所不有，一无所有：痴迷的收藏家

就像任何一种热爱一样，藏书可能会痴迷成狂。在藏书家的外围潜伏着书志学家，他们把某一主题的所有书籍都列出来，写成一本书。这种奇怪的做法正在消失，因为有了互联网，而且出版作品的数量太大，但两个勇敢的灵魂曾试图融合所有的书目。

1877 年，纽约人约瑟夫·萨宾（Joseph Sabin）出版了他的《书目之书目》（*Bibliography of Bibliographies*），但德尔多·贝斯特曼（Theodore Besterman）的作品取代了这本书，这个波兰人说自己完全是在大英博物馆图书馆自学成才。他是一个神秘的人，也是世界上研究鬼和伏尔泰的专家，他还出版了共 107 卷的伏尔泰书信。1939 年，贝斯特曼出版了《世界书目之书目》（*The World Bibliography of Bibliographies*），这使他成为互联网发明前图书馆管理员一个家喻户晓的人物。今天尝试完成这个概念在理论上似乎是不可能的，有些东西甚至可能导致宇宙爆炸成一个奇点，重新生成一个平行的宇宙，而你坐在一张稍微有点不同的椅子上，用颜色更深的眼睛阅读这一段，就像在《星际迷航》（*Star Trek*）中，因时空扭曲而产生的刻薄版寇克船长和他的所有船员。但贝斯特曼的动机很奇怪，缺乏某种人性。他太过热情，以至于晚年的他住在日内瓦的伏尔泰的房子里，并用大写字母“G”与上帝抗争。历史学家休·特雷弗-罗珀（Hugh Trevor-Roper）是他的执行者，作为一个小团体的意愿，1976 年来参加他那凄凉、没有音乐的火葬葬礼。他在牛津大学留下了 130 多万英镑，但留给遗孀的钱很少，1981 年，他的遗孀在上法庭后提出了一些要求。当她离开法庭时，玛丽-路易丝·贝斯特曼

（Marie-Louise Besterman）说：“在过去的三年里，他脾气很坏。”

对书籍的热爱甚至还有更狂野的一面。在《古董商》（*The Antiquary*, 1816）一书中，沃尔特·司各特讽刺那些收集不完美书籍的人，这些人令他兴奋不已，他们花更多钱购买作者没有改进的书籍，书页没有裁开或有罕见的扉页。

短篇小说《巴克斯特的普罗克汝斯忒斯》（*Baxter's Procrustes*, 1904）富有想象力，为反常地追求不完美书籍这一行为得出了一个有逻辑的结论。1902 年，俄亥俄州克利夫兰的罗凡特读书俱乐部拒绝这篇小说的作者查尔斯·切斯纳特（Charles Chesnutt）加入会员，因为他是非裔美国人，尽管该俱乐部在 1899 年出版了他的一本小说。在《巴克斯特的普罗克汝斯忒斯》中，琼斯是一个遭到轻视的罗芬读书俱乐部成员，他向其他成员出售限量 50 份的独家“巴克斯特的普罗克汝斯忒斯”。据说这是最佳状态的印刷，用的纸张特别精细。这本书封在一个透明的包装里，所以大多数成员从来没有打开过它，他们珍惜这本书的稀有胜过内容。人们发现，这本书里都是空白页，但是就像琼斯所解释的，“真正的收藏家喜欢大量利润”，所以有什么比一本都是利润的书籍更好呢？

这种只看外观而不看内容的收藏方式，在收藏中永远是死路一条，罗马时代的书籍收藏家塞涅卡观察到：“许多人不是把书当作学习的工具，而是当作餐厅的装饰品！‘有些人’仅仅从装订和标签中获得乐趣。”

我在这里描述了一些藏家，但还有更多的大人物。神秘的哈里·兰塞姆（Harry Ransom）直到 20 世纪 60 年代才被人在拍卖会上看到，当时他还戴着标志性的太阳镜，穿着雨衣。他在得克萨斯州奥斯汀悄悄建立了世界上最伟大的作家手稿档案馆之一。西里尔·康诺利（Cyril Connolly）写道，他买下了伊夫林·沃的整个图书馆，包括书架。他的大手笔购买确保了许多作家都能“直视送奶工的眼睛”。在爱琴海的拔摩岛，一位名叫伊昂内斯·萨克利昂（Ioannes Sakkelion）的乡村教师发现，一些当地的僧侣正在秘密出售价值连城的早期书籍，摧毁了一些他们认为毫无价值的东西。他努力拯救了很多，花了许多年的时间为这些书籍编目，并从修道院地下室潮湿的箱子里救出了一份六世纪的福音书。

收藏家们冒着被逮捕的危险，把书藏在地下或墙后，从蜡烛店和馅饼店那里把它们救出来，他们辗转国家的各个角落，常常倾家荡产、孤身一人，一周又一周地在街头书摊上颤抖，随着拍卖价格的不断上涨而汗流浃背。他们可能有些古怪，有时甚至偏执，但他们将书籍视为通往另一个世界、通向另一种生活方式的大门，在这里，书籍帮助我们成就更非凡的自我。许多人是理想主义者，他们像红衣主教博罗米奥那样收集书籍，就是希望“蒙昧的世纪不会重现”。

第七章　生活在边缘——中世纪旁注之谜

tendit ⁊ parauit illum.
Et in eo parauit uasa mortis: sagit
tas suas ardentibus effecit.
Ecce parturit iniusticiam: concepit
dolorem ⁊ peperit iniquitatem.
Lacum aperuit ⁊ effodit eum: ⁊ in
cidit in foueam quam fecit.
Conuertetur dolor eius in caput eius: ⁊
in uerticem ipsius iniquitas eius descendet.
Confitebor domino secundum iusticiam
eius: ⁊ psallam nomini domini altissimi.
Domine dominus noster:
quam admirabile est no
men tuum in uniuersa terra.
Quoniam eleuata est magnificen
cia tua: super celos.

读到奥赛罗（Othello）回忆与苔丝狄蒙娜（Desdemona）相爱的情景时，一切都是那么的美好，直到有一段让我们很多人不得不去看脚注，那是奥赛罗在讲述苔丝狄蒙娜是怎样被他的奇闻逸事迷住的：

> 这些都是我谈话的题目
> ……
> 头长在胸上的人
> 苔丝狄蒙娜对于这种故事
> 总是出神倾听

在《暴风雨》（*The Tempest*）中，贡萨罗（Gonzalo）也谈到了那些"头长在胸上的人"。提到这些生物就像茂丘西奥（Mercutio）神奇地召唤出仙后的马车一样令人惊讶，"她用蟋蟀骨头做成鞭子……她的车夫是一只穿灰衣的小虫子"，在人们熟睡时从他们的鼻子上飞过。这是一个流行寓言中失落的世界，现在很难再度重现。幸运的是，中世纪的艺术保存了这个世界。

在中世纪的书籍中，旁注是刻意为之的部分设计，而且绘制标准与一旁装饰华丽的文字一样昂贵。它们是书籍所提供的文本中值得尊重的一部分，而不仅仅是涂鸦。旁注是如此不同寻常、晦涩难懂与令人震惊，以至于学者们既排斥又迷惑，长期以来只能选择对旁注视而不见。

蟋蟀就是"头长在胸上的人"，还有美人鱼、半人半兽、做有趣事情的动物，比如演奏乐器，以及那些做梦也想不到的违背常理的日常生活场景也是这样。在我的研究过程中，我看到的例子越多，我就越觉得我们不需要为所有照片墙上的猫以及互联网上的奇怪事物而感到羞愧。中世纪的作者，包括僧侣和不论男女的世俗艺术家，似乎都在拥抱想象里外沿的极限，世界已知版图的边界激发了他们的灵感，说着“这里有龙”。

在 20 世纪的大部分时间里，大英博物馆的中世纪书籍保管专家们用不同的方式来解释旁注。E. 莫德·汤普森爵士（Sir E. Maude Thompson）是 1888 年至 1909 年的大英博物馆图书馆馆长，也是让公众都能借阅手稿的伟大提倡者，他开创了早期古抄本摄影技术，并向公众保证，所有这些奇怪的边缘装饰都不是为热诚的读者而设的，他们会谨慎地忽略它们。20 世纪 50 年代，博物馆的手稿保管员埃里克·米勒（Eric Millar）认为，《鲁特瑞尔诗篇》（*Luttrell Psalter*）虽然非常著名但是装饰过度，所以制作者的思想“不可能正常”，继米勒后不久，一位学者承认，“对旁注的亵渎已经阻碍了对中世纪旁注艺术的全面研究”。一个开创性的例外出现了。

1938 年，柏林的一位历史教授与他的妻子和七岁的女儿莉莲（Lilian）移民到美国。他是那些逃离纳粹、流离失所的犹太学者中的一员，其中还有欧文·潘诺夫斯基（Erwin Panofsky）、尼古劳斯·佩夫斯纳（Nikolaus Pevsner）和恩斯特·贡布里希（Ernst Gombrich），他们为英国的艺术批评重新注入了活力，但这次大放异彩的是那个小女孩。结婚后，莉莲·兰德尔（Lilian Randall）成为巴尔的摩沃尔特斯博物馆的一名策展人。在这个职位上，她在 1966 年开拓性地写了《哥特式手稿旁注中的图像》（*Images in the Margins of Gothic Manuscripts*），毫不畏缩地研究了数百个中世纪旁注的例子。

她孜孜不倦地在美洲和欧洲寻找这些旁注，还在自己的博物馆里发现了像《诗篇》这样与宝石一样珍贵的书籍，书中小型建筑工人用绳子和梯子把字母拖到适当的地方。兰德尔谦虚地写道，她对这个主题的研究是抛砖引玉，但60年过去了，她仍然是权威，她的论文受到大量引用，她的书有市无价。我刚才打电话给沃尔特斯博物馆，他们深深怀念她——“哦是的，她还活着，健康快乐，已经退休了。”

离经叛道：旁注里的中世纪社会

许多旁注的例子仍然不为人所知，但早期书籍的数字化每年都在更新以改变这种情况。我们知道，旁注在宗教书籍、法律书籍和历史、浪漫故事和诗歌中随处可见，而宗教书籍是早期书籍的主要组成部分。现在旁注在西方图书馆的分布表明了它们的出现频率。系好安全带，来一场简短的城市之旅，你会在几段时间看到一个全新的世界。就像中世纪书籍经销商凯特琳·曼宁（Kaitlin Manning）最近所说，“当你脑子里有了中世纪社会是什么样子的想法时，真是太震惊了”。有些读者甚至可能会体验到波德莱尔（Baudelaire）看到英国哑剧《迷魂记》（*Vertigo*）时的感受——出现眩晕感。

这一切很早就开始了。位于都柏林的《凯尔经》（*Book of Kells*，800）有一页著名的“基督之页”，书页上用希腊语写的基督名字上装饰着猫、老鼠和水獭，两只飞蛾在其中相遇。后来中世纪的旁注从文本中心移到边缘，但这种早期的风格反映了凯尔特的神秘主义。自然世界存在于冥想中，冥想本身只是让心灵在自然状态下休息。

在那个年代，文学作品的旁注或现实生活中不需要用额外的文字描写小动物：水獭温暖了圣·库斯伯特（Saint Cuthbert）的脚，鹰把鱼扔进他的牢房，马给他带来了面包，而他颁布了世界上第一个保护鸟类的法令。

进入中世纪，在剑桥大学的图书馆里，耶稣受难的场景下面，一只猴子音乐家骑着一只狐狸倒着走，而一个狮人贪婪地追逐一个拘谨的少女。在圣埃德蒙兹伯里，一名装着木腿的男子试图给一只野兔剃毛，这反映了“完成不可能的事”这一流行说法。在诺里奇，大教堂高坛上保存的《圣经》中，关于耶稣在沙漠中遇到诱惑的那一页边上有动物在互相放屁。在大英图书馆，《诗篇》第67篇下面，一只骑在鹅背上的猴子向一个男人的后脑勺射箭，最近一位学者坚持认为这个男人就是耶稣。同样是大英图书馆的一本祈祷书中——这是中世纪的畅销书，就像今天的食谱一样无处不在，一只长翅膀的猿猴试图把“上帝”从经文中拉出来，而戴着小丑帽的蟋蟀在一旁嘲讽地看着；一个乐队在文字下方演奏管乐器和鼓，余下的空间由一个烹饪锅和栩栩如生的蝴蝶填满。在其他的祈祷书中，猴子坐在大写字母“S”上吃午餐，美人鱼懒洋洋地躺在书页边缘。

世界各地的图书馆里潜藏着非同寻常的东西。在牛津大学的博德利图书馆中，一只鸽子戴着一顶滑稽的帽子，一场宫廷式的订婚场景，除了从男方长袍中伸出的巨大勃起阴茎，完全是一副端庄的样子。知情的蟋蟀从翅膀边观望，有趣地与奥赛罗愤世嫉俗的浪漫故事关联起来。在曼彻斯特的约翰瑞兰德图书馆，一位修女在给一只猴子喂奶；在海牙大学的博物馆，一只猴子在一位写字的僧侣面前裸着臀部，而另一只则蹑手蹑脚地爬到他身后，朝他的耳朵吹喇叭。在梅斯的每日祈祷书里，有两个人在钢索上持剑搏斗，但两人都拿着自己被斩下的头颅。在圣奥梅尔，一个弓箭手瞄准一条半人鱼的臀部。在热那亚，食人族吃着生殖器。在纽约的皮尔庞特·摩根图书馆，腐烂的尸体在亡灵办公室的下面欢快地跳舞。耶鲁大学的手稿中，一个修士与一个修女骑马比武。另外还有一个微笑的女人像骑摩托艇一样骑着一只没有实体的八脚公鸡走来走去。

巴黎的法国国家图书馆有一本祈祷书，是由一位有名的女抄写员制作的，她和丈夫一起经营一家作坊，并在丈夫去世后继续经营。根据中世纪作家迈克尔·卡米尔（Michael Camille）的说法，“大量文件证明女性参与了巴黎哥特式手稿的制作”，埃蒙·达菲（Eamon Duffy）告诉我们，“值得注意的是，留存的一大部分祈祷书……是为女性制作的”。

旁注的不敬之意达到了巅峰：佛兰芒语的祈祷书是为克利夫斯的凯瑟琳（Catherine of Cleves）而制作的，书页上有花朵、一只坐着的蟾蜍和一个贝壳的错视画，甚至有一只小手从纸上的假洞里伸出来；为布拉格的温瑟拉国王（King Wenceslas）制作的祈祷书边缘处画有滑稽的通奸情节；在罗马，为教皇英诺森三世（Pope Innocent Ⅲ，1160—1216）制作的法律书装饰着山羊乐师和狐狸僧侣。

一些动物会引发特定的联想，所以很多兔子和野兔象征着性活动和嬉戏。而猴子是讽刺人类行为的一个简单方法。它们是如此受欢迎，以至于荷兰北部的一位匿名画家被称为“猴子大师”。

最大的谜题是，大量的学术文章和网上无休止的讨论都在描述巨型蜗牛与骑士战斗并且通常获胜的情形。这个笑话埋葬在一些遗忘的寓言中，披着铠甲的蜗牛行动缓慢，打败了全副武装的自豪骑士，这似乎表现了一种大男子气概。蜗牛引发的联想都很高尚，例如，月亮（像蜗牛的角出现又消失）、永恒（蜗牛壳是神圣的螺旋形）以及稳定的生命旅程。与骑士的喧闹形成鲜明对比的是，蜗牛被认为是雌雄同体的。

画上所有这些动物、半人半兽生物和未经删改的人类向我们展示的世界比我们许多人所经历的世界更接近自然，也更接近我们的动物性功能。身体及其功能引发的是幽默而不是尴尬。死亡无处不在——即使在黑死病没有肆虐的时候——现实也那么糟糕：粪便必须被运出房屋，并在许多城市街道的中央流淌。

我刚停下来喝茶休息，收音机里有个女人在喋喋不休地抱怨她买的面包里有只苍蝇。英国广播公司（BBC）的采访者——这是在宪法危机中的黄金时段广播——难以置信地提高了嗓门，带着一种强调我们与中世纪情感距离的震惊问："面包袋子有……什么？"

旁注的手法

我们将自然界的许多东西、死亡和垃圾，驱逐出视线，商店里有整整一货架的致命液体来消除"杂草"，消灭不起眼的飞蛾、授粉的黄蜂、传说中的老鼠、施肥的鼻涕虫，甚至还有高尚的蜗牛。我们很大一部分生存条件是受限制的，甚至包括我们的空气。我们的厕所散发着松树林的气味，我们的头发散发着芦荟的气味，我们的火葬场就在偏僻小路上。但是芦荟赢不了真实的气味。今天，就像在哥特式时代一样，我们越是净化环境，就会有越多的作者和喜剧演员通过玩笑或夸张展现出我们的人性。在人类的心理中有一个永恒的平衡机制。矫揉造作的纯洁总是会招来别人的冷嘲热讽，今天，他们还会在推特上发出嘲讽。

拉伯雷（Rabelais）的幽默、福斯塔夫（Falstaff）和博顿（Bottom）的幽默、吉尔雷（Gillray）和爱丽丝（Alice）的幽默、《傻瓜秀》（*The Goon Show*）和《如出一辙》（*Spitting Image*）的幽默，都依赖于浮夸的目标、好色的牧师和可笑的上校。哑剧像歌舞杂耍演出一样，故意采用破绽百出的反串服装和夸张过头的暗讽，这与中世纪旁注上离经叛道的讽刺无缝衔接。麦克斯·米勒（Max Miller）就像一个会说话的石像鬼，他的笑话太夸张了，以至于观众都想知道"他真的是那个意思吗？"继麦克斯后不久，另一个像石像鬼的弗兰基·豪维尔（Frankie Howerd）也是一个中世纪式的人物，在纯真与粗俗的语言之间游刃有余，却总是觉得大理石座位太冷了，除了他所有人都"坐上去了"。我们欣慰地笑了，因为神圣的东西不受冒犯就毫无意义。这两者之间的界限令人着迷、引人入胜，是创造力的源泉。在古代，魔法就发生在那里，"泡沫与水的交汇处"。

格雷厄姆·格林（Graham Greene）是刻画人性缺陷的大师，也是"猴子大师"的文学竞争对手，他声称自己被这种矛盾所吸引，"我对善良的小偷、不正派的牧师、圣洁的妓女和腐败的律师感兴趣"。他意识到，在现代限制于马戏表演的小丑具有更广泛的文化意义，它表达了我们严肃文化的荒谬。他在《我们的哈瓦那人》（*Our Man in Havana*）中写道，"城市和王位来来去去，没有永恒的意义。但小丑'是'永恒的，因为他代表的艺术从未改变"。

约翰·克立斯（John Cleese）在《帕金森》（*Parkinson*）的一

次采访中说，他只是不明白为什么英国六人喜剧团体蒙提·派森（Monty Python）中最受欢迎的幽默短剧，是戴着圆顶礼帽步态愚蠢地行走，进入镀着黄铜名字的“愚蠢走路部”。这部短剧之所以经久不衰，是因为它就像中世纪旁注上的马屁精和狐狸精一样，颠覆了浮夸的制度。这种手法在中世纪的手稿中很有效果。不然，乔叟的朝圣者们为什么不是在庆典或酒馆里讲他们的下流故事，而要在欧洲最神圣的朝圣之旅中？

中世纪的神秘剧也大量运用了同样的手法：“如果这真的很严肃，我们最好嘲弄它，以提高观众的参与度”。弗洛伊德的幽默理论在这里很有道理；幽默打破了紧张的感觉，提供了一种“令人振奋的自由”，并且是“社会性的修整”。因此，在莎士比亚成长时看的那些戏剧中，那些把基督钉在十字架上的人一边钉一边开着玩笑，而约瑟的绿帽子也给他们带来了很多乐趣。这些戏剧延续了中世纪旁注中的幽默和无限的想象力。海伦·库珀（Helen Cooper）是剑桥大学的一位教授，研究中世纪和文艺复兴时期的英语，她在2019年写道：

> 舞台上的一切都准备好了，并让虚构的情节获得观众的共鸣，让他们相信舞台可以上演现实中不可能的事物，是莎士比亚和他同时代的人从神秘主义中继承的最重要的一点。

这座城市污秽不堪，却也欢乐喜庆，这从旁注就看得出来。它一直延伸到大教堂的墙壁上，甚至是现在平静安宁的辖区里，那里有着修剪整齐的草坪和鹰眼的教堂管理员，只有入口处旋转门的咔嗒声和刷卡机的哔哔声才会扰乱这座圣所。相反的是，昨天我正把45本《罗密欧与朱丽叶》(*Romeo and Juliet*)送到坎特伯雷选区的学校时，我从西门旁边的一个坑边经过，里面有一位考古学家。我问他发现了什么，他给我看了一块地板，地板上用压紧的白垩砌成，上面有车轮的痕迹，他解释说这座中世纪大教堂周围有市场摊位。中世纪的记录提到，大教堂有一家理发店，供朝圣者在最后一刻把自己打理整齐；他说他们刚刚找到了这家店的地基。建筑里也会有卖便宜货的商贩。在中世纪的书页上，以及《坎特伯雷故事集》的许多故事中，喧闹刺耳的商业与神圣的空间紧密相连、相映成趣。

就像天气好时马拉喀什的主广场一样，这个中世纪的欧洲城市居住着吟游诗人、喜剧演员、江湖医生和杂技演员，这些人可能都比我们从电影场景中想象出的样子更五花八门。“玛蒂尔达·说笑话”(Matilda Makejoy)是中世纪巴黎著名的杂技舞者。11世纪的一位英国僧侣警告大家要注意伦敦：

> 寄生虫的数量无穷无尽。演员、小丑、小白脸、摩尔人、奉承者、漂亮男孩、娘娘腔、鸡奸者、唱歌跳舞的女孩、江湖医生、肚皮舞者、妓女、勒索者、夜游者、魔术师、哑剧演员、乞丐……所以不要住在伦敦。

伟大的教堂和大教堂都装饰着旁注艺术，比如石像鬼雕刻和滑稽人物在手稿上做的所有恶作剧，而且这些都曾被涂着鲜艳的色彩。坎特伯雷的大主教庄严神圣，有半兽半人的水嘴，安全地躲藏在1090年建造的地窖里，这是一整个从市场和传说国度而来的画廊，展示着不可能存在的事物：印度杂技演员、绿皮人、狮头羊身蛇尾的奇美拉、骑在龙上的双头狗，以及我最喜欢的波斯神话中一种蜥蜴状的小生物，它能把自己变成轮子，以闪电般的速度穿越沙漠。在剑桥附近沼泽地的教堂里，一个男人弯着腰，咧嘴笑着从两腿之间看着我们，一根水管从他赤裸的臀部之间伸出来。所有这些都是旁注艺术——在屋顶、地下或是像座位托板一样在座位下面，但它们仍然在与神圣的上帝对话，说着“进来吧，一切都在上帝的管辖之下”，确认这座教堂属于上帝。

经过几周的研究，我睡觉时也苦苦思索着为什么要有这些奇形怪状的雕刻，并做了一个栩栩如生的梦，让我明白了它们的意义，尽管这听起来很奇怪。我梦见一座伟大的大教堂即将完工，却放在了一个巨大的旧平底炉上。随着建筑的升温，石像鬼和奇形怪状的东西在大教堂上生长出来，地穴的立柱旋转着有了生命，而我从科技语言中借用词汇来描述：这座建筑在激活之前还不是教堂。这台神圣的机器受奇形怪状的怪物激活，扎根于真理之中。（理解纸上或石头上的旁注时，不妨先忘掉“怪诞”这个现代才发明的词语思考一会儿。也许只有我这样认为，但当我做这个思想实验时，我的肩膀放松了一点，过去与现在的人类联系得似乎更紧密了。）

营销、比喻、恶作剧

在中世纪，神圣与世俗生活在一起，仿佛是一个半人马，人头、人心，却有森林之神萨提尔（Satyr）的蹄子。或是就像保加利亚裔法国女权主义哲学家茱莉亚·克里斯蒂娃（Julia Kristeva）所说，基督教的天才之处在于把世俗的内衬披上了神圣的外衣。巴赫金也看到了这种相互衔接又相互区分的现象："在中世纪艺术中……虔诚与怪诞并肩而立却永不融合。"营销大师约翰·赫加蒂爵士（Sir John Hegarty）曾说过，基督教是最伟大的营销案例，它的标志到处都是、无人不知。作为中世纪的组织也熟知人情世故，能包容我们的阴暗面——就像许多强有力的广告，不仅刻在石头上，而且表现在语言上。肮脏或丑陋的寓言通常含有道德寓意，人们将这些寓言作为典范，它们也因此成为"模板"。中世纪的传教士布道结束时，常常会讲五个这样的故事，或是令人捧腹大笑，或是令人神经紧张。这些故事是说教布道后的一种享受，但它们也更直接地涉及听众的想象。这些精彩纷呈的布道像教堂里用植物和矿物颜料染色的镜子，发出柔和的光芒。它们类似于祷告书书页末尾的旁注。另一场神圣与世俗相互衔接的嘉年华来自"意大利狂欢节"，这是一场大旬斋前爆发的狂欢，人们放纵肉体与笑声，与肉食告别。

这周在坎特伯雷的一家慈善商店（狄更斯书中提到的畸形屋）里，我得到了一本 12 页的小册子，上面有生锈的棕色铰链，绿色亚光纸封面虽然褪色了，但很有质感，这是《坎特伯雷大教堂画册》（价格是原来的 2/3）。这本书是在坎特伯雷的一条陋巷里印刷的，我怀疑大英图书馆里是否有这本书。这是 1935 年威尔士铁路工人的儿子、英国皇家艺术学院教授欧内斯特·特里斯特拉姆（Ernest Tristram）讲课的抄本，他走遍全国，发现了被颜料遮盖的中世纪壁画。[1935 年是探索坎特伯雷大教堂更广泛意义的一个高潮。那一年，大主教委托 T. S. 艾略特撰写了《大教堂谋杀案》（*Murder in the Cathedral*）。] 想象一下，特里斯特拉姆对中世纪大教堂内部的回忆：

屋顶、墙壁、圆柱甚至坟墓和屏风都闪耀着绚丽的色彩。墙上满是各种各样主题的画，一层叠着一层，就像一本大书的书页（这一句我要用斜体字）。

我们有来自中世纪的信件，所以有些人可能会认为，在某个地方有人会告诉我们，这些疯狂旁注是“怎样吸引顾客”的，就像赫加蒂（Hegarty）会说的那样。但事与愿违，这一切在潜意识中紧密交织在一起，不可能有如此简单的解释。如果我们继续保留君主制和天鹅标记放飞仪式之类的东西，可能会给未来的历史学家制造难解的谜题。中世纪的两位僧侣确实直接描写了奇形怪状的石头雕刻，几乎完全反映了当时旁注的比喻意义。他们像我们一样，对所有这些意象在神圣的地方究竟代表着什么感到愤慨。他们用长篇大论的方式将这些离经叛道的事物上的细节罗列出来，冗长而又生动，就像上面那位描述伦敦的僧侣一样。可以说他们都乐在其中。他们对着下流的小丑微笑地摇头，因为“在我看来他们抗议得太多了”。这就像是苦行僧的苦修，比如穿着粗毛衬衣的贝克特（Becket），刻画并暗示着他们反对肉体的享乐。大多数苦行僧似乎都是感性主义者——不然他们为什么要这么折磨自己？中世纪崇尚圣洁却又陶醉于凡夫俗子的幽默。

爱德华二世（King Edward Ⅱ）打开了另一扇通往这个内心世界的窗户。他的担忧颇深，与苏格兰的战争，与法国的争斗和贵族们的叛乱，他最终也死于这场叛乱。他喜欢和平民百姓混在一起，甚至与他们一起筑篱挖沟。他也喜欢旁注式的恶作剧，如将不能骑的马和生性懒惰的猎狗当作礼物送给别人。他也想从愚蠢的玩笑中取乐。他的账目记录道：“支付给国王的画家圣奥尔本的詹姆斯（James of St Albans），他在国王面前的桌子上跳舞，逗得国王开怀大笑：一先令。”他的厨师做得更好，得到了 20 先令，“因为他在国王面前骑马，经常从马上摔下来，把国王逗得最开心”。如今，国家元首们在公众面前越来越不苟言笑，但在诺曼·威兹德姆（Norman Wisdom）和于洛先生（Monsieur Hulot）的电影、《猫和老鼠》（*Tom and Jerry*）动画片中，以及现在的网络上，矛盾与痛苦的故事非常盛行。

旁注艺术家能用猴子讽刺我们，一定程度上是思想革命的余波。大约从 1100 年开始，新发现的作家，如奥维德和亚里士多德，在欧洲引发了一场无声的地震。亚里士多德教导中世纪的知识分子认识到，就像一位历史学家所说的，“整个认知过程都发生在世俗经验的范围内”。亚里士多德说，上帝和自然“不做任何无目的的事”。这种新的思维方式称为经院哲学，坎特伯雷的圣·安瑟伦（Anselm of Canterbury）投身于此，鼓励辩证法的发展，通过探索对立来获得真理，并将异教的经典故事融入新的基督教中。坎特伯雷的缮写室是欧洲最多产、最有创造力的地方之一，这不是巧合。哥特式时代的作者因这些巨变而精神大振，与他们的盎格鲁 - 撒克逊祖先相比，他们更能表达人性和个性。

文艺复兴时期的历史学家声称是他们造就了那个时期自我意识与个性的盛行，中世纪史学家对此很不满。他们所持的立场过于极端。一位中世纪的捍卫者甚至坚持认为，中世纪旁注“是艺术上自我意识的诞生”，这肯定是无稽之谈，但反过来也是对洞穴壁画家精神的贬低。事实并不是非黑即白的，而是相互影响的：教堂高高的雕像中和锁在图书馆的中世纪书籍旁注中隐藏着自我意识的安慰，尚不明晰，狂野不驯，它是黑暗时代的艺术舞台，但也延续了16世纪文艺复兴时期的心理。像《哈姆雷特》一样，那些无名的雕刻家和作者“很有鉴赏能力”，而且喜欢设计两个对立的主题，一个代表天堂，另一个代表地狱。

中世纪的旁注怎么了？中世纪旁注的消亡并不是因为我们不再发笑，而是因为印刷品的边缘通常更窄，文本看起来更是书籍的主体。除此之外，印刷术与宗教改革和暴力审查的时代相吻合，这一时期一直持续到英国内战之后。亨利八世（Henry Ⅷ）发明了新的礼拜仪式，并严厉惩罚了任何诽谤这一仪式的人，直到1661年，哥特式时代的意象似乎伤害了政府，于是一条法令颁布了，“不准用大写字母印刷亵渎神的图画”。从此以后不会再有八脚公鸡了。当宗教的虔诚成为政治，旁注不再是一个游乐场。

现在让我们告别那些疯狂的中世纪场景。烟斗和小鼓渐渐褪色，露天表演随着古怪的屁声悄然离去，猴子又安静了下来，蜗牛放下了它们的长矛。一个水花过后，美人鱼也不见了。

第八章　使用的痕迹

PENGUIN BOOKS
BRIDESHEAD
REVISITED
A portrait of an English family
and the fortunes of its
members
EVELYN WAUGH
COMPLETE 3/6 UNABRIDGED
Evelyn Waugh
Brideshead Revisited

我认为当涉及书籍时，传统的道德观念并不存在。

——《大仲马俱乐部》（*The Dumas Club*，1993），阿图罗·佩雷－雷维特（Arturo Perez-Reverte）

页边空白处的字迹

纽约文学经纪人迈克尔·斯特恩斯（Michael Stearns）对书籍的态度已经从恭敬虔诚转变为在书中大肆涂鸦，以至于他购买书籍时都要买好几本摩尔（Moore）、芒罗（Munro）、奇弗（Cheever）"来了解这些书是怎样的"。他在博客上承认了这件事，引发了一连串的爆料。我很喜欢"克里斯蒂娜"（Christina）发的这一则：

> 有趣的是，从小到大我总是向我哥哥借书，他只要发现书脊上有一点裂缝就会抓狂。这种兄妹间的矛盾导致我总是折断书脊，在页边空白处肆意涂写[虽然不会在图书馆的书籍上这样做，凯莉（Keli），你是个叛逆的人]。

这种程度的自由实属罕见。我们大多数人还是像"莉娜"（Reena）一样限制自我：

> 我很想在书籍上写字，但我就是不能让我的手这样做，就好像书页周围环绕着某种力场。

在书籍上写字像是在与文本打游击，这种行为在历史上长期受到反对，但也得到了名家的支持。激进的思考者是最多产、最无耻的旁注主义者。他们不崇敬文字，而是把思想从书页上提取出来揣摩把玩，然后在页边空白处加以评论。现在的“合成文化”中，思想和音乐被无情地抽取插入，这种文化也有利于与文本对话。对于博学的乔治·斯坦纳（George Steiner）来说，真正知识分子的标志“很简单，他们阅读书籍时手里会拿一支铅笔”。《纽约客》（*New Yorker*）的马克·奥康奈尔（Mark O'Connell）喜欢这样的观点，“仔细削尖的HB铅笔”力量可以如此之强，也有一点奇怪：

> 我喜欢像木匠那样把铅笔别在右耳后面；当我坐在回家的公交车上阅读《米德尔马契》时，我觉得这给我的外表增添了几分粗犷和从容。

与书籍的互动会改变阅读体验，就像印度古典音乐依赖于听众对其质感与发展方向的反应一样。人们更容易遗忘没有互动的阅读体验。

我经常听到顾客这样说，“哦，是的，这本书很棒，我读过——但现在我一点都不记得了”。蒙田也忘记了所有他阅读过的书籍，这不仅促使他做了大量的批注，而且让他在阅读过的书籍后面加上了他总结的感受。受他的启发，去年我终于读完《安娜·卡列尼娜》（*Anna Karenina*）时也总结了感受。现在回头看看那篇总结，里面记录了很多我已经忘记的阅读感受。

亨利·米勒在他那本古怪的绝版书《我一生中的书》（*The Books in my Life*）中指出，人类这样健忘意味着人类没有正确的回忆，因此历史才会一遍遍重演。米勒注意到，蒙田（1533—1592）之所以躲进他的书房，是因为他所处的时代“与我们所处的时代（1952年）一样，充斥着狭隘、迫害与大屠杀”。旁注与我们遗忘的阅读记忆做斗争，能够修复未来、复原过去。米勒再次写道：

> 在书籍的旁注中，你可以发现原来的自己。当一个人意识到自己一生中取得巨大的进步时，他一定会问：“……我到底有没有得到教训？”

纽约人斯特恩斯也觉得遗忘很有趣。他注意到自己很久以前在一本书的页边空白处写了一句“垃圾！”他想，“真的吗？有那么糟糕吗？”旁注可以是与作者的对话，也可以是与自己的对话。我们保存度假照片，写旅行日记，那么在书籍本身上记录阅读之旅似乎也合乎逻辑，而不是像有些人那样记录在当礼物的“读书日记”或Excel电子表格上。然而，无形中有一种力量规定我们不能在书籍上“乱涂乱画”，现代对于书籍的这种态度很奇怪。

尽管印刷术结束了中世纪旁注上壮丽的异国情调，但一些早期印刷教科书的设计实际上就是为了让学生写批注的：盖伦（Galen）1525年版的《医学方法》（*Methods of Medicine*）特意为医学观察留出了大量的空白，在帕多瓦印刷的1595年版塞涅卡的作品也是一样，而伦敦一本1580年的法律书实际上也夹杂着用来写批注的空白页。不过，通常情况下，印刷书籍狭窄的页边距令旁注主义者束手束脚，其中最著名的是数学家费马（Fermat）。他的注解令未来的几个世纪的人都干着急，注解写着他已经得出了一个棘手的定理，但页边空白处写不下。

无论印刷书页的边缘有多么狭窄，从印刷术的萌芽到19世纪中期我们都很自然地利用这一部分。我刚刚在肯特大学（University of Kent）的野兽派图书馆里，狂风暴雨拍打着图书馆三楼的窗户，能看见河边坎特伯雷大教堂的中世纪三桅帆船也在风雨中飘摇，我发现许多早期的印刷书籍模仿手稿的样式，使新技术迎合传统读者的喜好。早期的印刷书籍实际上是手稿的有力替代，就像假的阿玛尼牛仔裤在曼谷热卖一空一样。一个著名的意大利书商看到这种东西使自己的存货贬值，感到非常厌恶，于是关门歇业了。

用旧手稿和其他文本在页边空白处做补充、粘贴图片以及装饰首字母这些做法都很普遍却少有记录，而且因为我们现代过度使用灯光，仅有的一些记录也很难分类和查看，就被当成了污迹。这些旁注一直为跨学科历史学家所称道，如玛丽·厄勒（Mary Erler），她是布朗克斯区福特汉姆大学（Fordham University）艺术与英语交叉研究的先驱，现在已经退休了。她发现在印刷业兴起的第一个世纪里，女性就像虔诚地冥想一样一直做着剪切、刻字和重写的工作，就像恋人们在巴黎艺术桥上挂锁寄托内心情感一样。在考陶尔德艺术学院（The Courtauld Institute of Art）的厄苏拉·韦克斯（Ursula Weekes）也同意这一观点，而且发现荷兰印刷的祈祷书用了几种颜色的线巧妙地将图片缝在书页上，针线活与文本愉快地碰撞在一起，而像杰克逊·波洛克（Jackson Pollock）或弗朗西斯·培根那样的激进主义者用手指把这些图片蹭得模糊不清。在17世纪英国内战时期国教徒聚居的小吉丁（Little Gidding）社区里，神秘主义者像托钵僧一样在他们的页空白处剪切粘贴《圣经》，像基督教异端诺斯替派那样挥舞着钢笔、剪刀和胶水。英国国王查理一世（King Charles Ⅰ）听说了他们的书籍，就要了一本。他认为这是“一颗钻石”，他“珠宝塔”里没有任何东西能比得上，因此开始为自己的《圣经》做注解。根据牛津大学贝利奥尔学院（Balliol College）图书史教授亚当·斯迈思（Adam Smyth）所说，人们“很大程度上忽视了”剪切和粘贴。如果说旁注与图书史关系不佳，那么粘插页就是一个孕育于热情的私生子，与图书史断绝了关系，迟迟难以分类。

在敬畏文本的现代社会之前，旁注真的广泛存在吗？根据加利福尼亚大学的海蒂·哈克（Heidi Hackel）提供的证据，答案是肯定的。她翻阅了150本菲利普·西德尼（Philip Sidney）1590年版的《阿卡狄亚》（*Arcadia*），发现其中70%都有注解。迷人的是，其中两本上还夹着花朵，其中一本上剪刀的锈迹也证明了这本诗集是日常做家务时阅读的。

早在17世纪初，私下里反对新教的独生女安妮·克利福德（Anne Clifford）就精力旺盛地为她大量的藏书做注解，还设计了一种独特的方式让她兼收并蓄各种书籍。她把“句子或名言”钉在“她的墙上、床上、窗帘上和家具上”。

几个世纪以来，标记着旁注的书页代表着智慧而不是亵渎，代表着探索精神而不是植物人那样的被动接受。一位历史学家发现，“有标记的书籍似乎是‘近代早期’葬礼中一种含有比喻意义的贡品”。人们不仅接受注解，而且认为没有注解的书籍是肤浅的；1606年，一封献给已故德文郡伯爵的悼词写道：“你没有那么多书籍以供炫耀，你的书籍都是真正阅读过的，看看你为那么多卷书都做了注解。”

1649年，卡莱尔主教爱德华·雷恩博（Edward Rainbow）在苏珊娜·霍华德（Susanna Howard）葬礼上的演讲用了相当长的篇幅赞扬了她所做的旁注，认为这标志着她的聪明才智。这件事令人非常感动，一部分因为她深爱的书迷父亲被保皇党判处死刑后，她也在22岁时去世了。

她已经消化了她阅读的书籍……就像可能的那样……通过在书籍的页边空白处做标记。在她最喜欢和对她影响最大的书籍页边空白处，她用好几种记号做了标记。

“对她影响最大的书籍”。有人知道什么对我们的影响最大吗？我真希望我父母的书籍里有破损，而不是只有几个整洁的签名。像我们大多数人一样他们不写日记，而大多数人写日记一开始像普鲁斯特的作品，接着全盘退化成了琐碎又卑劣的抱怨，令人很快就厌倦了。但在书籍打动人心的温暖时刻，什么样的顿悟才能记录下来，献给仁慈而包容的阅读之神。在我的想象中，他们叫巴伯拉和英提玛。他们对写旁注的人与折断书脊的人报以微笑，他们像托钵僧一样热情地追随着书籍。他们的地狱由目光锐利的图书管理员统治。而在他们的天堂里，读者头发凌乱，懒洋洋地躺在凉亭、树屋、床铺和窗台上，在书页上涂鸦折叠，彼此之间很容易产生心灵感应。

1659年，苏珊娜·霍华德的葬礼后十年，捷克哲学家约翰·科门尼（John Comenius）预想到了斯坦纳会在书籍上涂鸦：

> 什么是研究？学生独自坐在某个地方，沉迷于他的研究，当他阅读书籍时……从中挑选出所有最好的东西，“而且”在

旁注里用画线或小星星标记出来。

这些小标记有一套完整的系统。罗伯特·格罗塞斯特（Robert Grosseteste）就像是中世纪萨福克郡的斯蒂芬·霍金（Stephen Hawking），他的科学领先他的时代几个世纪，他的旁注符号至少有400个，是一套仍待解码的词汇。这些复杂而丰富的旁注标志着像斯坦纳与格罗塞斯特那样博学的跨学科先驱。

魔术师哲学家约翰·迪伊将页边空白处作为“处理复杂信息”的地方，伦敦大学沃伯格研究所的比尔·谢尔曼（Bill Sherman）是少数几个分析过他所有旁注标记的人之一。根据谢尔曼所谓的“神秘学分析法”，迪伊在文本中不同位置的标记有不同的含义。不幸的是，迪伊在旅行时把他的书籍托付给了他的妹夫尼古拉斯·桑德斯（Nicholas Saunders）。桑德斯侵占并出售了很多迪伊的书籍，首先就是把迪伊的名字和他的大部分旁注删去或漂白，这项重罪最近才由X光发现。

典型的文艺复兴人伊拉斯谟不仅在页边空白处写旁注，他也规范了这种行为，他告诉我们每当看到“一个不同寻常的词，‘或是’某些能展示新观点的争论……任何值得铭记的格言，就应该用一个适当的标记来记录这些段落”，他享受“各种各样的标记”。路德与他伟大的对手对注解的态度相同，他有伊拉斯谟的《新约全书》（*New Testament*），其中写满了爆炸性的分歧（“我不是一个善良的读者，你不是一个善良的作家”），还挑他标点符号的错误。

路德在发泄情绪，几种情况下在页边空白处涂鸦可以减轻压力，这就是其中之一。另一种情况是在第一次读到难懂的书籍时。

笛卡儿知道他的《方法导论》(*Discourse on Method*)很难读懂。当我试图标记一些意义重大的段落时，我当然也发现了这一点，但中途看到他的话我又高兴起来，他说道(我转述他冗长的话语),“听着，如果你看不懂这些，别担心。我建议你先略读一遍，用笔画出好的部分，然后悠闲地再读一遍，看看第二次读到这些部分时有什么感受”。

我们只发现了旁注世界的一小部分；人们仍在破译与分析艾萨克·牛顿的作品。直到1960年，包括最著名的伦敦夸里奇公司(Quaritch)在内的经销商和拍卖商都廉价出售有注解的书籍，并将其归为“带有一些标记”甚至“污损”一类。今天(2019年)早上,《卫报》(*The Guardian*)有半页报道了在费城可能发现了有弥尔顿注解的莎士比亚作品。直到20世纪60年代，大型图书馆都忽视或漂白了旁注。即使是现在，他们的矛盾态度也是可以理解的。但随着人们越来越接受旁注，如果他们举办了赞美旁注的展览，那么目录上会有这样一段话:“请享受展览，但不要有样学样，除非你以后能出名。”

魔咒与购物清单

尽管近代早期的大部分时间里，在宗教书籍上记录宗教异见是不合法的，但因为纸张昂贵，所以藏书室里的书籍用途都非常广泛。《家庭圣经》经常因为用来登记出生、婚姻和死亡情况而厚了一倍。今天，我们中很少有人会在某个地方记录无边的哀愁，以及确定多余床上用品的数量，但在宗教改革期间，玛丽·埃弗拉德

（Mary Everard）就这样做了，她在一本圣经中哀叹自己在北诺福克巴克顿附近的圣十字架神龛被毁了，就在那下面写着“我的衣柜里有 12 条毯子和一张床单”。安妮·维斯波尔（Anne Withypole）在祈祷书底部以英国广播公司“即时新闻”的形式，记录了玫瑰战争期间日复一日的战役，以及后来亨利七世抵达米尔福德港等转折点。

还有一些人在书籍上记录了购物清单和食谱。一本都铎时代的薄伽丘爱情诗集或许能感动读者，但它宽大的扉页上写着一份美味的韭菜香草酱食谱。很高兴这种与食谱对话的传统保留了下来。1580 年，一位妇女删去了她食谱中的许多段落，还写道：“所有这些食谱都错得离谱，不过都在边上改正了。”诗人托马斯·格雷试验了一种用板油和腌鲱鱼做馅料的“小牛心”，可以理解的是，他在食谱旁边写道，“试过，发现不好吃”。而家庭菜园里传来了另一个令人耳目一新的做法，在中世纪晚期的草药植物志上，用英语写着这些植物的民间俗称注解，而且大胆地尽情表达了对拉丁语潮流的愤怒。“Basilisca”和“Artemisia”边上写着“拳参”和“艾蒿”的提示，字体很漂亮。“Philomena”的注解是“夜莺”，当书上一板一眼地提到“constipatus”时，我们的佚名作家似乎失去了耐心，写道“可能不会拉屎”。在近代早期的书籍中发现了类似的个人情感爆发，有威尔士语、盖尔语和康沃尔郡的凯尔特语。

17 世纪，一个小佃农在塞涅卡的《道德书简》（*Moral Epistles*）扉页反面大发雷霆，用了 250 个字斥责要砍他的荆棘篱笆当柴火的地主，想要阻止他。这个佃农似乎已经吵输了架，但他只是想把这种不公待遇记录在一本关于辨别是非的隽永书籍中流传给后人。尽管美国的这个例子只是一个陶土壶，但这条旁注很罕见地来自于一个 1698 年的美洲原住民，当希瑟·科佩尔森（Heather Kopelsen）在马萨诸塞州发现这条旁注时，她说“我的下巴都要掉下来了”，旁注写道：“印第安女人告诉我，‘Nunnacoquis’的意思是陶土壶，就像‘Nemasket’这个词一样。”

在基督教时代前，这个热情洋溢的民间魔法世界存在的时间比许多历史记录告诉我们的还要长。这个世界姿态诱人地出现在旁注中，就像森林之神萨提尔在树木间一掠而过。莎士比亚时代的人们在书籍的边缘写下了各种咒语，比如爱情咒语、生育咒语、写在黄油或苹果上能治牙痛或止鼻血的符咒还有许多对盗书贼的诅咒，这些咒语让人想起吟游诗人坟墓上的那句话，“诅咒动我骨头的人”。一本祈祷书上有一个灭火的魔法咒语，还有占星术的计算。埃蒙·达菲指出，这些咒语“受到所有阶层的欢迎”，而且因为抨击这些咒语的布道无处不在，他推断它们“广受欢迎”。

一直以来，这些旁注虽然司空见惯，但是又发人深省。特德·休斯在《爱丽尔》（*Ariel*）的扉页上用粗大有力的字体写下了他们的诗。他解释说，书上长长的棕色污渍是他和西尔维娅·普拉斯（Sylvia Plath）住在德文郡时房子“茅草屋顶上的水滴”。他们在那里过得很快乐，直到西尔维娅觉得自己“变得愚钝”，而书籍中的污渍保留了她的过去，直到她在翡茨罗伊街 23 号度过那段黑暗的日子。

有时，一个瞬间在旁注中记录下来的诗比整本韵文蹩脚或分析不当的书籍中记录的诗歌还要多。一位牛津大学新生在一篇无聊的文学评论里的注解很贴切，“天哪，我没把炉子关掉”。出版作家致力于唤起人们的生活热情，而有罪的旁注主义者则随意地在他们的书页上植入真实的事物，或者像记者与注解者亚历山德拉·莫洛特科（Alexandra Molotkow）所说的那样，“我的酶包裹住了文本”。文本通常像是郊区或是规划建设的城市里单调街道的平面图，而倾斜的旁注有的天马行空，有的悲哀沉痛，带我们走上质朴的小巷或历史的开阔荒原。好的旁注可以使许多二流书籍免于丢弃。其他的艺术作品都没有这样能成为新创作的潜力：可以理解绘画、雕塑与建筑这些艺术形式因为难以触及而受到尊敬。但是任何人都可以给书籍打上“独一无二的标记”，总有一天会有人来分析我们留下的痕迹，告诉未来我们是什么样的人。

但对我们大多数人来说，书页上仍然有一种力场。旁注主义者赫斯特·皮奥齐（Hester Piozzi）写了很多旁注，1790年她怀着负罪感把这一切写进日记：“我有一个在书籍页边空白处写东西的技巧，这不太好，但一个人总会渴望说些什么。”她是约翰生博士的朋友，会说多国语言，晚年时才慢慢“露面”，公然为书籍做注解，这些注解现在成了历史学家研究18世纪文化史的金矿。1925年，她的许多随笔独立成书出版，人们至今仍从中挖掘信息。她在页边空白处记录了人们的穿着，利用小矮妖（“一个精灵仙女”）在纸牌上作弊的朋友，孩子们对亨德尔（Handel）音乐会的反应，威尔士留存的习俗还有威尔士亲王（Prince of Wales）的朝臣开玩笑说他勋章上写的“我服务（Ich Dien）”意为“瘙痒致死”，也就是死于性病。我们都拥有这样流落的宝藏，而赫斯特能把这些记录下来正是因为她有这种“技巧”。

在这本书的写作过程中，我有一个始料未及的发现，纵观历史，女性似乎特别喜欢以最无拘无束的方式享用书籍，从闻嗅、亲吻、拥抱书籍，到在树上和火堆旁阅读书籍（令业余收藏家绝望），还让书籍染上许多墨迹。也许女性的直觉比男性更强。用身体接触就是在与书籍谈判，允许书籍影响人的情绪。那些会这样做的人可能也喜欢模棱两可的事物，对狂欢与荒谬的事物很敏感。比如超人（Superman），他不论是穿着超人服装还是作为仪表堂堂的克拉克·肯特（Clark Kent）出现，这个人物都缺乏深度，不会是一个旁注主义者，也不会在书页上折角。蝙蝠侠才是会这样做的人，因为他更能适应多种多样的生活。

蝙蝠侠的同性恋伴侣罗宾（Robin）表示他对社会上的爱情书很不耐烦。他与父亲般的管家阿尔弗雷德（Alfred）平等相交，相处融洽，说明他没有恋母情结或施虐受虐倾向。他有一条秘密门廊，通向的蝙蝠洞在潜意识中具有象征意义，这也使他家成为一个包容万物又混乱有趣的地方。在他美好的图书馆里，这个人在书籍的页边空白处泼墨挥毫，惊叹于书籍所展现的人性之美，而超人则抚摸着他的氪星石，对着镜子检查自己的头发。

这些年里我面试来应聘书商的人时，总是很想真正发现应聘者的本质，因为真正的书商会将真实的自我投入工作中，而不是留在家里。“如果吸血鬼和狼人在酒吧停车场打架，谁会获胜？”是我最管用的问题之一。应聘者就这个问题谈到了这两者相对的本性，吸血鬼冷酷无情又精打细算，狼人狂野不驯又遵从本能。狼人是旁注主义者，当史蒂文森写下野性放纵的海德（Hyde）在杰科（Jekyll）的一本虔诚的书籍上写下“淫秽得吓人”时，他也意识到了这一点。

个人政治

然而凭着涂鸦的习惯，海德在亨利八世的统治下活不了多久。在亨利时代的宗教书籍中，一种“非常普遍的服从”，甚至是奥威尔式的恐惧都是证明。亨利与罗马决裂后，读者们一次又一次地抨击某些圣徒，尤其是过去威胁到君主制的托马斯·贝克特（Thomas á Becket），1538年他的圣殿遭到摧毁。人们划掉了对他的祈祷，如果书页太大，就在上面再贴几页纸。在伊普斯威奇，有人划掉了他的名字，写下了“上帝保佑国王”。炼狱也不复存在，祈祷时不会再提到，尽管这让祈祷变得毫无意义。教皇受到的打击最为惨重，人们擦掉了他的王冠，把他的头衔改为“主教”，反基督的言论频频出现。其中有一些是为了取悦托马斯·克伦威尔的思想警察，比如祈祷书中的注解机械地写道：“我全盘否定并删除了教皇的名字。”

理查德·托普克利夫（Richard Topcliffe）醉心于他的拷问工作，他在书籍的页边空白处注明这是“下流的天主教畜生……落后”的任务。在他的一本宗教改革史书中，他“给教皇”画了绞刑架，在其他的书页上称教皇为“毒蛇”和“杂种”。这本书是意大利人写的，他读到接近结尾的地方就不读了，幻想道：“我真想在圣约翰伍德用双手剑杀了这本书的作者。”

大英图书馆的一本祈祷书上有一页令人心碎的文字，把我们带进了宗教改革的熔炉。亨利八世自己在信中写道，希望人们能为他祈祷，阿拉贡的凯瑟琳（Catherine of Aragon）写道，“我认为在上帝的指引下，朋友的祈祷是最能接受的，因为我把你当成我的朋友，所以我会为你祈祷，也相信你祈祷时会记得我。王后凯瑟琳”。后来，她的女儿玛丽公主（Princess Mary）写道：“你祈祷时要记得我。”亨利八世离婚后，两个女人的签名都被小心而无情地抹去了。

经历了宗教改革和信仰新教信仰信教的共和国，魔法和仙女传说的世界变得非凡瞩目。斯宾塞的《仙后》（1590）、莎士比亚的《仲夏夜之梦》（1595）和普塞尔（Purcell）的歌剧《仙后》（*The Fairy-Queen*，1692）都大获成功。1611 年，斯宾塞的一首诗展示了他的强烈反对，显示了民族精神有多么的分裂。1953 年，这本书因为有注解，所以价格只有 8 英镑，已经退休的斯蒂芬·奥格尔（Stephen Orgel）教授从剑桥的大卫书店购买了这本书。这家店坐落在一条绿树成荫的步行街上，至今仍在那里，有 300 年的历史。书的第一个主人在书中毫不妥协地写道：“仙女是魔鬼，所以仙境一定是魔鬼的土地”，称边上提到的朱庇特（Jove）“除了魔鬼什么也不是”，认为圣乔治（St George）“这个天主教的圣人是没事可干的僧侣编造出来的”，圣母玛利亚的出现使他斥责盲目的偶像崇拜。与此同时我们越来越多地发现，人们私下里很崇敬圣母玛利亚的雕像和遗物，经常把它们藏在墙壁和阁楼里来祈求更好的生活。

大约 1938 年，我去世已久的父亲在波多贝罗路的市场又找到了一本关于时间旅行的政治书籍，他花了一先令买了下来，这本书生动地用图像向读者说明了怎样给 300 年间的墨水做历史对比。现在这本书在我家。这就是普鲁塔克（Plutarch）的《希腊罗马名人传》（*Lives of the Noble Grecians and Romans*），1595 年由莎士比亚的出版商和斯特拉特福德（Stratfordian）的同事理查德·菲尔德（Richard Field）出版。译者理查德·诺斯（Richard North）采用了伊丽莎白时代生动的散文把这本书翻译得很好，以至于莎士比亚大幅借鉴了这本书；他的《凯撒大帝》（*Julius Caesar*，1599）、《安东尼与克莉奥佩特拉》（*Anthony And Cleopatra*，1607）和《科利奥兰纳斯》（*Coriolanus*，1609）都多次把这本书当成素材资源。普鲁塔克作品中的一切都在提醒我，关于这三部戏剧都带有旁注的括号和下画线，还有都铎时代的评论，所以莎士比亚也不是都铎时期唯一一个从中获取素材的人。1601年，戏剧《科利奥兰纳斯》让莎士比亚能安全地研究埃塞克斯（Essex）对伊丽莎白女王发动的叛乱。埃塞克斯深受宠爱，曾经与女王陛下打牌，一起娱乐了一整晚，他领着一支叛军进入伦敦，结果被斩首了。在《科利奥兰纳斯》的旁注中，都铎时代的读者写道，“像埃塞克斯伯爵一样，他进入了城市”，这是关于埃塞克斯的两个旁注之一，暗示着环球剧院的观众会理解《科利奥兰纳斯》的深层含义。我不确定是都铎时代的哪个人写下了旁注。刚才，我的脊背上着实打了个寒战，因为我看到有人在布鲁特斯（Brutus）有性命之危的段落下画了线。但可以肯定的是，属于莎士比亚的普鲁塔克作品不太可能在波多贝罗路。

英国内战结束后，这本书到了约翰和伊丽莎白·多克斯福德（Elizabeth Doxford）手中，两人都在几页纸上大肆练习签名。大约一个世纪后，1772年11月，埃莉诺·戴（Elinor Day）宣布她对这本书的所有权；两年后，她匆忙地在亚西比德（Alcibiades）那里颠三倒四地记录“收到来自罗伯特（Received of Robert）”的付款。这位维多利亚时代的主人——我追溯到他处于1839年之后，因为他提到了一本J. 霍林（J. Hollings）的被遗忘的书，他在书中写了一打详细的评论，比如“权力过大导致胆大妄为”和“这样的权力派系是国家的废墟”。大约300年之后，这本书首次在伦敦出售，却遭受了最大的创伤，因为重新装订时要把页边空白处切掉，从而除去所有大块的旁注。最后在1965年，我的妹妹安（Ann）是一位图书管理员，她用铅笔写下了她是怎样从印刷的小细节中得知书的原貌，尽管缺少标题页，但这就是1595年的那版。

英国内战时期，政治旁注变成了历史学家史蒂文·兹维克（Steven Zwicker）教授所说的“一个纠正、拒绝与否认的战场”，还有暴风雪般的小册子让情况更加复杂。兹维克认为，这种政治化的阅读“照本宣科地宣扬了一种新的政治文化，在这种文化中，辩论和交锋成为常态——这是咖啡馆和俱乐部的文化，政党的政治”。所以在页边空白处涂鸦有助于我们挑战权威。都铎时代密室里悄然划过的羽毛笔与议会里激烈动荡的辩论之间连着一条直达线。这两者并非因果关系，但我们如果看惯了墨水写下的不同意见，就一定更习惯于人们对现状的强烈分歧。到1772年，废奴运动家格伦维尔·夏普（Granville Sharp）选择逐条反驳奴隶主著作中的论点，他画出了为奴隶制辩护的每一个理由，并在页边空白处作出回答。

我们这个时代的一些著名事例让人见识到了这一持续的进程。也许会令人惊讶，爱德华·赛义德的帝国主义理论来源于他钦佩的威廉·布雷克（William Blake）对乔舒亚·雷诺兹的“罗马史论”所做的激烈旁注。马奥（Mao）和希特勒（Hitler）个人图书馆里的旁注充斥着自我辩护和世界末日的预言。

最近，格雷厄姆·格林很想澄清事实，因为他拿到了克里斯托弗·安德鲁（Christopher Andrew）的英国情报史《秘密服务》（*Secret*

Service，1985）。他纠正了几点关于盖伊·伯吉斯（Guy Burgess）的意见，以便与那个叛逃者保持距离。性政治也在旁注中发展。当薇塔·萨克维尔·韦斯特（Vita Sackville West）阅读爱德华·卡彭特（Edward Carpenter）的《中间之性》（*The Intermediate Sex*）时，她在书名边仔细地写下了“中性”一词，这反映出她坚信随着时间的推移，人们会接受性别流动性，而她那紧束的马裤和系带靴也不会令人大惊失色。牛津大学图书馆的近代史学生不会退缩。他们的法医分析包括了“傻瓜！”和“哦，80 年代”。在英法百年战争的历史中，有这样一句话：“苏格兰人真是死气沉沉”，有人猜测这句话刺痛了一个苏格兰人，那个人简洁而不多话地答道“滚开”。

创意对话

注解者是评论家的祖先。他们的语言缺乏润色，但直率而热烈地投入书籍弥补了这一缺陷。我猜有时读者确实比评论家更会愤怒地把书扔到墙上，这是托普克利夫幻想在圣约翰伍德杀死作者的温和版本。我阅读的童话故事曾经惹恼了我和一个蹒跚学步的孩子，我们一致同意把那本书从二楼卧室敞开的窗户扔出去。这是一种宣泄。想想看，我的前妻一定也这样宣泄过感情，我和她分开后她把我最喜欢的书从我们卧室的窗户扔了出去（我们现在成了朋友）。这周我把一本新的奥列弗·里德（Oliver Reed）传记扔下楼梯，因为书中说他的《三个火枪手》（*Three Musketeers*）中的剑术很写实，以至于有人看到特技演员们在角落里干呕。《三个火枪手》是个好故事，但特技演员是怎么回事？我不相信有那么多特技演员会吐出来。

当那本书哗哗作响着滚下楼梯时，楼下的某个人家恼怒地叫喊起来，而我想着，这本书写得真蹩脚。

读者有时候会不由自主地觉得书籍是有生命的，大卫·希尔兹（David Shields）最近在一本书上的涂鸦就是这样："如果这本书再重复强调这一点，我就照脸打它一拳。"一位读者阅读了《包法利夫人》（*Madame Bovary*）的最后一段时，发自肺腑地写道"天啊！"，然后又写道"这是彻彻底底的犬儒主义"。

在旁注的评论中，你可以感受到牛津大学的学生有多灰心丧气，他们抛开幼年的快乐，苦苦钻研文学评论，而这些评论不仅入侵了他们的卧室还吞噬了他们对书籍的热爱。一本品达（Pindar）的文学分析中，旁注写道："从头到尾都是废话"；一本对福楼拜的评论深奥难解，旁注写道："别看这本书，全是胡说八道"。"牛津大学旁注小组（Oxford University Marginalia Group）诞生于2012年，我应该把这些旁注给他们看看，当时一位学生阿普丽尔·皮尔斯（April Pierce）看到了一个注解，提醒人们阅读书籍是为了生活，而不是相反：

> 让我们假想我们已经重获了诗意的体验，那么文本仅仅是一条痕迹，就像云室里的痕迹，显示着光子曾经的踪迹。

随着越来越多的旁注被电子化，人们越来越赞赏旁注，也就越来越清楚书页上的激烈苛刻的评论就是文学批评的秘密历史。我们私下里把自己的书当成铁砧。法国批评家雅克·德里达推翻了文本的权威，而且他就像是后现代主义的首席小提琴家，他喜爱旁注，甚至在他写的一本书的页边空白处印上了自己的注解，这几乎是一种自慰式的互文。

布雷克重新定义了书籍是什么样的，他对文本毫无敬畏，会强烈批评文本，尤其是在哲学家弗朗西斯·培根和肖像画乔舒亚·雷诺兹的作品中，他们的审美与他相对。布雷克把一本奉承雷诺兹的传记变成了一部诋毁之作，现在全部在大英图书馆的网站上数字化了。在标题页上，他宣称："这个人受雇于压抑的艺术。以下笔记是我威尔·布雷克持有这一观点的证明。"他在这本传记中的笔记包括"所有的崇高都建立在细微的歧视之上"之类的评论，因此可以通过这一绝佳资源理解布雷克的思想。学者们认为，从基调上讲，他想让自己的后代读到这些旁注，而且打算有朝一日将它们公之于众，就像他在约翰·拉瓦特（Johann Lavater）《格言》（*Aphorisms*）中的注解写道：

> 我不希望有人觉得我的评论无关紧要就因此认为我写的东西是在吹毛求疵，我是凭着满腔热情来写作的，我觉得书中有错误时也无法抑制改正它们的冲动，而且我是那么喜欢这本书。

柯勒律治创造了"旁注"这个词，他的评论或是才华横溢或是诗意盎然，以至于查尔斯·兰姆甚至为了获得他的注解而把书籍借给他，还开玩笑说这样会让书籍的价值增至三倍；这位诗人也是个备受欢迎的讲师，就像是那个时代的齐泽克（Žižek）一样。和布莱克一样，柯勒律治也意识到会有更多的读者阅读他的旁注，这包括六卷他收藏的作品。在德国哲学家谢林（Schelling）著作的页边空白处，柯勒律治发表了他的旁注宣言："我珍视这本书，我在论证推理时，就像与自己一样与这本书辩论争吵。"埃德加·爱伦·坡（Edgar Allan Poe）同样在阅读书籍时手握钢笔，为了写下"思想、共识和不同意见"。这种用书籍来磨炼头脑的方法，在彼特拉克（Petrarch）注解的《李维》（*Livy*）、克里斯托弗·哥伦布（Christopher Columbus）的《马可·波罗》（*Marco Polo*）和吉本（Gibbon）的《希罗多德》（*Herodotus*）中也能看到。

济慈注解的《失乐园》（*Paradise Lost*）特别激动人心，因为他非常惊讶弥尔顿通过怪诞而神奇的组合获得的艺术效果，然后弄清楚怎样模仿这种魔力。这部两卷本的书籍现在存放于伦敦济慈之家的收藏中，里面包含的大量注解相当于一本书籍之中的书籍。这部书籍最近数字化了。他称赞弥尔顿的"定位"，这是当时视觉艺术的术语，用来重现一个场景：亚当目睹了人们吃禁果，他不仅感到恐惧，而且

> 震惊茫然地站着，恐惧的寒意在他的血管中奔流，他所有的关节都软了……他脸色苍白，站在那里说不出话来。

济慈评论道："他在飞翔时看到美好的事物，就扑了上去。"济慈对弥尔顿吟唱悲伤的方式也印象深刻，在旁注中把它称为"黑色的光辉"。在《失乐园》中，济慈的笔记表明，他阅读这首诗时感官就像坐上了过山车，唤起的听觉、嗅觉和触觉都令他获益。他告诉利·亨特（Leigh Hunt），他认为弥尔顿在失明中像老饕一样饱尝了感官的愉悦。济慈指出，《失乐园》里还能"定位"到感官上的极端

厌恶，就像他笔下的堕落天使尝到了灰烬一样的食物时，并“高声叫着啐吐出那怪味……多么令人作呕的怪味，也只好让满口的煤渣折磨着双颚”。济慈仿佛是陶醉于自己与弥尔顿相似的才华，在第二卷的扉页上写下了自己的诗《致睡眠》(*To Sleep*)。

另一个关于艺术家在艺术家的作品上做注解的例子是柯勒律治和华兹华斯之间热情浪漫的差异，这为19世纪中心二分法的美学打开了一扇窗。华兹华斯在旁注中写道，莎士比亚的一些十四行诗“晦涩难懂，毫无价值”。柯勒律治言辞激烈：“我决不认同W.华兹华斯以上的铅笔字迹；但他的旁注是我所希望看到的，永远不应该抹去……英国人已经堕落了。”他非常渴望保留这些评论，因此走在了时代的前面。然而直到20世纪，他自己的旁注一直遭到忽视甚至毁坏，弥尔顿的一些作品也是这样。很多其他的书籍成了柯勒律治的讨论会，他注解了布雷克的《纯真与经验之歌》(*Innocence and Experience*)——尽管这本书已经丢失了，还有威廉·葛德文(William Godwin)的戏剧《阿巴斯》(*Abbas*)，这本书中有“平淡或刻薄”“平庸陈腐的书籍语言”和“糟糕的韵律”这样的评论。

戏剧《乔治·A.格林》(*George a Greene*)的作者佚名，这部戏剧都铎时代的主人在旁注中写了一些关于作者的猜测，其中有一句话令人震惊：“莎士比亚说，这是一位牧师写的，而且他还亲自出演了这部戏剧。”

简·奥斯汀(Jane Austen)在戈德史密斯的诗歌中做了标记，显示她进行了深度的思考，在接近结尾的地方她自己总结道，柯珀受欢迎多了。稍晚一些，历史学家托马斯·麦考利把米尔纳(Milner)的《教会史》(*History of the Church*)当作自己的讨论会，与这本书对话，直到接近结尾：我投降。我已经尽力了——但是我受不了这个枯燥荒谬、虚假恶毒的人。

鲁伯特·布鲁克（Rupert Brooke）用铅笔懒懒地做了大量记号，正如一位朋友说的，哪怕是在剑河上，他也会左手划着桨，另一只手拿着铅笔做笔记……把文章固定在膝盖上。

詹姆斯·弗雷泽（James Frazer）却是在自己的作品上翻来覆去地写着这样的文字。1890 年，他出版的第一版《金枝》（*The Golden Bough*）共两卷，这是一部学术巨著，分析了全球的神话和魔法。虽然有些基督徒对这种比较宗教学的杰作感到愤慨，但这位格拉斯哥化学家的儿子才刚刚起步。为了给第一版增加内容，他印了一版一次性的版本，书页间夹着空白页。他在这些空白页上用墨水添加的内容最终形成了 1915 年的长达 12 卷的最终版，是人类学的奠基之作。

有时，就像海德在杰科的书上乱涂乱画一样，注解也能体现人们不断变化的性格。亚历山德拉·莫洛特科收拾好自己第一间单间公寓里的行李，搬到曼哈顿一个更大的房子里时，她为自己在书籍中写的旁注而感到无地自容，那时她“25 岁，不知天高地厚”，而旁注的言辞激烈傲慢。她就像是低配版的海德，为了替自己辩护，她沉思后认为旁注帮助她“形成自我”。

虽然 T. S. 艾略特不太可能在书籍中留下自以为是的少年时代，但在埃德蒙德·胡塞尔（Edmund Husserl）的《逻辑研究》（*Logische Untersuchungen*）中，他确实吐露了一些迷人的个人情感，比如“这到底是什么意思？”，“该死的洛克（Locke）”（布雷克会笑的），还有“essollte überhaupt Kuchen geben”，意为“蛋糕应该总是有的”。

有时，仅仅是页边空白处的标记就意味着文学动态的变化，就像休眠火山喷出的熔岩。在一本梭罗（Thoreau）的《瓦尔登湖》（*Walden*）中，“旅行者必然在路上重生”这一句画了下画线，旁边打着一个整齐的小钩。这本书是1949年从图书馆借来的，后来没有归还，上面写着杰克·凯鲁亚克（Jack Kerouac）的名字。

爱与死亡

据说爱与死亡之间有一条秘密通道。这两者都能让人逃离日常生活，到达一个神秘境地。这种辉煌成就令人费解，我们不得不求助于书页之间的秘密来打开我们的心扉。日记缺乏热情，信件不够私密，Biblia 和 Intima 会理解的。

柯勒律治赞美注解，认为这是一种欺骗死亡的方式。在一本兰姆的《博蒙特与弗莱彻戏剧集》（*Plays of Beaumont and Fletcher*）中，他写道：“我不会在这里待很久的，查尔斯！我离去了，你不会介意我弄坏一本书的。”书籍隽永长存，因此有些人用书籍来纪念死亡。1348年，彼特拉克（Petrarch）在维吉尔的作品中悲伤地提到劳拉（Laura）死于黑死病。在他被处死的前一天晚上，查理一世（Charles Ⅰ）把他的莎士比亚文集交给了他的仆人托马斯·赫伯特（Thomas Herbert），后者在国王的签名下记录了主人的去世。希瑟·杰克逊（Heather Jackson）是现代伟大的旁注专家，一次读书活动介绍她是研究名人注解的人时，她想，“事实上，恰恰相反——旁注大多是无名人士的声音”。同样的，在中世纪晚期，一位不知名的书籍所有者在一页宗教日历上写下了一句触动人心的旁注，就在11

月 27 日旁边："我的妻子到上帝那里去了"。

现在该去爱了。一段情人般的友谊消失在了历史中，只在一本《新约》的书页上留下痕迹，这本书现存于大英图书馆。伊丽莎白一世女王伊丽莎白女王一世（Queen Elizabeth Ⅰ）在书中写了一篇诚挚的祷文，任何工作负担沉重的人都能与这段话产生共鸣："我发现在美好的事物中，宁静的生活最丰富；而知足常乐的人肯定不富有。"她对她的女仆安妮·波因茨（Anne Poynts）写道，"你亲爱的朋友"，但别忘了她的身份，女王划掉了"朋友"写上"夫人"。安妮在这之后写了她自己原创的诗：

比飞翔的燕子更迅捷
我们的青春飞逝
然后岁月行使权力呼唤我们，
死亡也不会停留
无论白天黑夜。

这首诗中几乎有一种情人般的温暖，而安妮故意忽略了她女主人的得体礼貌，在签名时写下"你的朋友安妮·波因茨"。

在都铎时代伦敦的另一个地方，一位不知名的失恋男子在一本枯燥的教科书中抒发情感，就像恋人们在树上写下他们的感情一样：伊丽莎白·泰勒（Elizabeth Taylor）是香奈儿街上的美人（这条狭窄的街道现在名叫卡农街，而且还在那里，就在大本钟附近）。

18 世纪 90 年代，一名美国女性在一本布道书中也记下了类似的情感爆发，她打断了一份商品清单——"火柴两美分，猪油八美分”——“亲爱的布朗先生，我全心全意地爱你，我希望你也是。”在同一时期，爱尔兰浪漫主义小说家雷吉那·罗奇（Regina Roche）描绘了注解能承载情侣之间的情意。在《修道院的孩子》（*Children of the Abbey*，1796）中，失恋的阿曼达（Amanda）发现了“会让她想起莫蒂默勋爵（Lord Mortimer）的新鲜事物”，那就是书籍，带有“他亲手写下供她细读的”笔记，“啊！这些纪念品真能勾起她回忆在小屋里度过的那些快乐时光”。阿曼达彻夜未眠，“哭泣了一整晚”。她的男性翻版是《呼啸山庄》（*Wuthering Heights*）中的洛克伍德（Lockwood），他在深夜发现了凯瑟琳（Catherine）写的旁注笔记“填满了印刷工留下的每一小块空白”，这令他清醒难眠，“我立刻产生了兴趣”，而且“我立刻开始破译她那些褪色难辨的文字”。《名利场》（*Vanity Fair*）中的葛萝薇娜（Glorvina）在追求都宾少校（Major Dobbin）时徒劳地通过旁注笔记来示爱，她借了他的书籍，并“每逢书上有她认为动人或者幽默的片段，就用铅笔在句子底下勾了许多道儿”。然而都宾对一位同事说，“得了！她不过是借我练练手罢了”。

就像倾慕“香奈儿街的美人”的人知道，表达爱意的旁注能抚慰伤痛的心。这种情感留存下来，甚至一直延续到公共厕所的墙壁上——民间巫毒信仰认为，无望的单恋可以记录在地球的记忆中，写出来就能使恋情成真。这甚至可以使自爱成真。辗转于恋爱与失恋之间的女歌手玛琳·戴德丽（Marlene Dietrich），在巴黎楼上的公寓里度过人生最后十年，也将她的悲观厌世之情倾注于书籍的旁注中。那条街道以另一个隐居的注解者命名——蒙田大道，这是一个辛酸的巧合。1992 年，90 岁的玛琳去世后仅几个小时，一大堆玛琳的书籍就被送到了巴黎的美国图书馆后门，其中有两千多本英语、法语和德语书籍。

她将歌德“奉若神明”，满腔热情地在他的作品中做注解，而在年代较近的书籍中，她更多是用几种颜色的笔直接做记录。亨利希·曼（Heinrich Mann）对1930年的电影《蓝天使》（*The Blue Angel*）有很大影响，这部电影改编自他的小说，拍摄于玛琳29岁时，令她一举成名。查尔斯·海厄姆（Charles Higham）为她写的传记完完全全是胡编乱造：“全是谎言”“不真实”“我怎么总是穿灰色长袜？”还有“我这辈子都讨厌猫”。尽管这些详细的评论可能证实了她女儿的控诉，即玛琳一生中真正爱的是她自己，她的一个小圆圈透露了一段伟大而漫长的无果之爱——与欧内斯特·海明威（Ernest Hemingway）。他们30年来的书信对双方来说既情意绵绵，又启发思维。海明威寄了几篇故事草稿给她征求意见。就像他所说，他们只是“激情不同步的受害者”。她只在德语词典里仔细地圈起一个词——“德国佬”，这是她对他的昵称。

T. H. 怀特（T. H. White）的《永恒之王》（*The Once And Future King*）对成千上万的人来说是逃离现实的绝佳方法。尼尔·盖曼和J. K. 罗琳都承认书中这个古怪男巫以及给神话人物赋予的温暖人性产生了巨大的影响。然而悲伤的是，这本书的作者从来没有逃脱酗酒的父亲和严苛的寄宿学校带给他的心理折磨。他曾经说过学校的鞭笞使他成了自笞者。他在自己藏书的旁注中分享的痛苦甚至比戴德丽还要多。在一个异性恋者主导一切的时代，他作为流性人，在日记中反映了自己“可怕的命运”，他拥有“无限爱和快乐的能力，却没有使用这一能力的希望”。自然作家海伦·麦克唐纳（Helen

Macdonald）认为他是“世上最孤独的活人之一”。怀特是一个心思细密的梦想家，他阅读了弗洛伊德、阿德勒（Adler）和荣格的作品来领悟更多。在弗洛伊德梦的解析理论的旁注中，他敦促自己：“这个要反复阅读。”荣格促使他进行广泛的分析和论证。梦境中房屋的一部分象征着心灵的一部分，这一理论令他兴奋不已：“我确信这是对的。”之后，怀特就徜徉在自由联想中：

> 我曾想死于痢疾。葡萄酒。不是进入。不是哨兵。死于进入。未能进入。丝绸。病了。六。殴打……我母亲的名字是K，意思是……

小说家吉姆·克雷斯（Jim Crace）崇拜T. H. 怀特，当他查阅了怀特的档案馆时，感动得流下了眼泪，怀特的档案馆包括他的400本书籍，其中很多都有注解。就像柯勒律治一样，怀特当然希望他的旁注能够留存下来，并作为他作品的一部分加以研究。这样他就把自己钉在墙上，接受公众的检查，他把这种可怕的过程变成传达信息的方式，这种方式具有无所顾忌的朋克精神，在英国广播公司陈腐的电视采访中他永远也不会这样做，那个采访由油滑傲慢的罗伯特·罗宾逊（Robert Robinson）主持，他让怀特拒不开口。怀特的笔记令人不安，但让人意识到作者可以有太多层次了，如果他们咔嗒一声打开后台奇怪的灯光。海伦·麦克唐纳《海伦的苍鹰》（*H is for Hawk*）赤城坦率，这无疑是从怀特身上学来的，怀特是她作品的黑暗引擎。

包浆还是损坏?

一些客户会因为书籍上有很轻微的痕迹而要求打折，但其他人却很愿意支付全价，尽管我指出了他们没有注意到的损坏，还主动提出降价。我曾经认为后一种不是很有钱就是赶时间，但我开始意识到他们的确不在意细小的敲痕或凹陷。我们心理状态上的这种差异可以追溯到很久以前人们对于旁注、折角和各种磨损的态度。

对一些人来说，使用的痕迹标志着爱和历史传达的信息，但对另一些人来说呢？在《情敌》（*The Rivals*，1775）中，谢里丹笔下的富家女继承人丽迪亚（Lydia），她对一本别人留下了痕迹的书籍很厌恶：

> 嗨哟！是的，我就知道是那个在我之前的懒婆娘。她的大拇指最是明察秋毫；而且我相信，她爱护指甲就是为了方便她做旁注笔记。

她的女仆也这样认为，说这本书“太脏了，还有折角……不适合基督徒阅读”。

查尔斯·兰姆非常希望在他的书中有这些身体留下的痕迹。对于用过的书籍，他写道，“对于真正热爱阅读书籍的人来说，污迹斑斑的书页和破旧的外表是多么美丽啊，不但如此，还有气味……”，兰姆的描绘中，真正的阅读描绘就是广泛接触多种多样、喧闹繁杂的人类。对他来说，旧书籍“值得竖起一千个大拇指”。在奇妙的想象中，他对想象中一位女裁缝产生了好感，“孤独的女裁缝……做了整整一天针线活后”，阅读书籍“一直读到半夜，沉浸在她的忧虑中”。

兰姆迫切需要二手书籍，“谁会让它们不那么脏一点呢？”这是浪漫主义者的声音，贴近未经修饰的自然、人类或其他事物。在德文郡一家旅馆的窗台上，柯勒律治和哈兹里特（Hazlitt）发现了一本破旧的詹姆斯·汤姆逊（James Thomson）的《四季》（*The Seasons*），柯勒律治惊呼道：“这才是真正盛传的书籍！”——意思是人们阅读并热爱这本书，而不是循规蹈矩地把它放在伟大的图书馆或古董书柜里。1730年开始，汤姆逊的那首诗在人们的日常生活无孔不入，以至于250年后，当我的母亲告诉我们，八个孩子只吃“优雅丰盛的食物”时，她不自觉地引用了这首诗。

乔治·艾略特（George Eliot）在19世纪50年代的写作，标志着她对旧书籍的喜爱。在《弗洛斯河上的磨坊》（*The Mill on the Floss*）中，麦琪（Maggie）的《师主篇》（*The Imitation of Christ*）就是在一个书摊上花了6便士买来的，“许多地方的页脚都被折了起来”，上面的旁注“笔墨浓重……因为时间太久成了棕色”。这本书籍“小、破旧、不体面”，书籍上的包浆将它与文本的神秘联系在一起，这是一篇基督般的谦逊和不依附于财产的文章。在一个功利主义日益严重的时代，乔治·艾略特和狄更斯一样推崇书籍的包浆。希瑟·杰克逊发现，直到“1820年左右”，书籍中的注解都很受卖家目录的青睐。

工业革命切断了许多人与自然世界的联系，人们用一种新的专制态度对待身体上的生物群落，命令我们不应该在书籍上留下自己的痕迹，而牧师、律师、政治家和教师往往将书籍变成了神圣化的文本。

这种对卫生的狂热在维多利亚时代达到了顶峰，那是在充满旁注的中世纪到浪漫主义时代之后开始的新时代。一位图书馆历史学家写道“1850 年后的公共图书馆剥夺了感官的感受，那里禁止食物和说话”。具有极大讽刺意味的是，有人听到撕开新书未剪开书页的声音时甚至会皱起眉头［露西娅·伯林（Lucia Berlin）的小说《清洁女工手册》（*A Manual for Cleaning Ladies*）回忆了这种声音的美妙，“就像叹气一样”］。

玛莎·德温（Martha Dewing）是今天玛丽·近藤（Marie Kondo）在 19 世纪末美国的翻版，这位清除凌乱杂物的十字军战士开启了大扫除，清除任何一本不能“带来欢乐”的书籍。在《家中的美丽》（*Beauty in the Household*，1882）中，德温推荐了一个带门的小书柜，这样“手就不会被”开放式书架上的书籍那“腐败的飞蛾和灰尘弄脏了”。也许这是美国清教徒遗留下的习惯。在伦敦与德温同时期的福音派基督徒夏洛特·扬（Charlotte Yonge）警告读者不要让仆人“弄脏”书籍。玛丽·科雷利（Marie Corelli），詹姆斯·阿加特（James Agate）描述她是具有“保姆心理”的基督教小说家，在她那个时代甚至比柯南·道尔更受欢迎。王室和中产阶级听取了她对体面生活的意见，这与她掩盖自己是双性恋的行为形成了鲜明对比。对于科雷利来说，二手书一无是处：

> 真正爱书的人永远不会想去阅读那些几百双手翻动弄脏过的书。从免费图书馆借阅自己的精神食粮这种习惯很不卫生…就像从地上捡东西吃……一本干净崭新的书籍……抵得上半打

脏了的……携带病菌的……书卷。

里昂市立图书馆的莫尼克·哈尔维（Monique Hulvey）检查了数百本来自几个欧洲国家的旧书籍，证实了19世纪对大扫除的渴望。她写道：

> 对手稿注解的破坏在19世纪达到了顶峰，当时人们竭尽全力清洗并漂白书页来“清洁”书籍的旁注，重新装订时尽可能多地裁掉书页边缘，以消除“损毁的痕迹”。

这种去除注解的愿望部分体现了工业时代对新产品的尊重。大规模生产使人们更容易获得新产品，因此二手产品成为地位低下的标志。要想变得富有又时髦就意味着要拥有新的东西。这种想法表现在对待书籍的态度上就变得很奇怪。人们对原版书籍的狂热几乎变成了起源恐惧症，变成了一场争夺起源地的战争。

对原版书籍的渴望

害怕受书籍污染的字面意思是害怕“肮脏的书籍”；1857年颁布了淫秽出版物法令，将这些被首席法官称为“比氢氰酸更致命的毒药”列为非法物品。所有这些化学物质，人们认识到了酸潜在的新功能，引发了书籍上的化学战，我们接下来就会看到，而且这发生在家里。

图书馆改革家弗雷德里克·格林伍德（Frederick Greenwood）认

为书籍藏污纳垢，这一想法的最终结果就是他建议使用“书籍消毒器”。就像他在《1890年图书馆管理手册》(*1890 Manual for the Management of Libraries*)中满意地报告道，邓迪图书馆使用一个有盖的“马口铁”橱柜，在谢菲尔德，他们把书加热到“开水的温度”。他认为碳酸是一种很好的熏蒸消毒剂，尽管他承认这种气味需要一段时间才会散去。他带着真正的理科思维描述着他的终极煤气炉，非常关注性能指标：

> 金属熏蒸器是……最简单而且最好的安排，用16号线规铁皮制成，带有角铁门架和侧面支架。它的重量是3.25英担（英担约等于50千克），价格是五镑十先令。

心软的读者应该跳过下一段：

> 一个小灯里燃烧着复合亚硫酸……架子应该穿孔，以便亚硫酸雾自由流通。

这种强硬的基督教信仰和对卫生的专制要求是一种时代精神，而不仅仅是一种怪癖。1910年，国会通过了一项禁止在宣誓时亲吻《圣经》的法案。对该法案的支持者来说，他们真是太幸运了，因为他们从来没有读过我发现的隐秘记载，17世纪弗吉尼亚的印第安人皈依基督教，极度贪恋从英国的船只上得来的《圣经》，他们欣喜若狂地脱下衣服，用这本神圣的书擦遍全身。

妇女和穷人经常触犯神圣的清洁。20世纪20年代，阿诺德·本涅特（Arnold Bennett）激动地回想起一次双重打击：

> 走进普通家庭……在“喝完茶”的宁静中，你会看到一位年轻的小姐坐在夏洛特·杨或查尔斯·金斯利（Charles Kingsley）的作品旁。那些书籍肮脏得令人厌恶，油腻黏手，沾满人身上黑色的污垢。

“为什么市政卫生检查员”不“把女仆的书销毁”？值得注意的是，给细菌带来灭顶之灾的巴斯德（Pasteur）曾就女性对待书籍的不良习惯发表过意见：“在她们眼里，书籍与报纸没什么不同——都可以折叠揉皱。”

詹姆斯先生对古董有惊人的鉴赏力，却突然停止收集写有旁注、“医疗收据等的书籍”。20 世纪早期，他在剑桥大学为书籍编目时，用卫生学者的术语描述了种种使用痕迹，把这些痕迹称作“残留物——更倾向于称作沉积物”。

家庭户主不知道细菌的无处不在而且必不可少，却与贝内特（Bennett）的这句话不谋而合，开始在家里实行“焦土政策”。1921 年首次推出了以盐酸为基础的瑕辟（Harpic），然后是 1929 年牙医设计的漂白剂家净（Domestos）。而布劳巴特（Brobat）这个厕所里的凝固汽油弹于 1935 年发射。报纸上家净的广告也利用对肮脏的罪恶感作梗，一个漂亮的女仆说：“你确定你也要这样吗？”

第一次世界大战中，处理尸体的方式一落千丈——虱子、泥土、在腐烂的尸体上走来走去，这段欧洲共同的耻辱前所未有。我们所有西方人都难逃卫生状况低下的非人境遇，卷进了这个从前难以想象的旋涡。托尔金（Tolkien）创作了常常肮脏不堪的《指环王》部分是回应那段历史，相比之下，肯尼思·格雷厄姆（Kenneth Grahame）退居到《柳林风声》（*The Wind in the Willows*）的田园牧歌中，在那里的地下洞穴中居住着鼹鼠和獾，而不是尸体。诺伯特·埃利亚斯（Norbert Elias）是德国的一名医疗勤务兵，他写作了两卷巨著《文明的进程》（*The Civilizing Process*）作为回应 。这部作品最为不平的是个人“文明”的崛起，但这一过程的核心部分却是发展个人卫生。埃利亚斯支持巴赫金的论点和拉伯雷（Rabelais）暗中进行的事，他说我们对自己的身体机能有一种后中世纪的拘谨。他的书直到1969年才逐渐被翻译，在英国学术界引起轰动。他对卫生与美德的定义虽然复杂却很有影响力，帮助维持着一种氛围，在这种氛围中，旁注不是遭到忽视，就是遭到清除。

早在20世纪70年代，希瑟·杰克逊第一次见到柯勒律治的海量旁注时，一位资深学者建议她“擦掉它们，别再提了”。安娜·米德加德（Anna Midtgard）认为，图书管理员对待使用痕迹的心理仍然存在分歧。她在哥本哈根皇家图书馆的珍本部工作，指出现在的图书管理员有定制的书籍吸尘器，许多人“发现尽可能地清除旧书上的污渍和灰尘很重要，但还是认为新书是最理想的”。安娜透露，其他世界各地的书籍既有干净的，也有铁皮的。有的图书管理员认为那是污渍，而有的认为那是包浆。但形势正在改变。现在旧书籍吸引了社会和图书史学家。正如他们中的一位所说（尽管人们不想让他这种人教导自己的孩子）：“就像哭着尿裤子的洋娃娃一样，逝去的读者在分泌物中复活了。”

女性污垢哲学家正在抵制阿诺德·本涅特与诺伯特·埃利亚

斯的思维模式。1970 年，玛丽·道格拉斯（Mary Doughlas）认为，西方对清洁的推崇“完全是固守仪式”，并不比那些宗教禁忌好多少，而这些禁忌加在女性身上。1992 年，我在坎特伯雷参加了朱利娅·克里斯蒂娃（Julia Kristeva）关于艾略特的讲座，她认为仪式性的清洁是一种想要保持身体完整性的畸形想法，一种害怕被“母亲——兼容并包的母亲，也是大自然”吞没的恐惧。玛莎·努斯鲍姆（Martha Nussbaum）在 1999 年指出，我们西方人关注清洁是“对生命固有的敌意”：“厌恶表示拒绝进食，人们对自己必然死亡、具有兽性的强烈意识因此污染了自己。”另一个少数民族哲学家，波兰的犹太人齐格蒙特·鲍曼（Zygmunt Bauman），把对肮脏的厌恶与种族清洗联系起来。芬兰哲学家奥利·拉格斯佩茨（Olli Lagerspetz）从这种质疑卫生的观点中得到安慰：

> 作为一个有时候粗心大意的房主……过度清洁无关虔诚，却有关法西斯主义和仇外情绪，这一观点自然让我感到宽慰。

令人高兴的是，现在有数百名学者致力于恢复旁注并将其数字化。各大图书馆对此的兴趣参差不一，尽管编目学还没有开始记录有注解的书籍。在丽莎·雅尔丁（Lisa Jardine）和匹兹堡的安德鲁·梅隆基金会（Andrew Mellon Foundation）的资助下，现在伦敦大学学院和普林斯顿大学共同管理着一个阅读考古项目，该项目致力于将旁注数字化。这一项目的网站干净优雅，我几十年来一直潜心于纷繁的旁注研究，对我这样的人来说，这个网站让我感到敬畏。

奥登（Auden）官方传记的作者为这位诗人在词典上评论使用

书籍的新态度设下限制，他发现这本词典“几乎撕成了碎片”：“这个诗人和他的词典都应该被这样抛弃。”古旧书商的图书目录甚至不再提及“弄脏”的书籍，而是向房地产经纪人学习高超技巧，开始称有使用痕迹的书为“瑕疵书籍”。

没有什么东西是永恒的。我们脆弱的自我意识会不断变化心态，然后变成死亡证明上的一行字和一些家庭逸事。这既冷酷薄情，也令人解脱。正如福斯特（Forster）在《印度之旅》（*A Passage to India*）中对阿齐兹（Aziz）所说，“是的，他的一切都是真实的，但他的本质却被扼杀了”。也许一本带有注解的破旧安慰书比我们的职位头衔、我们在家谱上的位置更能体现我们的本质。

假如层层社会化的自我都烧毁了，我们的一些自我意识是否还会存在于一本书里？如果那本书里写了字、裁剪过甚至贴了感想与简报又会怎样呢？

这是一个直观的想法，事实上当采访迈克尔·翁达杰（Michael Ondaatje）怎样构思《英国病人》（*The English Patient*）时，他几乎羞愧地说他并没有构思，一开始那只是脑子里闪过的一个形象——一个病人，在沙漠里失事烧得难以辨认的飞机，谁也不知道他的身份，所以表面上看来他一无所有，却曾设法留住一本写有很多注解的书籍《希罗多德》。

让我们在我们的书籍上留下独一无二的痕迹。有一天，这些书籍可能会成为我们唯一留下的东西。

第九章　幸存于巴黎索邦大学：法国大革命前旧制度下的书籍

在过去的30年里，有几位法国实习生在我的坎特伯雷书店中工作过，这让我清楚明白了两件事：法国人非常认真地把卖书作为一种事业，并且法国的机构很喜欢文书工作。从各个大学出来的实习生都拿出了厚厚的一式三份合同，上面需要多次签字和例行公事的盖章。幸运的是，我找到了书店的橡皮图章来完成这一大堆文件，图章上带着传真号码，从20世纪80年代起就从未使用过。也许这一切都与激情有关，是实习生们对书籍的激情，是法国官僚展示的对控制欲的激情。伊夫林·沃描述了一家楼上的巴黎餐厅，参议员们在那里用餐时“绝对食不言”，体现了法国人对食物的热爱和崇敬，就像学院派疯狂地试图控制法语，象征着他们对文字和控制文字的激情。

法国大革命前，法国的书籍史讲述了一个激情与控制相对抗的故事，而且大部分斗争发生在巴黎河滨的一个小区——拉丁区。1257年，罗伯特·德·索邦（Robert de Sorbon）在这里创办了一所大学和一个图书馆，如今巴黎索邦大学的学生们仍然在咖啡厅中讨论观点，这里仍然有很好的书店。中世纪时，该地区是法国修道院生产手稿的制作中心，随着印刷术的兴起，拉丁区使巴黎成为仅次于威尼斯的欧洲书籍印刷中心。

第一批出版社是由移民经营的，他们主要来自德国。例如，约翰·海恩林（John Heynlin）于1470年开始经营巴黎索邦大学的第一家出版社，并在自己的办公场所创造了一种早期的“陈词滥调”——当常用词语组合的金属字母落在排字盘上时发出的一组声音。早期的巴黎印刷是保守的，使用哥特式字体来模仿手稿，甚至还留有空白处，以便后期手工添加插图。

印刷术使巴黎当局感到恐惧，他们已经在与新教异端和伊拉斯谟这样的人文主义者散发的解放影响作斗争。尤其是索邦大学，它制定了被法国印刷史上最著名的历史学家吕西安·费波夫尔（Lucien Febvre）称为“一种彻底的压制政策”。索邦大学神学家们成为判断一本书是否合法的最终法官。当法国贵族路易·德·贝尔昆（Louis de Berquin）翻译伊拉斯谟的作品时，在索邦大学的压力下，他被逮捕了，并且被迫看着自己的书籍被公开烧毁。他的舌头被刺穿，他被判处公开忏悔后终身监禁而且不得借阅书籍。由于他不肯悔改，因此被烧死在火刑柱上。

不久之后的1535年，令人惊讶的是，巴黎议会完全禁止印刷，并烧死了23名与图书贸易有关的人，一位历史学家评论道，“如果不是基督教牧师，我们本来觉得只有恶魔才能发明这些酷刑。”像克努特式那样的印刷禁令是短暂的，但紧随其后的是一连串的法规，其中《蒙彼利埃法令》要求每一本书籍都要得到皇家的批准，而《穆兰法令》只允许得到政府新审查机构授权的印刷商出版书籍。

这些针对出版商的过度惩罚显示出当局在书籍泛滥问题上的焦虑。艾蒂安·多莱（Étienne Dolet）是一个悲惨的受害者。多莱是一个可爱机智的学者，特别喜欢音乐和野外游泳。他被任命为法国驻威尼斯大使，爱上了一位当地女孩埃琳娜（Elena），并为她写了优美的拉丁文诗。当他回到法国后，国王亲自为他颁发了为期十年的印刷厂执照。威尼斯激发了多莱对新文学的热爱，所以他印刷出版了各种危险的文本，包括他自己对柏拉图的开创性翻译以及他的先锋派朋友拉伯雷（Rabelais）的作品。

多莱常常表现出几乎不把危险放在眼里的勇敢，如他与图卢兹总督格拉提安·杜邦（Gratien du Pont）的冲突。图卢兹是法国最专制并且最受信仰盲目驱使的城市，也是法国宗教法庭的所在地。1772 年之前，图卢兹当局的一座宫殿里一直有一位受薪的总检察长。杜邦写了一首反对女人的史诗，把女人的本色描绘成魔鬼的代理人和男性的压迫者。他的妻子离开了他。为了法国的荣誉，这首诗被广泛评价为“法国诗歌的最低谷”。在一位评论家看来，那是“一系列冗长乏味的长篇大论”。另一个评论家阿贝·古杰特（Abbé Goujet）在 1759 年的《法国文学史》（*History of French literature*）第 11 卷中嘲讽这首诗“风格野蛮，让读者厌恶，是既没有智慧也没有独创性的作品”。

多莱曾经说过他的妻子路易丝（Louise）是他的珍宝，比任何金银都重要，毫不留情地用拉丁文嘲讽杜邦的诗，说它最好的用途是给杂货店老板用来包装食品，或者再考虑考虑，它只适合用作厕纸。这首拉伯雷式（Rabelaisian）的诗很受欢迎；一位观点相同的诗人甚至为这首诗发表了一篇拉丁文的回应：他曾在厕所里试过杜邦的书页，但诗句太没教养，太粗糙，不适合在厕所里用。

多莱被关进了监狱，但他和狱卒成了朋友，并向狱卒提了建议：一是让他回家，因为某个欠债的人只能在回家后还钱；二是待在监狱里，他们可以分享一瓶他已经珍藏多年的上等麝香葡萄酒。轻信多莱的官员带他回家后，多莱从后门逃到了意大利。

几个月后，他回到了法国与路易丝和他们的儿子住在一起。他继续着印刷事业，并开了一家书店。他在店外挂了一个牌子，上面有一把砍去无知的金斧头；斧头也作为印刷标记，出现在他印刷的书籍的开头和结尾。当时，他捍卫印刷工人的权利，反对禁止他们加入任何工会或社团的法令。多莱的后一项活动可能让他完蛋了，使印刷工人的雇主——印刷厂主成了他的敌人。

一包寄往巴黎的激进书籍的收件人是艾蒂安·多莱，海关很轻松地截获了这个包裹，几乎可以肯定这是印刷厂主设计的一个圈套。多莱被捕并接受了为期两年的审讯。要给他定罪是非常困难的，部分原因是法院院长皮埃尔·里泽特（Pierre Lizet）的愚蠢和虚荣。他是奥弗涅特（Auvergnat）的一个农民，"极度沉迷于酒和女人，脸和鼻子特别红"。据说，他那糟糕的拉丁语曾促使国王在法庭上禁止使用这种语言，而且他讨厌书商和印刷商，甚至付钱给一个书商来监视他的伙伴们。

多莱反驳了书籍包裹上的证据：他与此事毫无关系。法院院长对他讽刺腐败的神职人员和傲慢的索邦大学学者提出质疑：他为自己这样做的权利辩护。他不是也在大斋节吃过肉吗？是的，犯人答道，但这是在医生的嘱咐下，也得到了教堂的允许。那做弥撒的时候走来走去呢？"那是为了舒展我的腿。"多莱回答道。

索邦大学神学家们花了很大的力气才使得多莱被定罪。他们在他的柏拉图译本中仅仅发现了三个似乎暗示着异端的词。尽管热爱书籍的玛格丽特公主（Princess Marguerite）发出了高层申诉请求宽大处理，他还是被带到拉丁区中心的莫伯特广场，被烧死在他自己书店里的书堆上。

选择这个广场是因为它的中心位置和繁华程度，它是古老的莫伯特食品市场（Maubert food market）的所在地，直到今天仍然很有气氛。无论是为了品尝美食，还是为了纪念有趣勇敢、被人遗忘的多莱，都值得一去。在德国占领期间，多莱在广场上的雕像被熔化为军备。

“蓝皮书”与启蒙运动

在接下来的几个世纪里，直到1789年革命爆发前，巴黎的印刷商和书商一直在以各种方式规避审查制度。未经许可的小册子称为“蓝皮书”（livres bleus），可以迅速由密室印刷商印刷出来，然后由街头小贩或塞纳河沿岸的书摊出售。自16世纪以来，塞纳河沿岸就出现了大量未经许可的书摊。“蓝皮书”在很大程度上已被历史遗忘，但是学术界的探究工作最近发现，仅在1589年，巴黎就出版了400多种不同的书籍。书籍走私成了一个庞大的、几乎是专业化的行业。据估计，到1789年，巴黎塞纳河沿岸有300家书店和超过十万册书籍出售，但其中40%是非法书籍。

无论是宗教裁判所还是索邦大学，都无法阻止巴黎人对书籍和思想的热情。似乎是极端的审查和控制助长了这种热情。一位18世纪的德国游客惊讶于：

> 巴黎的每个人都在阅读书籍。每个人，尤其是女性，口袋里都有一本书。人们在乘车或散步时阅读书籍；他们在剧院的幕间休息时间、在咖啡厅，甚至在洗澡的时候看书。妇女、儿童、技工和学徒在商店里读书。到了星期天，人们都坐在房前看书；仆人坐在后座上看书，马车夫坐在箱子上看书，士兵们守在门口看书。
>
> ——《女性阅读者》（*The Woman Reader*），贝琳达·杰克（Belinda Jack）

拉伯雷和蒙田的作品只能在巴黎以外的地方合法出版，帕斯卡（Pascal）的出版商被无限期地关押在巴士底监狱，莫利埃（Molière）和拉辛（Racine）的作品受到严格审查，伏尔泰也不受欢迎。他的《老实人》如今每天仍在世界各地出售——只是为了消遣而不是作为教科书——但巴黎当局从一开始就禁止了这本书。

就像“蓝皮书”一样，法国大革命前旧制度下的书籍走私者杂乱无章、声名狼藉，并且大部分已经失落在历史中。但现在我们知道，如果没有他们，启蒙运动根本不会发生。伏尔泰称盗版书籍和“蓝皮书”为“低级文学”，但大多数人只是通过走私的书籍和删节版本来接触改变世界的**启蒙哲学家**。有人说，如果没有盗版书籍和走私者，启蒙运动“就会停留在沙龙里”。

罗伯特·达恩顿的发现

有一个人在揭露这场声名狼藉的交易方面比任何人都做得更多，他像一位考古学家对它的金银丝工艺遗骸一样，小心翼翼地处理着它的丝状遗迹。罗伯特·达恩顿（Robert Darnton）是《纽约时报》（*New York Times*）的记者，后来成为普林斯顿大学历史学家，在过去 50 年里，他每年都会访问法国档案馆。在他所钟爱的法国各省内，他实际上已经成为与他住在一起的档案员家庭的一员了。

阿贝·勒塞纳（Abbé Le Senne）是达恩顿的一个典型发现，他是一个 18 世纪的神职人员，决心普及启蒙运动思想，甚至包括反对神职人员腐败。他编辑伏尔泰和其他激进分子的选集，写过文字抨击，多次被捕，搬家的次数几乎和改名的次数一样多。仅在一次突击搜查中，警方就没收了他的2000本书。就像格雷厄姆·格林笔下的人物一样，他似乎把思想信念与狡猾结合在了一起。一个同样是书商的人认为他是“一个没有诚信、道德败坏的人”。他的一个长期住所是在河边的圣奥诺雷街（the Rue St Honoré），国王卫队退休成员M.昆昆科特（M. Quinquincourt）的房子里。在那里，他使用的是“金鞘的记号”的印记出版。他以某种方式收买了警察局中将让-皮埃尔·雷诺阿（Jean-Pierre Lenoir），然后把这栋房子当作一个主要的书籍走私集散地。雷诺阿允许勒塞纳进口各种形式的自由主义书籍，但不允许进口色情作品。

勒塞纳给他的瑞士图书供应商写了一封措辞华丽的信，把自己描绘成一个高尚的真理捍卫者。其中一次，他请求紧急帮助，因为他的主教认为他是一个反教权的论战者。他只想住在瑞士山上的小屋里，“像个哲学家一样”，但是，如果可能的话，他能不能带上他的“嫂子”（情妇）和她（他们）的儿子？

当瑞士人无法给予帮助时，阿贝全家逃离巴黎，去往16英里以北位于欧塞尔的庄园，然后使用化名进入夏特雷斯修道院，但是他被识破了，接着他在普罗文斯当僧侣，之后在特鲁瓦他再次请求瑞士联络人，说他被迫徒步旅行，“浑身溅满泥浆”。我们最后一次听到勒塞纳的消息时，他正在圣丹尼斯的一家杂货店里，他把那里作为向巴黎走私文本的仓库。

里昂：走私网络与毛细血管分销系统

对于勒塞纳来说一切都很艰难，部分是因为他留在了戒备森严的巴黎。法国大革命前的另一个书籍销售和印刷中心是里昂。古代历史有助于解释里昂：作为罗马人的聚居地，它有通往德国、瑞士和意大利的良好路线，与受牧师困扰的巴黎相比，里昂对古典学习和激进的欧洲思想总是更加开放。在整个文艺复兴时期，它都是法国的知识之都，在18世纪，它相对来说没有受到索邦大学、教堂和宫廷的险恶影响。里昂集市是一个自由贸易的节日。每年两次，为期15天，从印刷业的最初几十年到18世纪早期，这个集市占据了大街小巷。来自任何地方的商人都允许在街上和桥上开店，无须许可证或任何入境检查。带到集市上的商品免征进口税，而书商则是这个大市场的中心。当时的里昂和现在一样富有、自由、前卫、有书卷气。

里昂文化繁荣的最大原因就是这里有大量的移民人口——仅佛罗伦萨王朝就有59人——他们被吸引而来是因为这里的丝绸业，而且这里是法国和意大利之间所有贸易的结算所。早在1485年，这里就有12家印刷厂，到1490年，这里是欧洲第三活跃的印刷中心，仅次于巴黎和威尼斯。里昂开创了印刷希腊语和希伯来语的先河——这座城市里的古希腊学者和希腊移民比法国任何地方都多——当时巴黎甚至禁止学习希伯来语，以防止任何人自作主张地理解圣经的真正含义。另外，一位英国历史学家称赞过16世纪的里昂："世界上其他城市里都没有这么多有知识的女性。在这里，女性展现出她们有资格在与异性互相为伴、互相竞争中追求更高的东西。"

"美丽的绳索制造者"（La Belle Cordière）路易斯·拉贝（Louise Labé，1524—1566），是里昂自由主义（Lyonnais liberalism）的公平代表。她有一张"更像天使而不是女人"的脸，她也是一个多面手，是后来被里尔克（Rilke）欣赏的诗人，而且她的诗至今仍在出版。她是一个如饥似渴的读者、优秀的歌手和琉特琴手，还是出色的女骑手。男人们像蜜蜂一样围着她转，并且不少人还写了一本关于她的诗集。甚至她一直以来的异装也没有使那时的里昂人感到不安。直到后来，那些思想肮脏的男性历史学家才试图给她贴上“妓女”的标签，甚至将她的著作归于男性（未能成功）。

里昂的书商们在阿尔卑斯山脉上使用了一个复杂的图书走私网络，并以精致的法式风格加以美化：走私者叫“承保人”（assureurs），走私费叫“保险”（assureurs），走私经纪人叫“代理人”。甚至还有一种委婉的说法来形容途中的贿赂：“铺平道路”（lisser la voie）。到处游荡的无证书商叫“小贩”（colporteurs），他们常常披着斗篷（sous le manteau）卖书。色情作品叫“哲学书籍”（livres philosophiques），并不像它们听起来那么简单。书籍里充斥着淫荡神职人员的故事，它们助长了反教权主义，这是革命思想的一个重要分支。

里昂走私者供应链的中心是瑞士，主要是日内瓦。书籍用布包裹起来，伪装成其他商品，骡子或喝着杜松子酒的人扛着这些书籍穿过积雪的通道，来到里昂郊区由“秘密好友”（amis secrets）经营的酒店，在那里进行重新包装出售。走私者至少有一次用手枪击退了海关人员。他们滑稽地保护着自己的名声；他们因被称为“走私者”感到愤慨，这表明里昂人把巴黎海关的书籍审查制度视为一种无理的侵犯。这种地方精神仍活跃在今天的英格兰西南各郡。我记得当地人在格拉斯顿伯里音乐节围栏下开着一台小型 JCB 汽车挖了一条非法进入的沟渠，用萨默塞特郡的口音回应质疑说：“我们总是免费进去的，现在也不会停下来。”

一位18世纪的旅行出版商代表发现里昂的书商在法国大革命前的旧制度下，非常自信而且很有商业头脑。他评论第一位书商说：“这是把双刃剑，最好不要和他纠缠。”评价第二位是“精明而强硬”，对第三位，佩丽斯（the Perisse）兄弟的评价是：“天哪，他们守口如瓶。”离开里昂时，这位代表思忖道，“我在这个城市待了很长时间了，可是当你想跟这些先生们交谈时，他们从来没在听。就好像他们有帝国要管理一样。”当然，他们做到了：他们自己庞大的走私网络。如果海关人员盘查得太紧，里昂的书商就会贿赂海关负责人，或者发几封“表面信”（lettres ostensibles）——另一个委婉的说法——玛丽·怀特豪斯（Mary Whitehouse）风格的信件，谴责革命趋势和法国道德的衰落，这些信件经过精心设计，以便警察拦截和阅读。

进口到里昂的书籍为法国各地的革命思想提供了一个完整的毛细血管分销系统，包括普瓦捷、波尔多和马赛等中心，还有西班牙。书贩们脖子上挂着篮子，或者开着马拉的货车，这些车改装成没有执照、无法追踪的“快闪书店”。

阿维尼翁：书籍剽窃的天堂

乘驳船沿着拉恩直下的阿维尼翁一般是与里昂做生意最卓越的书城。古代历史再一次说明了阿维尼翁在欧洲启蒙运动中的重要地位。1305年，罗马红衣主教秘密会议未能就新教皇的人选达成一致。法国国王菲利普（King Philip）利用迫使他们选举波尔多大主教

（Archbishop of Bordeaux）雷蒙德·德·格特（Pope Raymond de Got）为教皇打破了“无协议”僵局。新教皇以“克莱门特”（Clement）为名，决定住在阿维尼翁而不是罗马。

“阿维尼翁教皇制度”于1376年正式结束，但此后罗马教皇的传教士们放松了对阿维尼翁的监管。直到1780年左右，法国海关对阿维尼翁都没有管辖权，它还是书籍剽窃的天堂。1760年，这里只有60家印刷商和22家书店，而人口只有2.3万（2019年的坎特伯雷有4.3万人和两家书店）。阿维尼翁的印刷商在技术方面很先进。他们使用的是罗马字体，而不是哥特式字体，而且现在人们认为，在古腾堡之前，名字奇妙且神秘的捷克人普罗科匹乌斯·瓦尔德福格尔（Procopius Waldfogel）可能已经在阿维尼翁发明了印刷术。文森特·吉鲁（Vincent Giroud）在他的《法国书史》（*history of the book in France*）中写道：

> 正如人们经常指出的那样，人文主义是由于教皇在阿维尼翁的逗留而来到法国，它把彼特拉克（Petrarch）和薄伽丘带到了这个国家。

当阿维尼翁完全被法国吞并后，这场由教皇争端引发的余波美妙而诡异，随着法国大革命结束了。法国的人文主义最终广泛地战胜了宗教偏执。但是，实现启蒙运动和法国大革命的不仅是狄德罗和伏尔泰、丹东（Danton）和罗伯斯庇尔（Robespierre）这样的人，还有一支被遗忘的“军队”——由小贩、市场商人、走私者，还有“蓝皮书”的作家、理想主义的学者印刷师和英雄书商这些底层人士组成。

如今不再受索邦大学或教会操纵的法国政府，在如何支持纸质书籍的方面给世界上了一课。法国政府为书店提供补贴，并对无赖的打折行为进行处罚。2013 年，尽管全国预算赤字巨大，文化部部长奥雷·菲利佩蒂（Aurélie Filipetti）却宣布了一项 500 万欧元的基金，为书商提供低息贷款。她是一位小说家。法国支持书商就像英国支持农民一样。一位法国书商淘气地解释说，在英国农民是上帝，在德国音乐家是上帝，在意大利画家是上帝，而在法国作家是上帝。2019 年，英国大约有 800 家独立书店，而法国有 2500 家。

第十章　塞纳河畔的书商

20世纪50年代，年轻有抱负的演员兼电影导演弗朗索瓦·特鲁法特（Francois Truffaut）在巴黎塞纳河边的书摊上闲逛。他发现了一本被遗忘的破旧自传体小说《朱尔与吉姆》（*Jules et Jim*），特鲁法特把这本书改编成电影，将"法国新浪潮电影"带到了更广阔的世界，改变了电影史。特鲁法特发现小说的老作者亨利-皮埃尔·罗什（Henri-Pierre Roche）还活着时，便找到了他。两人成为朋友，罗什追忆着毕加索、杜尚（Duchamp）、格特鲁德·斯泰因（Gertrude Stein）和"一战"前波希米亚之风弥漫的巴黎，总是让年轻的特鲁法特沉醉其中。

这些塞纳河的书摊是一个未载入史册的奇迹，是世界上最大的露天二手书店。偶尔会有作家统计一下摊位：在18世纪早期，沿河有120家书商；1864年，这里有68家书商，1020个箱子，7万多本书籍；1892年，这里有156家书商，9.7万多本书籍。史蒂文·罗杰·费希尔（Steven Fischer）在2004年的《阅读的历史》（*History of Reading*）一书中提到，到1800年，巴黎传统书店的书籍销量"大约有10万本"，"这是大多数欧洲城市书籍行业的典型数字"。因此，塞纳河的旧书摊并不仅仅是边缘化的街头市场。

户外不经意间的意外发现令人着迷，可以让人感到幸运女神的眷顾。正是在偶然间，斯蒂芬·格林布拉特（Steven Greenblatt）从纽约人行道上的一个箱子里拿起了卢克莱修的《物性论》（*On the Nature of Things*），他承认吸引他的是封面上俗气的60年代性感女郎，但这一偶然事件促使他重塑了对文艺复兴起源的看法。20世纪70年代的伦敦，一个更加不可思议的机会降临在演员安东尼·霍普金斯（Anthony Hopkins）身上。霍普金斯被邀请出演一个改编自乔治·费弗（George Feifer）的《彼得罗夫卡的女孩》（*The Girl from Petrovka*）的角色，但他一直找不到这本书，直到他等地铁时坐在长凳上，发现旁边就有一本。两年后，乔治·费弗向他提起，一位朋友不幸丢失了自己的书，书的空白处有自己所有的笔记。令人难以置信的是，霍普金斯座位旁边的那本书竟然是作者的原版。

塞纳河畔的书商都是旧书摊（bouquinistes）。关于这个词的起源，学术界有几种说法，其中一种偏向认为这个词源于德语，因为巴黎许多早期印刷商都来自德国。这个词是法语化的“小书”。

这些书商的旧书摊生意已经有 500 多年的历史。他们从法国巴黎新桥开始，当被禁止在桥上交易时，他们就下来移到了河岸边。在 19 世纪河堤建成之前，书商无须支付许可费就可以在河岸边拥有自己的书摊。在整个宗教战争和革命期间，书商们出售一系列二手书籍和手稿，还有许多被禁止的地下文学作品。

书商们不仅仅和海盗一样具有颠覆性，他们在其他方面也和海盗很像。他们也需经受风吹雨打，暴露在各种天气下。19 世纪，书摊中有一位常客保罗·拉克鲁瓦（Paul Lacroix），偏爱未受管辖规划的巴黎，他那六卷本“详尽”的卖淫史可能也让读者有罪受了。他注意到，“旧书摊的书籍破旧有一部分原因在于书商，是他们让这些书籍暴露在变化无常的天气之下，在日晒中变皱，在风刮中变折，在雨淋中变平”。书商像水手一样，他们能读懂天空；巴黎人通常会向他们询问天气预报。就像海盗喜欢通过戴耳环、穿华丽的服装来显示自己的社会属性，塞纳河畔的男女书商也打扮得古怪又华丽，他们的风格你甚至可以在今天的服装设计中看到。

河流的地理心理学——它们的心理流动性——影响着居民的生

存方式。1908 年，旅行者 E. V. 卢卡斯（E.V.Lucas）就在思索，为什么泰晤士河就从来没有像塞纳河那样待见书商。老父亲般的泰晤士河拥有男性属性，庄严而忧郁，是一条黄昏之河、夜晚之河。作为通往帝国的道路，它有一种康拉德式的悲壮。在塞纳河上，充满男子气概的塔桥是不可想象的。塞纳河更像一个女性，以凯尔特女神塞夸纳（Sequana）命名，受到罗马人的敬仰，并在其源头建造了一座神庙。它是一条充满光明和创造力的河流，就像它穿过的城市一样。恋人和阅览书籍的人似乎天然就是塞纳河两岸的点缀。

新桥书商

之前提到过的奥克塔夫·乌扎尼与书商们混在一起，是一个被遗忘的 19 世纪 60 年代末的怪人。让他带你去河边，他会给你介绍加安德烈（Gallandre），一个前铁路工人，穿着改过的法国国家铁路公司服装；接着是高大富有的里戈（Rigault），他以洪亮的嗓音、黑色的猎鹿帽和坚决拒绝经营“当代书籍”而闻名；他还会介绍柯里诺（Correonne），他是共和国卫队的退役士兵，他把他的书井然有序地摆放在小堡垒里；还有谢瓦利埃（Chevalier），他年纪太大，收不动桌子了，就放弃了服务员的工作，他的女儿是这个摊位的主脑，负责书籍的购买、陈列和任何严肃的商谈。似乎没有人知道身材高大却摇摇晃晃的瓦塞特（Vaisset）的故事，但他却广受欢迎，被人们亲切地称为“瘦骨头”。总的来说，乌扎尼发现摊主们会互相照顾生意：当摊主外出办事或是冬天溜进附近的酒吧里喝一杯热君度酒时，一个人通常会照看三个书摊。

老德巴斯（Debas）的学识是传奇性的，但主要是关于他称为“伟大世纪”的18世纪。他总是直言不讳地反对政府而且是任何政府，对牧师、警察和他的几个常客包括“话匣子”维克多·雨果（Victor Hugo）都很不敬。身材矮小的德巴斯看起来很高兴，他坐在长凳上，拿着一罐胶水，修补着他所钟爱的那个世纪的破书。奥威尔和普鲁斯特都很崇拜的法国作家阿纳托利（Anatole）如今鲜为人知，他注意到德巴斯知足常乐的样子，称他为“艺术家和哲学家”。德巴斯卖了60年书，直到1893年的严冬，那年他的妻子死了，他悲痛欲绝。不过，这似乎对罗斯（Rosez）有利，他一直经营着自己的摊位。一天，他的妻子告诉他，靠文具店的利润，他无法负担吸烟的费用，他才开始摆摊卖书，直到他83岁。同样，诺曼人马洛里（Malorey）工作了62年，直到82岁，每天和乌扎尼聊天使得他依然心态年轻（“通常在一个阳光明媚的日子，我与这个好人可以聊上一个小时”），他还和很多人聊天，这些人享受他的模仿天赋。

马洛里的目标之一很容易模仿：矮小、肥胖、妄自尊大的梅纳德（Maynard）有一副贵族派头，总是吹嘘自己在右翼议员中有朋友。他习惯在他的书摊前铺上一块大波斯地毯，坚持称自己是书商，而不仅仅是旧书摊老板。他的绰号是“男爵”。老查利尔（Charlier）更奇怪：他每天都守在自己的摊位上，但当顾客要翻看他的书籍时，他却瞪着顾客吼道：“不要碰！”他之所以敢这么肆无忌惮地轻慢待客是因为他每年有一笔6000法郎的神秘收入。

勒克利文（Lecrivain）也是一朵奇葩：“他的呼吸足以让一个奥弗涅人喝醉”，通常在下午三点左右，醉醺醺的他会很振奋地低价抛售存货。伊斯纳德（Isnard）曾经在美国西部蛮荒地区当过理发师，很少有人接近他的书摊：

> 他穿着臭烘烘的破衣烂衫，以面包和大蒜为生，抛弃了一切清洁的念头，成了行走的“害虫堆”，他那肮脏的灵魂在其中找到了一个合适的归宿。

但在他的摊位附近，是年轻又精神气十足的拉昆（Raquin），他精通古希腊语。拉昆的书摊整齐摆放着文艺复兴时期和更早期的书籍，也许是由老摊贩阿尚特（Achaintr）指导的。阿尚特是贺拉斯（Horace）作品和其他古代经典的学术编辑，一个客户正找拉昆问一本书的价格，乌扎尼在一旁观察着并不自觉地笑了，因为拉昆和莱奎勒（Lequiller）形成了鲜明的对比。莱奎勒以前是一个乡村店主，对书籍知之甚少，但“凭视觉和嗅觉”估算书籍价格。

康菲特（Confait）在小型出租汽车站旁的同一个地方经营了15年。他那巨大的银色眼镜后面有一双凸出的眼睛，头发又长又硬，他坐在那里，旁边是他“同样引人注目”的妻子和一只有点疯狂的狮子狗。鲍彻（Boucher）曾是一名律师，出于对书籍的热爱，他和妻子咪咪（Mimi）把书摊经营得井井有条。作为一个新人，鲍彻得到了热心老兵的帮助，例如白发苍苍的罗塞林（Rosselin）。罗塞林穿着乡下人穿的木屐，戴着一副蓝色的大眼镜，外套里面穿一件皱巴巴的宽松白衬衫。

一位名叫德拉哈耶（Delahaye）的书商提出了一种在天黑后继续经营的新想法——用一排煤油灯照明摆摊，对此，保守派持怀疑态度是有道理的。毕竟在那个生物多样化的时代，飞蛾和蚊子很快让这种交易变得免谈。

禅摩如（Chanmoru）作为众多社会主义书摊摊主之一，肩负着推销激进文学作品的使命。在对服装的选择上，他也表现出一种华丽的、有活力的激进主义。他要么戴着红色的自由帽，要么戴着16世纪风格的高无檐帽，这种无檐帽现在只以厨师帽的形式保存了下来。他长长的金黄色头发用蓝丝带扎着一个发髻；白色厚底木屐象征着农民的团结，长褶边衬衫使整套服装更加完美。尽管经常被逮捕，禅摩如总是大喊：“打倒小偷！”他的20箱书籍被精心摆放和分类，在他的书摊旁边有一块牌子写着“禁止吸烟”，以免烟灰掉落。

乌扎尼对这些书商的热爱使他参与到象征主义运动中，崇尚“自由、怪诞和个人特色”，外在表现为超现实主义、情境主义和朋克风。

书摊生存困境

几个世纪以来，旧书摊能够幸存下来，这在全世界来看都是一个奇迹。书店老板认为他们是下等公民，并对他们可以免去房租从而可以保留更多利润的方式感到不满。市政府一开始把这些本来在新桥的旧书摊移走也只是迫于书店老板们的施压。这些旧书摊对于书店来说是和亚马逊购物网站（Amazon）一样具有威胁性的存在。书店老板们也怀疑对旧书摊的税收是否公平。

1572年，圣巴托洛缪大屠杀让巴黎笼罩在狂热分子制造的分裂之中。至少有2000人死在大街上。当时对书摊的审查和执行措施都很严厉［虽然保护主义财政部部长科尔伯特（Colbert，1619—1683）很失望地发现他的马车夫用自己的马车走私禁书］。几个世纪以来，许多书商和出版商都被烧死在火刑柱上。这就使得那些顽强的小书摊成为地下文学的重要出口。法国印刷历史学家丹尼斯·帕利尔（Denis Pallier）在1975年的一份研究报告中指出，仅1589年至1590年，巴黎就印刷了200万本非法书籍和小册子。买这些东西最安全的地方是在河边。在吕西安·费波夫尔的开创性著作《书籍的到来：印刷的影响，1450—1800》（*The Coming of the Book: The Impact of Printing, 1450—1800*），这部作品对街边书店有丰富的细节描述，但完全没有提到河边的书摊，这证明了他们的影响如何被历史所遗忘。不过，看看费夫尔穿着银行经理装、打着领带的照片，你就可以推断出，他对塞纳河畔书商的看法，就像第一海军大臣对加勒比海盗的看法一样。

巴黎历史学家安德鲁·赫西（Andrew Husey）的观点更为前卫，他坚持认为"法国大革命和那些旧书摊脱不了关系"。大革命之后，摊主们仍然处于困境中。1822年，一位警察局长颁布了一项法令来控制他们，因为他们"经常出售有害或违法的书籍"。1829年的一项法令要求他们在登记簿上记录所有的销售情况，以及所有书籍供货者的姓名和地址。此外，更卑鄙的是，禁止学生、儿童和仆人与摊主一起卖书。起初大家还断断续续、勉强遵守着这两条法规，后来就彻底不遵守了。

19世纪，一场更大的动荡对这些摊位的生存构成了挑战：塞纳河沿岸修建了如今备受喜爱的石头堤岸。虽然我们现在把这些地方视为旧书摊的故乡，但它们代表了一个新的监管时代。这是奥斯曼男爵（Baron Haussmann）的时代。这位职业公务员毕生致力于拆除中世纪巴黎的大部分建筑，修建又长又无聊的林荫大道。林荫大道的潜台词是全景展示，因为它们太宽了，无法设置路障，也很容易受警察控制。特拉法尔加广场的喷泉也有类似的秘密目的，那就是驱散群众集会。

奥斯曼的自信势不可当。内政部部长佩尔西尼（Persigny）对他做了一个近乎同性恋才会给出的评价：

> 他高大有力、精力充沛，可以滔滔不绝地讲上六个小时，不间断地谈论他最喜欢的话题：他自己。这个充满活力的运动员有一种愤世嫉俗的野性，他有宽阔的肩膀，公牛般的脖子，充满了胆识和诡计，是像老虎一样高大的动物。

男爵小时候在贫民区患过哮喘，所以他对城市的贫民区进行了客观的观察。他每天早上6点开始在办公室里策划这些地区的厄运，但他很少去拜访这些地区。即使坐着马车外出，他也从不下车与当地人接触。一位历史学家这样说："他与这座城市几乎没有接触。对他来说，巴黎有四肢和动脉，但没有心脏。"他画了一张巨大的地图，有14.86平方米，描绘了他理想中的巴黎，并把它称为"圣坛"。这张地图显示的不仅仅是林荫大道。令人难以置信的是，奥斯曼真的要把丘陵地区夷为平地，这一壮举牵涉到将一座历史悠久的塔整个抬起，然后再降低到新的水平面上。

这对零售业的风格产生了影响：林荫大道意味着大商店和多家

连锁店。他乐于清理巴黎塞纳河中间的那座岛，认为那是“坏人居住的地方”。至于那些旧书摊，让城市蒙羞，必须从根本上清除。用乌扎尼的话说：

> 这些不规则的、奇怪的赘生物折磨着他的审美灵魂。这堵又长又矮的墙上的寄生虫必须全部清除掉，变成“直线形”，再用碳酸钾清洗，用浮石擦净。

“直线形”：像奥斯曼这样的左脑占主导地位的人更喜欢的坐标系形状。

左脑是语言和秩序的源泉，但右脑却从语言中编造故事。塞纳河畔的书商们本身就是滥用资本主义建筑的功利语言的童话人物。这种冲突既是商业上的，也是哲学上的。奥斯曼男爵希望能够直截了当地封装故事。他向他的密友拿破仑三世（Emperor Napoleon Ⅲ）提议，把所有的书摊都搬到一个集市大厅里去，类似于阿代尔图书馆（Arndale Centre）的藏书中心。书商们将被收取更高的租金：很难想象激进的禅摩如、博学的拉昆和贪婪的伊斯纳德这样的人也肯迁移。一位当代的巴黎图书馆管理员兼精美装帧书收藏家说：“码头上的情况比以往任何时候都糟糕，在那里你只能看到一些愚蠢的文学碎片……那些‘旧书摊’亵渎了书籍之名。”

庆幸的是，我们的卖淫史专家保罗·拉克鲁瓦也得到了皇帝的信任，他直接向皇帝进言，劝他亲自到塞纳河畔的旧书摊那里去看看。拉克鲁瓦护送皇帝陛下到了那里。对于王室的访问，摊主们并不是都表现得很好。老激进分子皮尔·福伊（Pere Foy）正忙着从书上撕下几页来点旺他的炉子。当皇帝询问什么书籍这样值得牺牲时，福伊悄悄地把标题页递给了他：《法国人的征服与胜利》（*Conquests and Victories of the French*）。尽管如此，这次访问还是足以说服拿破仑三世抵制奥斯曼的计划，来拯救那些旧书摊。乌扎尼说，在1880年左右，拉克鲁瓦已到晚年，每当夜晚接近尾声时，他总是乐于讲述这件事，听他讲是一种乐趣。“原先要变成书商集市”的大厅现在变成了一个公共汽车站。

奥斯曼的傲慢有了它的天敌：一本小册子，肯定是在河边的畅销读物，这本读物开始攻击男爵，说他让巴黎背上了四亿法郎的债务。当媒体曝光后，男爵的形象就像纸塑雕像一样破裂了。另外，媒体还曝光了他的两个情妇：一个芭蕾舞演员和一个歌剧演员，甚至声称他是为了取悦皇帝才娶了他的女儿范妮（Fanny）。1870年，在长达两个小时的会谈中，拿破仑正式解雇了男爵。

到了1888年，摊贩们可以把他们的书籍固定在护墙上过夜，但这是要付出代价的：书籍必须完全符合规定的尺寸，并漆成规定的绿色，而且要收取租金。

在这个世纪之交的时代，泽维尔·马米尔（Xavier Marmier）是众多长期租客之一。他专门研究晦涩的民间传说和意大利文学。他彬彬有礼、心地善良，有很多关于他对乞丐慷慨大方的记载，还有他那能装下书籍的特别外套，口袋像大麻袋一样厚，可以用来购物。马米尔的遗嘱出人意料：

> 为了纪念我在码头作为书摊管理员度过的快乐时光（我认为这是我一生中最愉快的时刻），我留下了一笔钱，请这些善

良的书商们享用一顿愉快的晚餐，让大家在这一个小时的欢乐中想着我。

95 名摊主，男男女女，参加了晚宴。宴会以“无酒精香槟”开始，以咖啡和白兰地结束。

20 世纪的书摊面临着新的挑战。在德国占领时期，纳粹严密控制了书店。莎士比亚公司被关闭了，盖世太保（“国家秘密警察”）在里沃利街著名的 W. H. 史密斯书店安插了人手——想象一下顾客服务橱窗里摆满了纳粹文学的画面。书摊被认为没那么重要，有几张德国士兵浏览摊位的照片，他们没有意识到在塞纳河畔的摊贩中有强大的抵抗力量，摊主们冒着生命危险，运行着一套留在书中的密码信息系统。

20 世纪 60 年代，前银行经理蓬皮杜总统（President Pompidou）下令沿塞纳河修建高速公路（戴安娜王妃后来死在其中一条高速公路上），这对书摊来说又是一个威胁。总统回应抗议：“巴黎必须适应汽车”，现在看来这似乎是愚昧的，而且其中一些高速公路确实已经拆除了。后来的一位总统，前抵抗运动战士密特朗（Mitterrand），是一个经常在书摊间闲逛的人。

现在呢？尽管纪念品摊位有所增加，但塞纳河边仍经营着 200 多家旧书摊。这里仍然上演着神奇的故事，比如美国人安妮·帕里什（Anne Parrish）发现了一本她自己童年时看过的闲书《杰克·弗罗斯特和其他故事》（*Jack Frost and Other Tales*），她大吃一惊，因为扉页上还有她小时候留下的笔记。不知是什么原因，这本书从科罗拉多州传到了塞纳河。

塞夸纳女神有两个微笑的理由：其一，2009 年大西洋鲑鱼回到了她的河流中；其二，正如我所说的，书摊是世界性的奇迹，联合国教科文组织已经宣布将塞纳河旧书摊列为世界文化遗产，具有全球文化意义。

第十一章　为什么是威尼斯？

书商的守护神是上帝的圣约翰（St John of God），他是一个有点让人讨厌的西班牙宗教小册子传播者，容易自我鞭策。鲜为人知的威尼斯修士保罗·萨皮（Paolo Sarpi）将是一个更鼓舞人心的选择，他英勇地捍卫了文艺复兴时期威尼斯的所有书商，那是“出版业的摇篮”，对抗宗教裁判所。

威尼斯是文艺复兴时期书城的代表。虽然印刷业最初兴起于德国，但许多德国印刷商很快就移居到威尼斯，即“神圣的西罗尼希玛”。早在 1480 年，从历史的角度来看，当印刷书籍还处于萌芽阶段时，就有 40 名德国排字工人住在威尼斯。20 年后，200 家印刷厂的轰鸣声在运河上飘荡，城市里还有几百家书店。

即使在威尼斯共和国衰落之后，威尼斯在 1750 年仍有 51 家书店。今天的威尼斯以建筑和风情而闻名，但只有不到 20 家书店：它作为书籍制造者与捍卫者的隐秘历史很容易被遗忘。威尼斯是印刷书籍的仙女教母。

书籍共和国

为什么是威尼斯？作为一个海上贸易的中心，这里有很多有钱人。在文艺复兴时期，他们把钱花在有古典风格的文化上。在这座城市里有一个古老的希腊殖民地，还有许多等待首次印刷的希腊语和拉丁语手稿的藏书。这是一个多语言的地方，为了繁荣，需要欢迎所有种族。因此，威尼斯可以满足文艺复兴时期重新发现希腊和罗马经典的欲望，而且这里是独一无二的。拉丁语广为人知，希腊的排字工人近在眼前。想象一下，当巴黎造币厂的前银匠尼古拉斯·简森（Nicholas Jenson）监督“喜剧之父”阿里斯托芬（Aristophanes，公元前446—前386）的作品首次印刷时，在房间里是有多激动。

威尼斯还有精湛的造纸术传统。19世纪以前的纸张至今仍保持着美丽的白色，因为它是用布料而不是木材制成的。威尼斯是欧洲进口这种布料的中心。这位总督——尽管戴着一顶滑稽的帽子，却一直是一位具有良好商业头脑的领袖——限制了威尼斯纸张的出口，以确保城里印刷厂的供应。威尼斯的墨水也是意大利最好的。最后，威尼斯的自由贸易哲学延伸到了思想领域。总的来说，这座城市憎恨审查制度。

威尼斯印刷界的王子是阿尔都斯·马努提乌斯（Aldus Manutius，1449—1515），他是最多产的。他学识渊博，为志同道合的古典爱好者开设了传奇宴会，如果来客在宴会上不说希腊语就会被罚款。但阿尔都斯却与精英主义背道而驰。他热衷于通过印刷书籍普及学习，是企鹅平装书创始人艾伦·莱恩（Allen Lane）的精神祖先。阿尔都斯使企鹅出版社成为可能，开创了袖珍小书的先河。他设计了一种新的、水晶般清晰的字体，并发明了斜体。正是由于他，才有了逗号的出现和分号的使用，才有了让打印变得更加容易的新工具。索福克勒斯（Sophocles）、柏拉图、亚里士多德和伊索（Aesop）的作品都是阿尔都斯最先印刷的。为了确保人们能够阅读这些著作，他印刷了一些最早的古典语言词典。尽管他去世于贫困之中，但他广受爱戴：他的遗体摆放在威尼斯最古老的教堂里，周围摆放着他的书籍。这些书是美丽和清晰的典范，如今在拍卖会上能卖出高价。

文艺复兴时期的威尼斯拥有与此类书籍相称的书店。它们主宰着麦塞里亚，这个迷宫般的街道现在是古驰（Gucci）和普拉达（Prada）等时装店的所在地。要想开书店，必须先当过五年学徒，并通过一群资深书商的口头考试。考试内容包括自然、哲学和几种语言。书店是文化和辩论的温室，是一个民主之地，顾客在这里花钱，还可以用他们拥有的任何东西付账：酒、面粉和油都是常用货币。

当时的威尼斯是文艺复兴时期中闪闪发光的书籍共和国，但许多教会人士对其向民众传播文本的自由感到了威胁。梵蒂冈认为印刷厂是邪恶的源头。几个世纪以来，教会尤其是修道院，一直控制着书籍的印刷。值得注意的是，1492 年，一位名叫萨伏那罗拉（Savonarola）的修道士进行了臭名昭著的“虚荣之火”，在佛罗伦萨焚烧乐器和书籍。萨伏那罗拉带着他的私人执法部队，对于教皇来说有些过分了，于是教皇在“火烧眉毛”的狂热中烧毁了萨伏那罗拉自己的书，然后把他绞死并焚烧了。书籍引起了焚烧的冲动，直到希特勒的时代，甚至更遥远的未来。

1562 年，教皇朱利叶斯三世（Pope Julius Ⅲ）告诉总督，威尼斯所有的新书在出售前都必须经过检察官的检查。这让威尼斯法庭上沉默寡言的法律专家保罗·萨尔皮感到很不舒服。萨尔皮的朋友有伽利略，他还与威廉·哈维（William Harvey）和罗杰·培根（Roger Bacon）通信；作为全面的文艺复兴时期的学者，他从历史学家爱德华·吉本那里受到启发。萨尔皮在与梵蒂冈的争论中处于有利地位，他写过权威的神学文本，并从 15 岁起就成了一名修道士。这位博学的修道士不断出版小册子，反对书籍审查制度，甚至亲自前往罗马与教皇辩论。

教皇没有被说服，还是下令出版“禁书目录”，这本目录最后一直出到 1966 年版，其中收录了萨特和西蒙娜·德·波伏娃的作品。威尼斯的宗教裁判官和他的团队开始在城里对那些可能拥有禁书目录上书籍的人进行政治迫害。他们搜查了书迷贵族祖安·斯福查（Zuan Sforza）的宫殿。由于找不到禁书，他们要求打开一个上锁的箱子。当被拒绝提供钥匙后，他们损坏了箱子：斯福查因为这些书籍被逐出教会，这意味着他被禁止参加弥撒、圣礼和上天堂，他将不得不在炼狱中服役一生。任何其他从威尼斯传到罗马的可疑书籍都被放在梵蒂冈的一个地下室里，那里被称为“异端的监狱和地狱”。修女们照看着这个奇怪的罪恶图书馆，估计会有一些人偷看一下。

萨尔皮巧妙而果断地拒绝了检察官。他受命在威尼斯大教堂烧毁禁书目录上的所有书籍，于是在一个不知名的教区教堂里放了一把小火。类似地，一份威胁书商和将书商逐出教会的教皇诏书也出现在一些人迹罕至的教堂，而不是圣马可教堂。

当居住在威尼斯的希腊学者马格尼奥斯（Margounios）因教化异端的印刷活动而被传唤到罗马时，萨尔皮写了一篇雄辩的文章，驳斥这种威尼斯当局的入侵行为。教皇朱利叶斯三世回答说马格尼奥斯不会受到伤害，只是接受宗教裁判所的询问，但不出所料，这并没有改变萨尔皮的立场。教皇的下一步行动是指示接受大部分忏悔的修士团一旦发现忏悔者阅读任何不当读物就要报告。在萨尔皮的建议下，总督的回应是放逐整个修士团。

一位当代的人指出，萨尔皮“对图书贸易有着非凡的柔情”：

甚至当教皇要求每个书店在周日都要在橱窗里展示《圣经》时，这位修士也抗议威尼斯的书店永远不会在安息日营业——这是一个狡猾的谎言。1607年，新教皇保罗五世（Paul V），也就是伽利略的迫害者，将萨尔皮逐出教会，并将威尼斯置于禁令之下：禁止举行基督教仪式，甚至禁止举行基督教葬礼。然后，他付给刺客8000克朗，让刺客杀死这位59岁的修士：虽然受了重伤，但萨尔皮活了下来，刺客也被关进了监狱。保罗五世下令进行了第二次暗杀行动，这涉及15次匕首刺杀。萨尔皮躺在医院开玩笑说，这是教皇典型的拙劣工作。

这个故事的结局是美好的：萨尔皮一直在修道院住到73岁，直到最后一刻都在捍卫威尼斯人的自由并梦想着搬到伦敦去，他听说，在伦敦你可以买到任何一本书。萨尔皮比保罗五世多活了一年，听说开明的改革家格列高利（Gregory）接管了梵蒂冈。

萨尔皮赢得了这场书籍之战。现在，他有一座精美的雕像矗立在第二次暗杀未遂的地点附近。雕像上的他拿着一本书。

第十二章 『有组织的时髦』：纽约的书店

EXCEPTIONAL LIBRARY OF PHILOSOPHY NOW ON SALE
FINE LIBRARY OF PHILOSOPH NOW ON SALE
20% SALE
BOOKS BOUGHT & SOLD
ROOMS

不管其他事情是什么，都应该从个人开始。

——《你有邮件》（*You've Got Mail*），梅格·瑞恩（Meg Ryan）

伦敦是满足的，巴黎是顺从的，纽约总是充满希望的。

——多萝西·帕克（Dorothy Parker）

美国电影里的书店与书商

我自己对纽约的体验是1986年的一次流浪之旅，露宿街头，并且在切尔西酒店住了一晚，犒劳自己。我发现纽约是一个友好的城市，这印证了汤姆·沃尔夫（Tom Wolfe）的格言：无论你在那里待上五分钟还是五年，你都会感到受欢迎。即使是在地铁台阶上为了向我要钱包而把我叫醒的那帮强盗也表现得很友好，因为我昏昏沉沉的——我不是一个早起的人——他们把手伸进我的夹克里拿我的钱包，然后跑开，喊着："该死，他带着东西呢！"

除此之外，我还记得那些很棒的书店。托马斯·哈代说，真正的莫里斯舞蹈家看起来并不享受它，只有复兴主义者才会咧着嘴笑，而纽约的书商似乎像港口领航员一样认真地做着他们的工作，就像在宇宙的广泛强制之下。

"有人在盯着你的个人成长。"那是1989年的纽约，《当哈利遇见莎莉》（*When Harry Met Sally*）中凯丽·费雪（Carrie Fisher）对梅格·瑞恩（Meg Ryan）说的台词，于是开始了一场亲密的接触。对于电影制作人来说，在纽约书店，故事情节突然以意想不到的方式发展开来，就好像这座城市的机智与过去文学的重量融为一体，就像构成火药的硫黄和木炭。

1957:《有趣的脸》(*Funny Face*)。弗雷德·阿斯泰尔（Fred Astaire）走进格林威治村（Greenwich Village）的胚胎概念书店。阿斯泰尔和他的团队正在为时尚摄影物色一个黑暗的场景，他们告诉书商奥黛丽·赫本（Audrey Hepburn），她的书店就很理想——“触动人心的阴沉”。而她叫他出去，并对他进行了一场关于时尚产业剥削本质的激烈演讲，而他则像小精灵一样坐在一个低矮的书架上，显然被吸引住了。

1977:《安妮·霍尔》(*Annie Hall*)。伍迪·艾伦（Woody Allen）在书店与黛安·基顿（Diane Keaton）的对话很罕见，他们的调情聚焦于痛苦比死亡更令人愉快这样的事实。

1986:《汉娜和她的姐妹们》(*Hannah and her Sisters*)。芭芭拉·赫尔希（Barbara Hershey）在选美比赛书店里与已经结婚的迈克尔·凯恩（Michael Caine）拓展关系：“你喜欢卡拉瓦乔（Caravaggio）吗？”在他战术性地回答：“哦，是的，谁不喜欢呢？”之后，他找到了 E. E. 卡明斯（E. E. Cummings）的诗，这首诗在他们之间铺就了情感之路。

1998:《你有邮件》。汤姆·汉克斯（Tom Hanks）和他的孩子们走进梅格·瑞恩（Meg Ryan）的书店。当她发现他就是公司书商乔·福克斯（Joe Fox）时，她很反感：“这些孩子可能是你租来的。”但他们却坠入了爱河：事实证明，书商更多的是把他们联系在了一起，而不是把他们拆散。从本质上讲，福克斯是一个纽约书商，他与他父亲的这段对话说明了这一点：

尼尔森·福克斯（Nelson Fox）说：“完美。留下那些曼哈顿西区人、自由主义者、疯子、伪知识分子……”

乔·福克斯说：“读者，爸爸，他们叫读者。”

尼尔森·福克斯说：“不要这样做，孩子，不要把他们浪漫化。”

1999:《第九道门》（*The Ninth Gate*）。在波兰斯基（Polanski）的撒旦故事中，约翰尼·德普（Johnny Depp）的书籍生意是真正的硫黄池——地狱之门。

2004:《美丽心灵的永恒阳光》（*Eternal Sunshine of the Spotless Mind*）。在这个穿越时空的故事里，书店是一个自然的存在。凯特·温丝莱特（Kate Winslet）饰演的书商对顾客的态度就像半个世纪前的奥黛丽·赫本一样热情：

> 太多的男人认为我是一个概念，认为我能让他们变得完整，或是我要能让他们活着。该死的，我只不过是个女孩，在寻找自己内心的平静；别把我指定成你的东西。

在所有这些电影之前，克里斯托弗·莫利（Christopher Morley）被遗忘的1919年的小说《闹鬼的书店》（*The Haunted Bookshop*）中，使布鲁克林的一家书店成为情节的核心。书中所有的革命思想都萦绕在书店里，最后被一名德国间谍的炸弹炸得粉碎。

纽约的多元流动性意味着她的书店在某种程度上能成为节点和

穴道，以及变化的中心。关于这座城市的创造性特征，有一些理论：一些人引用了这座城市里 5 亿年前的岩石，它们比中国西藏还要古老。岩石表面像中央公园里的鲸鱼，拉尔夫·费因斯饰演（Ralph Fiennes）的参议员正是坐在这块岩石上，撰写他在《曼哈顿的姑娘》(*Maid in Manhattan*）中的演讲。更明显的是，纽约的人口来自世界各地尤其是欧洲。

纽约图书街

早在 1806 年，旅行家约翰·兰伯特（John Lambert）就注意到这个城市的书店“不计其数”，而且很多人似乎都会在咖啡馆里阅读书籍。早期的两个人物，一个是莫扎特（Mozart）的剧本作者伊曼纽尔·科内利亚诺（Emanuel Conegliano），另一个是 1830 年的苏格兰移民威廉·高恩斯（William Gowans）。前者经营着一家专业的意大利书店，所以书店内容非常丰富，以至于哥伦比亚大学买下了他所有的存货；后者的书店里，部分区域的藏书高达约 3 米，他的书店必须借助鲸油灯来浏览。在家里，高恩斯与他觉得“很绅士，很聪明”的爱伦坡共用一个楼梯。

从 1880 年开始，廉价的汽船旅行和欧洲的大屠杀使中欧和东欧出现了大规模移民：1880 年至 1930 年，有 200 万人涌入纽约。他们创造了纽约与欧洲相结合的智慧，格劳乔·马克思的声音是其精髓所在。

纽约的整个书籍销售文化，以及纽约本身，都深受以第四大道（Fourth Avenue）为中心的“图书街”影响，这是世界上最引人注目、最不可思议的书籍销售区之一。著名书店，如斯克里布纳书店和布伦塔诺书店都在上城区，但图书街却比这两家书店更好，书籍的种类更多，价格更低，包括一些比较破旧的书籍，还有一些几乎没有其他地方出售的昙花一现的小册子和随笔。例如，两名书商经常在黎明时分起床，前往救世军的仓库，与来接收捐赠书籍的卡车会合。这两位就是双胞胎波罗维克（Wavrovics）兄弟。他们住在一艘驳船上，专门从事房屋清理工作，在一个租金低廉的仓库里储存书籍，并将书一车一车地卖给图书街。有时他们靠过期的食物生活，但正如他们中的一位所说，总的来说，“我们有努力，我们有收获”。图书街避开了“古董”和“二手货”之间毫无意义的区分。侦察员——那些以低价购买书籍再卖给高收入书店为生的人——他们过去常常在书籍区搜寻，并将他们的珍宝带到上城区出售来获取利润。

图书街还代表了其他的东西——一种移民的叛逆性和包容性，以及中欧人对学习的哀悼般的热爱，这种热爱宽广而深刻，一种特殊的心态反映在书店里。想想《哈利·波特》中混乱的魔法书店——丽痕书店，再加上厌世之情。这里的建筑错综复杂，呈现出亚历山大式的风格，还提供过山车服务，可以与把你吓得浑身紧绷的科尼岛旋风老式木质过山车相媲美。

在它的鼎盛时期，图书街在6个街区那么小的范围内有43家书店。到了20世纪80年代，它们都逐渐消失了，要么像现在的标志性的斯特兰德书店一样搬走了。这听起来令人沮丧，但事实并非如此：城市书籍销售生态系统是熵变的——能量永远不会消失，只是表现形式改变了。就像一个大森林，树木倒下，称为空地，小树苗在其中生长。从1950年到2000年，巴诺书店（Barnes and Noble）

在几十年里一直是纽约的一棵枝繁叶茂的雪松。到 1974 年，它在第五大道（Fifth Avenue）的店铺规模已经超过了福伊尔斯书店，但这家连锁店因年事已高而遭受了损失：到 2018 年，这家连锁店每年亏损 1700 万美元，2019 年被一位新老板收购了，这位新老板开始通过聘请一位从独立书店起家的人——詹姆斯·道特（James Daunt）——来把它从困境中拯救出来。在纽约的空气中，图书街留下了一簇书籍销售的独特火焰，和一些男性、女性之间的非凡故事。这簇火焰和萨满般的书商将与纽约一起长存。

在第四大道之前，从 19 世纪 50 年代起，书商们聚集在安街以南两英里的地方，这是曼哈顿一条有老鼠出没、狭窄的通道。低廉的租金和大量的客流——一个书商的梦想——吸引了伟大的表演家 P. T. 巴纳姆（P. T. Barnum）在那里开设了他的美国奇异博物馆。

地址的改变是因为德国皮毛商人阿斯特（Astors）家族。1854 年，约翰·雅各布·阿斯特（John Jacob Astor）在拉斐特街（Lafayette Street）开设了一家图书馆，这开启了一个新的文化区，其中包括第四大道。这座图书馆不仅免费——它后来搬迁并演变为纽约公共图书馆——它特有的日耳曼式建筑向欧洲移民传递了一种家庭信号。到 1890 年，随着城市人口超过 100 万（今天是 800 万），第四大道铺好了路面，路面安装了煤气灯，从安街的博物馆又进了一大步。

1893 年，来自波兰的移民雅各布·亚伯拉罕斯（Jacob Abrahams）在第四大道 80 号开了一家书店，在那里他更像是一个学者，而不是商人。那栋建筑现在仍在那里，现在是一家装饰公司的油漆店。20 世纪 30 年代，雅各布 80 多岁去世时还在第四大道做生意。像许多书商一样，许多最好的书籍成为绝版令他感到沮丧，因此，早在古腾堡计划之前，他就建立了一个学术重印服务机构，在他去世后一直延续到现在。亚伯拉罕斯的书店确定了图书街的基调，即一个包罗万象的浏览者天堂。这将是唯一一个让非裔美国人感到受欢迎的城市书籍销售区。

有一个故事说明了亚伯拉罕斯对浏览者的宽松态度。第一次世界大战期间，美国联邦调查局（FBI）发现这家商店被一名德国间谍用作投递箱。一个国会委员会质问店员："难道你没有注意到同一个人在商店后面鬼鬼祟祟地潜伏了很久吗？""不，"书商赫尔曼·迈耶斯（Herman Meyers）回答说，"我们让顾客不受干扰地浏览书籍。"

沿着这条路到 69 号，乔治·史密斯用 63 美元开始了他臭名昭著而又成功的珍本书生意。"臭名昭著"是因为他是一个传奇的奸诈之徒，大西洋两岸的人们"抨击他为暴君，还指控他的道德有问题"。但我在他的做法中找不到任何问题，似乎只是他的交易太过成功，璀璨夺目。他打扮得像个赌徒，开着他的劳斯莱斯来参加拍卖会，并欣然承认他主要是看赛马表。1914 年，当他买下德文郡（Devonshire）家族的藏品时，他在"英国人的尖叫声"中毫不掩饰地表现喜悦之情。现在庞大的亨廷顿图书馆在很大程度上归功于史密斯的妙手，以至于图书馆创始人说根本不能没有他。《古腾堡圣经》（*A Gutenberg Bible*）、莎士比亚的第一对开本、弥尔顿和斯宾塞的初版作品都是图书馆的瑰宝。直到 1920 年，史密斯因心脏病去世前，他一直在东 45 街那时髦崭新的书店里工作，那时他已经公认是美国最伟大的书商了。

彼得·斯坦默（Peter Stammer）——"第四大道之王"，是一个比他所卖小说中的大多数人物都更奇怪的书商。他于 1864 年出生在俄罗斯，在与一位将军就如何教导他儿子的问题发生争执后，割下了这位将军的耳朵，之后斯坦默移居国外。1900 年，他在第四大道的地下室开了一家书店，用他自己的书作为最初的库存。到 1919 年，他拥有了一栋七层楼的建筑，里面堆满了书籍，包括人行道上的便宜货箱。这栋大楼骄傲地以“百万书籍之家”的名号命名，他一直经营生意到 1945 年，那时他 80 岁。一位参观者回忆说，

> 这位老人坐在一个大腹炉旁读着书，这个炉子上通常放有橘子片，很多人都有这样的嗅觉记忆。他仔细地打量着我，好像我是个偷书贼，然后叫道：“先生，我能为你做点什么吗？”

一位侦察员称他“古怪且言语粗鲁”—— 如果你讨价还价，他可能会把价钱翻倍，或者当着你的面把书撕成碎块——但由于他知识渊博、存货丰富，值得与他打交道。

纽约的移民书商们不仅长寿——据推测，这是由于所有良好的对话——他们还避免退休。许多人的工作寿命非常长，从十几岁就开始，或者像哈斯克尔·格鲁伯格（Haskell Gruberger）那样，从七岁就开始了漫长的工作生涯。大卫·科斯肯鲍姆（David Kirschenbaum）是一个极端的例子。他于 1896 年出生在波兰，8 岁的时候就和他的父亲坐在街边的手推车上卖书，到他 90 多岁的时候，他仍然在卖书，从来没有缺席过一天。他经营着几家书店，但他在图书街的建筑是最大的，是一座四层的阿拉丁洞穴，里面收藏了 10 万多本书。

即使是它与几扇门外的舒尔特书店相比也相形见绌，后者成立于 1917 年，是美洲最大的二手书店，能带来许多令人愉快的东西，比如几美分就能买到一本 T. S. 艾略特的初版作品，2 美元就能买到一封斯科特·菲茨杰拉德（Scott Fitzgerald）的信，以及一封从《德伯家的苔丝》（*Tess of the d'Urbervilles*）里掉出来的哈代抱怨删节的信。1950 年，在舒尔特先生（Mr. Schulte）去世后，威尔弗雷德·佩斯基（Wilfred Pesky）接管了这家店。他对这家店的多元化持有不同的负面态度。它们挑战了他的秩序感，他沉浸在记录库存的细枝末节中，而他的员工最终拒绝效仿这种方式。佩斯基（Pesky）是一位温文尔雅的学者，他是美国古玩书商协会的创始人之一，广受作家和顾客的喜爱。他于 1966 年去世，享年 53 岁。舒尔特书店在 20 世纪 80 年代就关门了，但这里出售了太多稀奇古怪的东西，以至于它的档案都存放在哥伦比亚大学。

道伯和派恩书店，由一个奥地利人和一个俄罗斯人于 1923 年开设，当时经营两种主业：地上一层是新书，地下一层是延伸到相邻书店下面的房间网络，被称为“地下墓穴”。这些房间里有的没有线路，需要用手电筒照路，里面存放的二手书价格高得离谱。一位书商说，向那些买得起书籍的人推销书籍并不有趣，“真正的乐趣是为真正的学生服务，因为他们对书籍如饥如渴”。1926 年的一个晚上，道伯（Dauber）自己发现了地下墓穴中最伟大的沉睡者，他打翻了一堆积了多年灰尘的小册子……他发现了史上第一部侦探小说——爱伦·坡的《莫格街谋杀案》（*Murders in the Rue Morgue*）——罕见的初版。一位律师在与妻子商量后，以 2.5 万美元的价格买下了它，并在晚年将其交给了纽约公共图书馆。戴贝雷帽的内森・派恩（Nathan Pine）90岁去世后，这家商店在1982年才关闭。

卢・科恩（Lou Cohen）也是一位童年创业家，他是一位面包师的儿子，从8岁起就靠在下雨天为从地铁出来上下班往返的人打伞挣钱。1926年，他在第四大道开设了阿尔戈西书店，那里的顾客包括几位总统，员工包括帕蒂・史密斯（Patti Smith）。该店仍在营业，由科恩的三个女儿经营，她们每周会接到大约三次开发商打来的电话，表示想买这栋楼。

作为一名书商，我第一次接触到塞缪尔・威瑟（Samuel Weiser）这个名字和它的安克标志，是因为他是神秘书籍的头号出版商，但威瑟负责经营第四大道众多专卖店中的一家，这家店于1926年开业，成为魔法的圣地。据说哈里・胡迪尼（Harry Houdini）死前曾去过这家店；他的书籍是那里出售的珍宝之一。

因为这些商店的特色造就了图书街的档案遗产价值。独立的商店还专营不同的领域，如航空学、神学和戏剧历史。大多数书店迷宫般的店面接受短效收藏品，这使新一代的书籍史学家受益，他们现在急切地寻找随笔和通俗读物，把它们作为阅读习惯的"底层"证据。大型图书馆常常忽略这些短暂的东西，有时甚至把它们扔掉。其中一位历史学家玛吉・杜普雷斯特（Maggie Duprest）很幸运，她不经意间向选美比赛书店的锡德・所罗门（Sid Solomon）提到了自己对"非正式出版"的兴趣。"哦，"他说，"我的阁楼上有好多这种东西。"当她和他一起上去的时候，她惊奇地发现他的说法并不是比喻；这里有成吨的短效收藏品，装在箱子里，一直堆到天花板。另一位短效收藏品的收藏家是托马斯与埃隆书店的弗兰克・托马斯

（Frank Thoms），他在退休前把自己所有的短效收藏品都捐给了布鲁克林图书馆。

沃尔特·戈德华特（Walter Goldwater）专门研究非裔美国人历史已有 50 年，所以当他的书店关闭时，他可能拥有“世界上最大的黑人研究藏书……”纽约大学以 4.7 万美元购买了他的库存。他的妻子，埃莉诺·洛温斯坦（Eleanor Lowenstein）在附近开了一家烹饪书店，而且她是一位世界级的专家，写了一本关于这一类书籍的全球参考书目。在她的职业生涯中，她访问了全世界 90 个城市和 300 多家书店，寻找有关食物和烹饪的书籍。她去世后，一个朋友去了书店的地下室，那是一个典型的图书街：

> 地板上有几英寸深的水，光线很糟糕。在那里，我们发现了一箱又一箱的书，美妙非凡的书。

加州大学购买了这些藏书。书商哈斯克尔·格鲁伯格（Haskell Gruberger）在他 7 岁的时候就说服父亲以 75 美元的价格从一家即将倒闭的书店里买了 5000 本书。他收集了大量的社会学书籍，当他的书店倒闭时，麦吉尔大学从他那里买了 5.2 万本书。俄罗斯的里昂·克雷默（Leon Kramer，1890—1962），是一位深受爱戴的专家。1912 年，因为贫穷他没能坐上泰坦尼克号的四等舱，于是乘坐一艘小轮船来到这里，开始打零工，在中央公园下棋，直到他进入图书销售领域。他对社会主义和激进派历史有如此之深的了解，以至于他的观点经常被学术界所引用。在他的书店里，他创办了世界上第一份意第绪语报纸。西摩·哈克（Seymour Hacker）在 20 多岁的时候通过转售布朗克斯邻居扔在垃圾桶里的印刷品开始赚钱。在哈克成年后，他的哈克艺术书籍书店成了杰克逊·波洛克（Jackson Pollock）和威廉·德·库宁（Willem de Kooning）等常客心目中的城市圣地。

所有这些囤积的版权所有者不明的孤儿书籍与那些杂乱无章的自助书籍是相抵触的，但在这些书商中，一种精神上的自我保护起到了作用。他们是新近难民大军的后代，在没有人愿意的情况下，他们给了底层的难民书籍一个家。我在我父亲身上看到过类似的行为：他从小就成了孤儿，遭到遗弃，由一个讨厌读书的老女人抚养，作为弥补，他收藏了成千上万本书籍，多得连我们家的前墙都裂开了。在一个房间里，只留一个狭窄的裂缝让你穿过去。他的保护本能针对所有书籍，包括短效收藏品，和图书街一样，他留下的遗产包括许多珍贵的宝物，都是他在波多贝罗路买书时收集起来的。

在这里，我无法避免一个奇怪的两极化现象。图书街的书商大多是犹太移民，他们经营着混乱的商场，在那里，按字母顺序排列不是标准，不可归类的短效收藏品也受到欢迎。一名《乡村之声》（*Village Voice*）的记者与戈德沃特店里的气氛产生共鸣："尽管看起来有些混乱，"他写道，"但店里有一种'有组织的时髦'，这是该店里的'心和灵魂'"。

杜威和舒尔特是书籍分类系统最具影响力的两位先驱，他们都是积极的著名反犹太主义者，大力反对移民。

在不好的时候，书籍的分类系统可以变成人的分类系统。花园里的一点混乱有利于生态系统的健康。移民是历史的受害者，他们强烈地保护着历史的多样性，因此具有讽刺意味的是，图书街的移民对美国文化遗产的贡献超过了杜威。“有组织的时髦”比十进制更能反映我们的思维方式和浏览方式。在我的店里，我每天都能看到人们对偶然机遇的渴望，顾客们盯着库存手推车、“重返出版商”的书堆，甚至是其他顾客的订单，寻求时间和机会之间萨满般的结合。简而言之，我们都喜欢缘分使然的惊喜交易。在纽约，书店里弥漫着一种古老的犹太天主教迷宫般的精神，而杜威的体系和一览无余的国会图书馆则保留着更为教条主义的清教徒传统。

一位来自沙皇俄国的犹太难民的故事，说明了纽约书商兼收兼蓄风格的潜力。1913 年，齐耶夫·乔姆斯基（Ze'ev Chomsky）来到美国时不会说英语，但他的儿子诺姆（Noam）最终成了纽约人，并且是政治现状最有力的挑战者之一。一位研究这座城市的历史学家坚持认为，“乔姆斯基依靠第四大道为他提供学术和激进的文学作品，而这些文学作品滋养了他的职业生涯，而不是学术界”。

图书街对客户服务的任性态度仍然是一个谜。它将粗鲁和善良结合在一起，具有一种模糊的真实，但粗鲁更容易被报道。除了上面叙述的磨难，顾客们还回忆起阿贝·格芬（Abe Geffen）是“一个令人讨厌的小男人”和锡德·所罗门“粗暴而好斗”，珍妮·鲁宾诺维茨（Jenny Rubinowitz）“强硬得像十便士钉子……如果你要求打折的话……那就是疯狂的地狱”。关于珍妮（Jenny）的丈夫乔治（George），有一个特别奇怪的客户服务故事。比尔·温斯坦（Bill Weinstein）多年来一直想要乔治·昆兹（George Kunz）的作品（我也没听说过他）。1950 年的一天，鲁比诺维茨先生（Mr. Rubinowitz）让他和一名职员到楼下的一系列地下室房间。有的房间有光秃秃的灯泡照亮，有的没有，但所有房间都堆满了书籍，包括一整箱满是灰尘的昆兹的作品。温斯坦在楼上购买整箱书籍时的对话告诉了我们很多关于图书街的情况，随后他把对温斯坦的采访逐字逐句地记录了下来：

> 温斯坦："鲁比诺维茨先生，我喜欢你，你看起来是个好人。我很好奇，你知道我一直在找这些书籍，你有这些书籍多久了？"
>
> 鲁比诺维茨："哦，或许有十年了。"
>
> 温斯坦："那你为什么从来没告诉我你有这些？"
>
> 鲁比诺维茨："这里没有人带你下去。我也不下楼了。"
>
> 温斯坦："你为什么不让我下楼呢？"
>
> 鲁比诺维茨："哦，我知道你会回来的。"

另一位顾客回忆起埃莉诺·洛温斯坦对她所服务的顾客是有选择性的。这让人想起了在《卡萨布兰卡》(*Casablanca*)的瑞克咖啡厅中鲍嘉（Bogart）的入场点头：

> 你走进去，透过那扇锁着的门看到她坐在桌子前。如果你通过检查，她就会让你进来；如果没有，她会无视你继续工作。

为什么会这么生硬？这些书商似乎已经改变了零售的方式，但这是因为他们把自己当作萨满学者，就像那些把部落故事记在脑子里的克里印第安长老一样。这个想法出现在迈克尔·恩德（Michael

Ende）的《永无休止的故事》（*Neverending Story*）中，在这个故事中，书商的角色是把某些书和某些人结合起来，以实现神奇的现实。

正如选美比赛书店的联合创始人奇普·查菲茨（Chip Chafetz）所承认的那样："图书街的卖家们从分享美国的学术研究中获得了满足感，并不专注于买卖。"这听起来不太商业化，但却与市场交易的灵活性结合在一起，这是不那么持久的书籍连锁店所缺乏的。有一家书店偶尔会推出"任何一本书只要25美分！"这样的广告，另一个经常降价50%来处理库存。图书街打折标识上从来没有那种恼人的连锁书店星号小字"仅限部分商品"，也没有同样恼人的"高达五折"。如果一本书仅仅一个星期没卖出去，书店就要开始大促销——那想象一下那里的库存是有多新鲜。他们都在人行道上放着廉价书籍的箱子和桌子，即使在1941年警察说他们不能这样做之后也是如此。而且他们开到很晚，远远晚于连锁书店的工作时间。汤姆·沃尔夫（Tom Wolfe）和利昂·托洛茨基（Leon Trotsky）是两位伟大的夜行书迷，他们尤其喜欢图书街的这一点。如你所料，书市吸引了一大批作家：凯鲁亚克（Kerouac）和金斯伯格（Ginsberg）、洛厄尔（Lowell）和弗罗斯特（Frost）、桑顿·怀尔德（Thornton Wilder）和埃德娜·圣文森特·米莱（Edna St Vincent Millay），这些都是最常见的读者。

当被问及他们是如何从经济大萧条和两次世界大战中幸存下来的时候，第四大道的一位老书商简单地回答道："我们的妻子都在工作"，而大多数的书店都是家族生意，这种夜以继日的家庭事业让店主的儿子卡夫卡（Kafka）都快发疯了。这里也可以造就家庭：珍妮·拉比诺维茨（Jenny Rabinowitz）在被人发现亲吻了《仲夏夜之梦》后，店主雇用了她，并与她结婚了。

百老汇的斯特兰德书店仍然由立陶宛犹太人本杰明·巴斯（Benjamin Bass）创始人的后代南希·巴斯（Nancy Bass）经营，是美国最受欢迎的书店之一，拥有大约200名员工。如今，这里就像巴黎的莎士比亚书店一样，是一个旅游胜地。本杰明的儿子弗雷德·巴斯（Fred Bass）1998年曾说过，这里仍然是一个充满意外发现的图书街书店："每次我把这里弄得太整洁，生意就会下滑。"

这座城市还有很多其他地标性书店，比如酷而自信的麦克纳利·杰克逊书店、让人愉悦的三生书店，以及成立于1976年的看似永恒的街角书店。阿拉巴斯特书籍公司成立于1996年，在第四大道经营得很好，它就是1893年在这里起家的。你可以想象一些没有书店的城市，但那不会是纽约。

第十三章　书　店

莱瑟姆不确定性原理：书店里的不期而遇

我们都有过这样的经历。在社交场合经常围绕着老生常谈的话题谈话，这些话题通常是新闻、电视、孩子们等。这些观点很容易遗忘然后被反复提及。梅鹿辄葡萄酒在向你招手。有一次在郊区的晚宴上，我的姐妹在绝望中看着顶层的架子尖叫道："那盒子里是什么？"约翰·吉尔古德（John Gielgud）应对对话冷场的方法是问"最近有人接到色情电话吗？"众所周知，人们避开低地人是因为他们说话是出了名的犀利，一个谦逊的帽匠因善于讲故事和避免恶意而成为著名的陪客，鲍斯韦尔和伯克都找到了他。

肖（shaw）说"所有的进步都取决于不合理的人"。因此，在不同的历史时期，谴责奴隶制，支持普选权，或者谴责鞭刑都是不合理的。所有从这些观点出发取得的进步都是通过不合理的手段，通过揭示主流思维的不合理之处来实现的。现在我们所有人赞同的观点看似很合理，但未来人们会认为这些观点过时得可笑，这样的结论似乎也合乎逻辑。我们怎么样才能脱离过去思维的老路？才能不完全依赖于大学院系或智囊团思考伟大的想法？而事实上，这种模式化的思考方式并不太可能打破固有模式。然而书店的思想足够开放，就能独特地挑战那些使我们的理性变得迟钝、灵魂变得模糊的模式化思维。

2016年，我书店的一位顾客问我"宇宙学专区在哪里？"最开始我感到不耐烦——宇宙学是什么鬼东西？但后来我意识到有人进书店来学习宇宙学是多么美妙的一件事。

通过书籍还有另外一种更加广阔无边的探索方式——漫无目的。

海森堡的不确定性原理指出，你不可能同时知道一个物体的位置和速度，因为任何东西都具有波粒二象性。我现在支持莱瑟姆的不确定性原理，它指出，当你走进一家书店后，你既不知道自己是谁，也不知道自己可能成为什么样的人，因为你同时拥有记忆和直觉。

当你在书籍之间漫无目的地闲逛时，一些奇怪的事情发生了——你迷失了自我，摆脱了自己的身份。希腊人把这种状态称为“倒空自己（kenosis）”，是为被神的意志入侵而准备的自我放空。如果我们都是演员，世界是一个舞台，那么阅读书籍就是让我们的大脑进入后台修整的一种方式。机会使我们的思想得到解放，使我们的灵魂得到净化，让风车般运转的大脑得到休息。突然间，工程师看了一本诗集，或者诗人读的是物理学家比恩欧（Beano）的年报，会计师偶然发现了冯内古特（Vonnegut）的作品。

1990 年，我在厨房桌子上仔细研读了一个月的出版商目录后，订购了 35000 本书，以为自己创建的坎特伯雷水石书店是一家相当完善的新书店。直到蒂姆·沃特斯通（Tim Waterstone）到访，并说：“嗯，还有点欠缺……就是没有阿拉丁洞穴的感觉。”这个比喻很有趣，暗示人们可能会在书籍中发现一盏指引的神灯和一些意想不到的东西。正如犯罪小说作家劳里·金（Laurie King）在谈到她 1966 年作为学生第一次去加利福尼亚的圣克鲁斯书店时所说的：

> 这里的木地板咯吱作响，到处都是陈年扶手椅，还总是坐满了人……我都怀疑地下室有魔术师或炼金术士。

啊，书店的地下室。我的坎特伯雷水石书店，它的地下室与所有的噪声隔绝，而且不知怎么，它就像是不受时间限制，是永恒的。在历史书籍专区可以看到玻璃后面有一块罗马浴场的地板。一位来自亚拉巴马州的非裔美国老人让我带他去地下室看看。我们看了一些历史方面的书。波斯帝国与马拉松和凯撒相邻，赫梯人就在边上，旁边还有一本关于克利奥帕特拉的书。当我滔滔不绝时，一种奇怪的感觉涌上心头。我对罗马时代有了一种真实的感觉，仿佛来到了古罗马士兵行走的时代。我向老人会意，他也有这种真实的时代感？“我懂了，孩子，你继续说下去吧——顺便说一句，我只是来拿一本同义词典的。”

戴夫·埃格斯（Dave Eggers）也会思考这个建筑本身。他最喜欢的书店是加州的绿苹果书店，那里有数千张手写的推荐卡，但“即使没有这些，建筑里的某些东西也给他们的每一件物品都投射着奇迹之光。”这可能因为这家书店历史上所经历的“心灵创伤”，其中包括两次地震，或者只是“如果一家书店像书、作家和语言一样另类奇怪，你对它的感觉就会很好，会在那里买东西。”

一本好书似乎是永无止境的感觉，一家好的书店也是如此，它的书架消失在黑暗中，最好是像泰瑞·普莱契（Terry Pratchett）所写的那样，看起来就像是“由埃舍尔（M. C. Escher）设计的”。这样的书店似乎是必到之处，就像巨石阵一样，是联系魔法与神秘的特定地点——这不是虚构的浪漫主义，我只是在如实汇报我从顾客眼中看到和从他们的叹息中所听到的东西。顾客的第一感觉通常都来自嗅觉。有很多次，我都看到顾客走进商店，停下来，故意用嘴呼气，然后用鼻子吸气，接着闭上眼睛说，“就是这个味道了”，这里引用了最近一位顾客的原话。处于几十年来都是书卷气的和平年代的我们，很容易就把书店当成理所当然的事。昨天，一位金发碧眼的年轻女子，穿着厚重的大衣，把夏洛克·福尔摩斯和各种经典作品堆在柜台上。她看起来像英国人，我想她应该是当地的学生，但奇怪的是，她没有像预想的那样，去购买大家都喜欢的教科书和邪典小说的组合。她用一种不同寻常的方式把这些书放在柜台上，就像牧师在做完圣餐后把圣餐杯放在祭坛上一样。当她付钱的时候，她突然用手臂指着书店，有点不好意思地用她蹩脚的英语说："你们店……我是格鲁吉亚人……你知道在哪儿吗？你知道是什么吗？我想你不明白……像这样的商店……"因为她没有用确切的语言表达出来，所以在我们之间就萌生了更多的想法。

弗吉尼亚·伍尔芙喜欢在伦敦冬天的傍晚散步，由此来放空自己，她说："我们摆脱了朋友们眼中的自我……保护我们的灵魂的外壳已经破裂了。"对伍尔芙来说，让自我回归流动，像鳗鱼一样，是她开始寻找新书灵感的最佳方式：

> 没过多久，这里就出现了二手书店。在这里，人们经历了街头的繁华与没落，在流浪的书籍、无家可归的书籍中找到了平衡……在这形形色色的人群中，我们可能会碰到一些完全陌生的人，如果幸运的话，他们会成为我们在这世界上最好的朋友。一股破旧、遗弃的氛围吸引着我们，从上层书架上拿起一本灰白色的书时，也总是希望在这里遇到一位新朋友。
>
> ——《迷街》(*Street Haunting*)

在这种开放的状态下，就能找到改变生活和开启心灵的书籍，因为我们不都感觉到了自己还有其他未探索的自我吗？虽然葛丽泰·嘉宝（Greta Garbo）说她想要独处，并以此闻名。但正如她晚年吐露的那样，真正让她疲惫的是“她厌倦了作为嘉宝”。我从纽约里佐利书店的书商安东尼奥·希门尼斯（Antonio Ximenez）那里发现，嘉宝会花上几个小时在那家书店里搜寻，“除了我们没人知道她在哪里”。这与我的理论相符，书店就像是给束缚的灵魂松绑。

加利福尼亚州伯克利的“缘分天注定”书店奉行了无目的原则达 40 年之久。在几层楼里，100 多万本书被随意摆放。声名狼藉的图书馆老板彼得·霍华德（Peter Howard）曾经对一位顾客说：“如果你怀有目的地阅读书籍，那你就去图书馆。”当这家店在 2012 年关闭后，邦瀚斯拍卖行举办了六场拍卖来出售这些书。当我读到他们在一些文学珍品中发现了杰克·伦敦（Jack London）的一把长矛时，不禁笑了起来。但随后我想起，在我的书店里，只有我知道那个 19 世纪 70 年代用羚羊皮做的祖鲁族盾牌在哪里。

其他这种以漫无目的为主题的书店也仍然存在，而且将永远存在，因为有人需要它们，我书店的顾客们证明了这一点，他们喜欢在桌子底下或清理箱里翻找一些不同寻常的东西，去寻找自我的另一面。1991 年，荷兰作家赛斯·诺特博姆（Cees Noteboom）在西班牙漫游时就感受到了这种需要：

> “在每一个省会城市，都藏着至少一家不知名的小书店，里面的书有许多稀奇古怪的版本，这些版本很少出过城或出过省，大部分是本地出版物，作者都是我不认识的人，里面塞满

了令人着迷的信息、地区历史、不知名的诗人所作的诗歌，以及晦涩难懂的烹饪书，烤蜥蜴和蜂蜜鳕鱼的食谱（这些菜就像是僧侣做的）。在这间小而杂乱的书店里，我在大多数人都会忽略的书堆里搜寻着，为了找一本书，我还撞翻了一堆书，书店的售货员用敏锐的目光盯着这个长相怪异的外国游客。”

——《西班牙星光之路》(*Roads to Santiago*，1997)

这样的偶然发现的书籍可以带来慰藉。许多读者都有一本安慰书——由早已倒闭的出版商发行，由早已关闭的印刷商印刷，题字的手也早已成为骸骨。这本书不能让人联想到当代，也没有在世名人的喧嚣评论。我特别珍爱一本赭色的精装本《线索与谢幕》(*Cues and Curtain-Calls*，1927)，作者是查思·牛顿（Chance Newton），他是一位狄更斯式的戏剧评论家，曾用通俗亲切的语言，赞美那些在他那个时代早已被遗忘的名人。这属于伦敦一家偏僻的出版商，书上还有油彩味儿。像这样的书总是温柔地提醒人们，名誉大多都是泡沫。现在的世界，大肆宣传所有事物，有时候读到某件怪事，想到世界上只有自己知道就感觉很不错。

多伦多的猴爪书店使用一种叫作“书目垫”的机器，这个机器由滑板轴承和升级后的机器部件制成，类似于《超级无敌掌门狗》(*Wallace and Gromit*)中的自动售货机。你只需花费两美元，就可以随机得到一本书。玛格丽特·阿特伍德（Margaret Atwood）评论道：“这可！真是！太棒了！”尼尔·盖曼简短地说：“我坠入爱河了。”早在1992年，我在坎特伯雷水石书店的前门附近布置了一个名为“偶遇”的大专区，里面没有任何规律可遵循，这里满是书籍里的异类和异现，有些书籍看起来很奇怪，有些则很无聊，但所有的书籍都有找有缘人的特殊能力。在这里，我们终于卖掉了动物标本剥制书《填料事宜》(*Much Ado About Stuffing*)和《中国鼻烟壶》(*Chinese Snuff Boxes*)。本着同样的精神，我发现虽然我卖不出科幻小说里的《克林贡语词典》(*Klingon Dictionary*)或《星际迷航》，但是日语和韩语之间的"词典"，销量却一直很好。

浏览书籍是非线性的，但却很有生产力，正如行为经济学家马尔科姆·格拉德威尔（Malcolm Gladwell）所坚持的那样：

> 虽然我不得不浏览网站……却经常在书架间走动，因为书架上汇集着各种各样的想法；更有主题，也更随机。

思想不仅来自线性的思维，也像突触的闪电，充满随机收集的信息。为了得到这样的想法，夏洛克·福尔摩斯拿着烟斗坐了很久很久。我以为我发明了仿意第绪语"Google-Schmoogle"表示轻蔑，但我发现它指的是一种事物——人们不假思索地用谷歌来寻找答案，就好像它是 1967 年《星际迷航》那集里的机器神瓦尔（Vaal）。你会听从电脑的建议来打破布莱克所说的"思想锻造的手铐"吗？不会的。电脑的建议是基于算法，这种算法假设你的大脑具有老式美国国际商用机器公司个人电脑的潜力。而且即使是最新的算法也是还原抑制的，而且基于过去。

我曾经在查塔姆造船厂的一艘帆船上参观，那晚我梦见我的书店就是一艘船，虽然商业化但具有不可否认的浪漫。导游说，这艘 1878 年的船带有蒸汽机，但风可以让它航行得更快。偶然性就像那推动书店的风，比搜索算法更快、更精彩。在书店，我们都是“脑航员”。

书商的故事——从伦敦到坎特伯雷

吉卜林小说的开篇写道，“一切都开始在一列从姆豪（Mhow）开往阿杰梅尔（Ajmir）的火车上”。这体现了一种意识——人生中的重要时刻都不是特意为之。当我们认为自己正从甲地到达乙地，但却不知不觉地穿过了桥梁，或像是进了看不见的传送门。我将讲述1986年我是怎样开始这一切的。我骑自行车从巴特西的公寓去做各种兼职历史讲师的工作。我只按“授课时间”，也就是实际教学获得报酬；备课和批改论文是不收费的。之后我与一位努力工作的语言治疗师结了婚，所以需要一份全职工作。我沿着切尔西的国王路骑车，看到一家叫“斯莱尼和麦凯”的新书店在招聘员工。

萨莉·斯莱尼（Sally Slaney）是柯林斯出版社的前公关，莱斯利·麦凯（Lesley McKay）已经经营着悉尼最好的书店。在一次简短的面试之后，他们录用了我，我跌跌撞撞地入了行。他们雇用了露丝·哈登（Ruth Hadden）作为经理，她是一个满嘴脏话的年轻利物浦人，留着的霹雳舞发型让她的头看起来像某种阿兹特克头饰。她早上经常脚疼，因为她在伦敦俱乐部里的舞蹈水平几乎达到了苦行僧的水平。我从来没有遇到过一个如此投入生活的人，然而她会突然兴致勃勃地和我讨论一些东西，如傅华萨（Froissart）的中世纪编年史——她是多么地爱它们而且当顾客进来要买傅华萨的作品时，她就“非常高兴”，尽管虽然顾客说成了“羊角面包编年史”。她经常笑，那种丰富而肮脏的笑声让我觉得她对生活足够认真，不必太把生活当回事。她可能是一个低收入的书店经理，但她似乎是她生命中的女王，幸福地与一个英俊的苏格兰黑人结了婚。

露丝来自另一家由两位女士经营的著名书店——查令十字路口现已被人遗忘的科勒特书店。在那里，露丝的独立精神浸透了反叛的习惯，还希望把书店当作变革的发射台。伊娃·科勒特（Eva Collet，1890—1976）和奥利弗·帕森斯（Olive Parsons，？—1993）一生都是共产主义同情者，在福伊尔书店附近建立了一家大型书店，出售共产主义和进步文学，以及东方集团的期刊，并且开创性地出售世界音乐。据说，在那里你可以买到有关世界上任何解放运动的书籍和期刊。科勒茨书店就是一家思想自由的书店，但军情五处对它的看法更为灰暗，他们窃听伊娃的电话，阅读她的邮件。

伊娃·科勒特的热情被她在战时工厂工作中了解的情况所激发，被她在劳动研究部门工作的经历所启发，并被她在 31 岁时决定在伦敦大学学院攻读哲学学位而加深（她获得了一等学位）。科勒特在大英博物馆附近开了一家中文书店，在曼彻斯特和纽约也有分店。

为了说明科勒特书店坚持己见的氛围，雷·史密斯（Ray Smith）的事值得记录，他负责音乐部门（以及后来雷在福伊尔书店内的爵士乐商店），以用气枪打破每分钟 78 转的“旋律”唱片为乐，表明他对苏联国家音乐标签的蔑视。

露丝·哈登学习到了利物浦的社群意识和科勒特的激进主义，是管理斯莱尼和麦凯书店的理想人选。尽管地理位置优越，但切尔西当时还正处于变革的热潮中。薇薇恩·韦斯特伍德（Vivienne Westwood）的商店就在这条路上，卢西恩·弗洛伊德（Lucian

Freud）和弗朗西斯·培根正处于艺术的巅峰时期，来自世界各地的朋克一族在切尔西药店外闲逛，而滚石乐队凭借其著名的作品《你不能总是得到你想要的》（*You Can't Always Get What You Want*）而闻名于世。

露丝摒弃了所有像传统书店那样给书籍分类的想法，她把一楼的大部分空间变成了新思想、艺术、时尚和音乐肆意流动又相互联系的混合体。菲尔·安德罗斯（Phil Andros）的进口同性恋小说卖得特别好，与新成立的女性出版社出版的书籍并驾齐驱，后来与艾丽斯·沃克（Alice Walker）齐名。哈登（Hadden）把一个2.4米高、1.5米宽的黑色标牌固定在后窗上，给这个新的专区起了一个名字——风格与性别，字体与“性手枪”乐队最著名的专辑封面《风格与性别》（*Style and Gender*）相同。萨莉·斯莱尼和莱斯利·麦凯开始怀疑他们把什么东西释放了出来。

切尔西没有怀疑。弗朗西斯·培根是一个常客，定期购买艺术品和安德罗斯的作品，商店里满是他带着鼻音的完美发音。德里克·雅克比（Derek Jacobi）在人物传记《情迷画色》（*Love Is the Devil*）中捕捉到了这种发音，这种嗓音凄切得出奇，哪怕他在地下室里我也能在一楼听到。一个夏天的早晨，培根遇到了另一位常客安东尼·霍普金斯，两人聊了很久。安东尼·霍普金斯是未来的汉尼拔·莱克特（Hannibal Lector），而且是《尖叫的教皇》（*The Screaming Pope*）的作者，借用培根的名言，这两位艺术家“打开了情感的殿堂”。我和霍普金斯的对话是现在可能称为“新世纪”风格的东西。那时候他还在豪饮美酒，来躲避那种假装低俗来吸引浅薄之人的感觉。

萨莉·斯莱尼总是知道人们应该买什么小说。最近我给她打电话，发现她仍然如饥似渴地了解最新时事。她成了琼·普莱怀特（Joan Plowright）的私人采购员，让生病的劳伦斯·奥利弗（Laurence Olivier）仍能从阅读中获得安慰。由于她对小说富有热情，这家书店举办了一场朱利安·巴恩斯（Julian Barnes）的发布会，也幸亏她热爱艺术书籍，米克·贾格尔（Mick Jagger）成了这里的常客，并大量购买了约翰·辛格·萨金特（John SInger Sargent）和“拉斐尔前派”的书籍。

资深演员迈克尔·霍德恩（Michael Horden）的妻子夏娃（Eva）在他们结婚40年后去世，之后他来这里学习烹饪。萨莉建议他买一本迪莉娅·史密斯（Delia Smith）的《一人食也得乐》（*One Is Fun*）。当我把这本书放进袋子里时，他沙哑着嗓音说：“但是，一个人不快乐。”

艾伦·杰伊·勒纳（Alan Jay Lerner）的伤心之处在于，尽管我多次检查缩微胶片（5英寸 × 4英寸赛璐珞片上有印刷书籍清单，我们在一台设备上像看假日幻灯片那样看胶片，而大多数顾客称其为“电脑”，尽管这个盒子只是形状像显示器，里面有一个灯泡），里面没有一本关于音乐剧的书籍。他说，像他写的《琪琪》（*Gigi*）与《窈窕淑女》（*My Fair Lady*）这样的剧本会在文化史上有一席之地吗？

切尔西的财富和其创造性的激进主义之间的鸿沟从未完全消失。我们这家当地书店是为瘦弱年轻的鲍勃·吉尔道夫（Bob Geldof）开的。他和宝拉·耶茨（Paula Yates）很喜欢那些书籍，而女儿菲菲（Fifi）则和朋友们在儿童读物区狂奔。“现场援助”活动在吉尔道夫偶像之火的推动下逐渐成为现实，一天早上，我把一本价值 120 英镑的关于塔玛拉·德兰陂卡（Tamara de Lempicka）的书籍放在橱窗里，在他走进来时我提出了一个问题，我想我的问题很有道理，“你知道我用这么多钱能买多少袋该死的大米吗？”“现场援助”义演之后，他在写自传《是这样吗？》（*Is That It?*）时向现代优秀自传取经，是这样吗？

朋克一族在国王路上游行，就像 19 世纪 50 年代那些骑马道上的上流社会人士，露丝很高兴那些朋克一族涌进书店。其中有一群人梳着莫西干头，身上有很多穿刺，萨莉·斯莱尼特别警惕他们，直到他们用一卷卷的 50 英镑面值的钞票付钱，但露丝低声说，他们是“垃圾”（The Shits）乐队，或者是什么杰出的朋克组合。我也不太了解他们的所有作品，只是偶尔去过朋克音乐会，在皮裤和飞溅的口水中间，我穿的灯芯绒裤和哈里斯斜纹软呢夹克显得格格不入，而且我只戴了一个核裁军运动（CND）的徽章来表明我不是一个见习猎手。

这家书店给我上了一课，证明我要不断重新学习，古菲·阿曼达乐队（Groove Armada）有一个简单的表达，“如果千人一面（我们就会相看两厌）”，这说明一个团队需要多样性，尽管这可能导致冲突，尽管有些人渴望与志同道合的同事在一起。

这个小团队中的每个书商都为不同的理由而工作。我们的兼职雇员厄休拉·麦肯齐（Ursula Mackenzie）几乎能为任何一个想读一本好书的人提供可信的信息。她后来的职业生涯证明了她作为一名书籍药剂师的能力——作为利特尔 & 布朗出版社公司的首席执行官，她出版了唐娜·塔特（Donna Tartt）的小说和 J. K. 罗琳的犯罪小说，并成为第一批获得潘多拉女性出版商奖的人之一。她是一个富有同情心的人物，现在主持着一个慈善机构，帮助低收入的书籍业新人建立起步之家。奥利维亚·斯坦顿（Olivia Stanton）本人就是一名画家，照顾着英俊的美国人 R. B. 基塔伊（R. B. Kitaj），基塔伊曾是一名军人，后来成为画家，他和他的朋友霍克尼（Hockney）一起，使英国的具象艺术得以再生。奇怪的是，在我的记忆中他是那么的自在迷人，但现在我查询他的信息，却发现他在 74 岁时故意用一个塑料袋使自己窒息而死，这似乎很奇怪。

奥利维亚还很关心一个驼背的老人，他经常来，无论什么天气都穿着一件长长的粗花呢大衣，总是和他的妻子在一起，他的妻子戴着大帽子，戴着飘逸的围巾。奥利维亚为他们提供了一些关于英国预言者的神秘主义文本和书籍。他们是塞西尔·柯林斯（Cecil Collins）和伊丽莎白·柯林斯（Elisabeth Collins），我从没听说过他们，但这对夫妻在艺术上的重要性不亚于那些“垃圾”乐队对朋克的重要性。我希望——就像我们对所有老人所做的那样——我能和他们有更多的交流。塞西尔后来在泰特美术馆举办了一个大型回顾展，并且参展了 1936 年传奇的超现实主义展览，而伊丽莎白在巴黎认识了格特鲁德·斯坦（Gertrude Stein）。如今，由于人们不假思索地错过了像柯林斯夫妇这样的人，我积极尝试向老客户打听他们的故事。

斯莱尼和麦凯书店的另一位顾客的记忆强化了这种感觉。我喜欢超现实主义摄影师安格斯·麦克宾（Angus McBean），他很开朗，是个像牧神一样的威尔士人，却从未听说过他的消息。他有几张费雯·丽（Vivien Leigh）漂亮的照片，我们同意在书店里推出一本关于他的照片的小书。我们都喝了很多酒，一位美丽的年老银幕女演员告诉我，“我让她想起了马龙（Marlon）”，她曾经认识马龙。直到现在我才发现，麦克宾是一个很前卫的人，他曾经做过这些：因同性恋入狱四年；1933 年为吉尔古德（Gielgud）设计了布景；为披头士乐队（Beatles）的第一张专辑封面拍摄了照片。

露丝在书店里的流体分类系统吸引了苏格兰波普艺术先驱爱德华多·包洛奇（Eduardo Paolozzi，他制作了大英图书馆外的牛顿雕像），他以沙哑的嗓音、微笑的皱纹脸和浓郁的雪茄成为受人喜爱的常客。这种系统也很适合布赖恩·伊诺（Brian Eno）的折中先锋派。伊诺会喜欢纳博科夫（Nabokov）在 1942 年一次采访中讲述的逸事，以加强他自己对分类的谨慎：在伦敦，一位科学家带着英国甲虫权威指南的最终文本走向出版商的办公室，他在穿过面前的人行道时，注意到一只不知名的甲虫——被他踩在脚下。伊诺有一次来时，向往地问是否有一本涵盖了所有的风格和乐器的音乐书籍。在缩微胶片上，我手里拿着烟，找到了《格鲁夫音乐与音乐家词典》（*The Grove Dictionary of Music and Musicians*，1980）。伊诺订购了这套书籍，共 20 卷。他好几次步行来取这套书。我只知道他这个男人很有魅力，说话轻声细语，和我年龄相仿，但过早就秃了顶，也是一个奇怪音乐的粉丝。我在家里听的脸部特写合唱团（Talking Heads）和大卫·鲍伊的专辑，不知道这些都是伊诺制作的。在军队之外没有互联网，所以查不到什么他的资料。

好莱坞明星德克·博加德（Dirk Bogarde）已经习惯了被人拦下和骚扰，以至于他在切尔西购物时鬼鬼祟祟、一言不发，直到他遇到华丽炫目的帕斯卡（Pascal）——我们浮夸（但直爽）的书商，他为了纪念这位法国哲学家而改过名字，忘记自己叫作格雷厄姆。对于帕斯卡，博加德发现有人对他的两大爱好——法国烹饪和法国电影都有着深刻而真诚的见解。帕斯卡是如此的自命不凡，以至于他对博加德的光环毫无兴趣。

如果不单是指人类的话，多样化的团队是最好的。此刻，坎特伯雷前门的三只蜘蛛在封城期间给我和另一个有蜘蛛癖的书商带来安慰；它们是这个封闭生态系统中的安抚大使。为了阻止窗户清洁工杀死它们，我告诉清洁工肯特大学的城市生态组正在研究它们。在斯莱尼和麦凯书店的团队中有一只猫——白兰度（Brando），一只践行朋克精神的虎斑猫，它在收银机上摆出迷人的姿势，但如果有人抚摸它，它就会不分青红皂白地给人一记右勾拳，甚至抓伤了鞋履设计师马诺洛·伯拉尼克（Manolo Blahnik）的纯种苏格兰犬。（狗的脸被严重划伤，但马诺洛——我们有史以来最好的常客之一——很理智地接受了这件事，拒绝了我们提议支付的兽医费用。）白兰度是我们从一群顽童的柏油下救出来的，所以它敏感一点也可以理解。

通常情况下，人们没有去限制书店内谈话的习惯，原因要重复一下弗吉尼亚·伍尔芙的观点，因为在书店里，我们可以卸下我们为保护自我而铸成的外壳。在过去的30年里，我已经在书店里听到了很多出格的对话。这些交流可能很简短，但却能引起共鸣。滚石乐队的鼓手查理·瓦茨（Charlie Watts）订购了大量的军事历史资料——这不太像是他会喜欢的东西，我们分享过这种过时的兴趣（我读博士时学了一些被遗忘的印度战争）。在我离婚后的一个糟糕早晨，他问我有什么不对劲，当我说明了整件事，也就是我的生活，他简单地说道“啊，生活”，带有一种告诉你“是的，生活是个婊子，但这不会长久的，相信我，我也是过来人”的温暖，当我回忆起这段经历时仍能感到安慰。

然而，露丝·哈登做得更多，她帮助我渡过了年轻时的羞涩和悲伤，让我学会了怎样生活。有一次，当我沉思着抽烟时，她告诉我，如果我愿意投身其中，将会成为一个出色的书商。我有点惊讶，因为我太缺乏自尊（或者沉溺于阻止一些人竞争的过度自尊之中），而且我仍然认为卖书只是一份临时填补空缺的工作。

1989 年，露丝受邀去参加一个舞会，在一艘名叫“侯爵夫人”的内河船上跳舞到很晚。我听说船沉了，她在泰晤士河淹死时，那个在我看来就是生命中最重要的人已经死了，大约 30 秒后我才反应过来，然后悲伤的压力就像爆炸波一样袭击了我。如此残暴的夺取。莎士比亚说得好：现在你要赞颂死神，在你身边躺着一个无与伦比的姑娘。

斯莱尼和麦凯书店在房租上涨后关门了，萨莉这个母亲去世时都没有哭的人，自童年以来第一次哭了。伊丽莎白·柯林斯用蜘蛛网般细长的笔迹写了一封信，信中说这家店曾经熠熠发光，是一个避风港。几年后，帕斯卡和博加德去世了，他们可能会在天堂里讨论完美的酱料。

写完上面这句话，我就睡着了，我做了个生动的梦，梦见商店关门了，但在梦里当我们把书柜拿出来时，墙上有许多作家的题词。按照梦的逻辑，这些题词都是它们前面的故事自然积累而来的。醒来后我很高兴这种情况能经常发生，以为这个梦是真实的。这个梦似乎传达了一个信息，如果你开了一家书店，里面的故事就会萃取出来，那是新的故事、永恒的台词。

令人高兴的是，书店是战胜死亡的胜利者，充满了来自已故之人的思想，但却被活人所占据（尽管我对我们的一些常客感到好奇）。自从露丝、萨莉和莱斯利让我明白书店的潜力之后，我已经在书店里工作了30年，这些书店是作者和顾客讲述故事的安全港湾。

我在查令十字街的“任意书”二手书店工作了一段时间后，又在水石书店在肯辛顿和切尔滕纳姆的分店工作了几年。肯辛顿的商店感觉很好，因为我父亲在那里买过女式紧身胸衣，当时那是一家老式的女装店。他从紧身胸衣上取下鲸骨条，因为他作为一个执业的测绘师，发现鲸骨条非常适合做探测棒。因为地球上没有鲸骨了，所以不论用鲸骨寻找什么东西，发出的信号都是纯净的。当我向蒂姆·沃特斯通脱口说出这一点时，他显得不知所措，但这是可以理解的。

书店总是巧妙地参与到他们的精神地理学中去，而且远比五金店要多。切尔滕纳姆水石书店或许照应了这座城市的古板名声，员工是一群巴洛克式的怪人，他们给书店摆放的图书几乎完整地体现了亚历山大时代。传记中有全部11卷拜伦的书信，历史书籍有丘吉尔的全部作品和吉本两个版本的书籍。我记得，旅行书籍由三本关于圣赫勒拿岛的书。

我是安德鲁·史迪威（Andrew Stilwell）的助理经理，他是哈罗公学的学生，说话慢吞吞，举止优雅抽着烟卷。他后来成为伦敦评论书店的首任经理。他收集罕见的风格强硬的美国犯罪题材书籍和艺术书籍，而且以有趣的庄重态度把两者放在同一个地方。如果他有节奏地抖动肩膀，那他就是要开始为一些新的荒谬言行而咯咯发笑了。史迪威的宽容给我留下了深刻的印象，尤其是魁梧的苏格兰书商伊恩（Ian）在宽敞的经理办公室练习剑道——日式棍棒格斗，而办公室里有三扇俯瞰步行街的威尼斯式窗户。当安德鲁坐在一片香烟烟雾中研究泰赫德逊出版社的书目时，伊恩在办公室里像个运动员一样又叫又闹，在桌子和成堆的书目间跳来跳去。

伊恩是苏格兰人，经营图像小说而且把它变成了一个帝国，其中有来自远方的客人。他支持罕见的漫画书，如果有人质疑他的支出，他就会用至今仍未上映的超级英雄的销售数据来进行一连串的辩护；他让我读了一些关于“三维人”和“子弹女”的故事，甚至还有“掉胳膊男孩”，他似乎真的就擅长这个。

优雅的玛丽·范德·普兰克（Mary van der Plank）现在是两个孩子的母亲，住在最荒凉的德文郡，喜欢在休息时间打个盹。为了最大限度地利用时间和寻找黑暗，她会蜷缩在底层收银台后面的橱柜里。在不惊醒她的情况下打印出一条新的收银单是一项很精细的操作。当她突然从橱柜里直起身来，顶着一头乱蓬蓬的黑发，顾客会满腹怀疑，而她睡眼惺忪问道：“下一个到谁？”

小说买家约翰（John）总是跑在去书店交流想法的路上，那家舒适的地下书店由艾伦·汉考克斯（Alan Hancox）经营；威廉·戈尔丁（William Golding）和艾伦（Alan）去过一次。如今的切尔滕纳姆文学节规模庞大，但却是汉考克斯将这一节日从消亡中拯救出来，在20世纪60年代，汉考克斯与该镇的书记官开了一次紧急会议，决定吸引一些大人物来这里。他成功了。W. H. 奥登（W. H. Auden）、特德·休斯和谢默斯·希尼（Seamus Heaney）都来发表了演讲。尽管希尼（Heaney）1988年的演讲——现在保存在费伯尔档案馆的一盘录音带中，把汉考克斯称为“叶芝（Yeatsian）式的人物”，是一个“聆听者”，但现在这个华而不实的艺术节网站上并没有提到艾伦。如果说我刚刚放弃了在这个节日上发表演讲的机会，我还是很高兴能说出了一个深受喜爱却又被过分忽视的书商名字。

在我的记忆中，切尔滕纳姆的石灰岩山丘的奇特文化氛围仍然缺乏内涵。那天，史迪威为一个品酒会和一个木雕展示订了双份合同。雕刻者身材瘦削，蓄着胡须，神情紧张。飞溅的木片不停地拍打着穿着背心的铁杆啤酒迷，疼痛的叫喊声不时地打断他们享受的叹息声和咂嘴声。

还有一天，我们为梅尔文·布莱格（Melvyn Bragg）的理查德·伯顿（Richard Burton）的传记举办了一场活动。后来布莱格指出，一家商店如果既有世界性又有地方性，就能反映出这个时代的精神，甚至以一种小小的方式为它作出贡献。在我做下一份工作的时候，这段对话一直萦绕在我的脑海里。

1990年，我开设了坎特伯雷水石书店。蒂姆·沃特斯通曾经面试过我，问我为什么他应该给我这样一个抢手的机会。我那时年轻无知，说“因为我要点燃坎特伯雷”。A. S. 拜厄特开了家店，不知把她的手套落在了什么地方，失物事件后来演变成了一场传奇。就像她的保镖所说，对她来说一切都变成了童话，这一点令我认为她是理想的书店揭幕人。寓言适合书店。潜意识像童年的想象，明白这一点：菲利普·普尔曼（Philip Pullman）在咖啡厅发表了关于第二本《北极光》的演讲后，我梦见我去了书店的地下室（潜意识的代表），发现了一只全副武装的北极熊在顾客间徘徊，无论是动物还是人都神色如常。

两个孩子教会了我一个道理，书店不仅仅是在售卖书籍，它们因人们打开想象力的舱口而充实起来，故事在那里一次又一次地悄然爆发。在坎特伯雷书店里，我们有两个摇摆木马，是我1990年从女王摇摆木马制造商斯蒂文森兄弟（Stevenson Brothers）那里订购的。[我自然而然地问了托尼·斯蒂文森（Tony Stevenson）一个问题，他把一个大木马送去温莎时，也问了侍从同样的问题——“她骑上去了吗？”——她骑了，或是曾经骑过。]这些木马是特别令我心痛的支出之一，尽管与在商店下面发现了罗马浴场遗迹而进行的考古挖掘相比，这算不了什么，而那场考古挖掘是水石集团历史上最大的一笔支出。女孩们最喜欢木马，她们通常会对着木马唱歌，或者与她们的沉默木马进行非常复杂的对话。我偶然听到，一个女孩对骑在另一匹木马上的小妹妹说了越来越多的巴洛克式幻想，直到她妹妹起了疑心，说“你现在只是在给我讲故事”。

“是啊。”讲故事的人泰然自若，说，“我们在书店里嘛。”

J. K. 罗琳也喜欢编故事，在她继续讲第二本《哈利·波特》的故事之前，那时手机还没有普及，她用书店电话给她六岁的女儿杰西卡（Jessica）读一个编好的睡前故事。

故事书中的人物和死者，在书店里感觉更有生机。最近，坎特伯雷大教堂的院长来为他姐妹的葬礼找一本书籍。当我们在书店里闲逛时，他几乎是在自言自语，好像他的姐妹还活着，“她会想要一点玛姬的书”。他走向乔治·艾略特，查看两版《弗洛斯上的磨坊》（*The Mill on the Floss*）中的纸张手感，我对他考虑成为前首相的担忧转瞬即逝。他更喜欢牛津大学出版社用奶油纸的那一版。那张鲜明的白纸看起来有点呆板。他付了钱后说，大教堂和书店都是人们闲逛的地方，人们可以寻求慰藉而不受打扰，也许可以找到安慰，也许只是闲逛与谈心。

这个冬天我已经贮藏了一个不为人知的故事，等着在这种隐秘的书页上写下来。这个故事里没有名人——我甚至不知道她的名字。那是在上个月一个平平无奇的早晨。你知道在那些日子里，你可以想象济慈为什么“对安逸的死亡有一半的爱”。《白鲸》以这样一个早晨开始，当以实玛利（Ishmael）好笑地发现自己“停在棺材仓库前，在我遇到的每一个送葬队伍的后面跟上”。这一章中，我似乎谈论了很多关于死亡的话题，但都是作为爱的兄弟姐妹出现。这两者都适合书单。旧金山的城市之光书店收到一位顾客的来信，承认她按照父亲的指示，把他的骨灰撒在书店里，放在他最喜欢的书籍后面。我用莱斯利·麦凯父亲的骨灰——一个很重的盒子，来支撑斯莱尼和麦凯书店橱窗里的艺术书籍。她看到时感到很吃惊，但她承认自己也很犯难，不知要怎么为它们做些有意义的事。这些年来，我在书店里目睹了很多起心脏病发作的情况。一位女性顾客，她在冠心病发作时手里拿着古典文学，被抢救过来后，医护人员把她推上救护车上时，她握着我的手说“我很喜欢这里……这里本来是离开的好地方”。至于爱情，书店是富有成效的聚会场所，常常有顾客要求在纽约的斯特兰德书店举办婚礼，以至于他们有了一个固定的仪式。

回到我那个忧郁的早晨。它让我想起了查理·瓦茨的“啊，生活”。我看到的不是瓦茨，而是一个身材高大的女人，面庞很坚毅，肤色饱经风霜，穿着一件真正的防水连帽夹克，在诗歌专区浏览。我得知她50多岁，是一个工程师，沉默寡言，做事有条不紊；她戴着的身份证挂绳很耐用，不是容易损坏的学院挂绳，还有一把钥匙，可以用来进入某个发射台或强子对撞实验室一类的地方。

她想让人帮忙找一首关于大海的诗，是她已故的父亲经常给她读的诗中的一首。诗中有一句“古老灰暗的寡妇制造机”——也就是大海，这句诗不断回响在她的脑海中。我们看了各种各样的选集，我认为是《货物》(*Cargoes*)中的“在疯狂的三月里撞过英吉利海峡”，但她说“不，等等，我现在正在看《恋海》(*Sea Fever*)”。实际上她在脑海中听到了整首梅斯菲尔德(Masefield)的《恋海》，将它浏览一遍就是为了“寡妇制造机”那一句，而她的父亲在她脑海中放了某种收音机，录下了这些诗。与此同时，我找到了她想要的诗，吉卜林(Kipling)的《丹麦女人的竖琴之歌》(*Harp Song of the Dane Women*)。这首诗讲的是维京女人在家里等待出门的丈夫，而丈夫只留下“你的桨叶落下时空洞的声音”。副词是：

为什么你抛弃了女人，
抛弃了家中炉火和土地，
却跟这个古老灰暗的寡妇制造机在一起？

找到这本书后，我读给她听——这首诗不长，虽然她感谢我时声音没有变化，但当我从书中抬起头时，她已泪流满面。

书商与顾客

书商是一个自由流动的群体，既不是专业人士，也不是无产阶级，他们的角色每天都在转变，从文人到出纳员，再到相当多的护理人员。我在坎特伯雷书店面试了最初的书商团队，学习这种适应能力和对人性开放而淡然的态度。要欣赏所有的客户，需要一定的抗逆力和洞察力，从极客到文学势利眼，从了解了工地规章制度后的建筑工到接受公民身份指导后的难民，从浪漫小说读者到满身巴伯尔服饰的太太，他们都大步走进来问道："你能帮个忙吗？"

我开设坎特伯雷分店时，雇用了一个年轻的毕业生来经营小说。他很快就和大多数顾客进行了长时间的交谈。他的好奇心让我想起了吉卜林的故事，吉卜林有一次利用等火车的这段时间了解了搬运工、售票员、站长、平交道口操作员和信号员的生活。蒂姆·沃特斯通手写了一份关于小说买家大卫·米切尔的报告，就像他以前对所有遇到的书商所做的那样，却没能预料，凭借《云图》这样的书，他将在水石书店的书架上占据一个永久位置。米切尔的书难以分类，露丝会把这些书放在"风格和性别"这一专区，但却引起与他的编辑的争论，争论的问题集中在他是不是"科幻作家"。同样的问题也困扰着 H. G. 威尔斯（H. G. Wells）。《时间机器》（*The Time Machine*）是科幻小说还是经典小说？洛夫克拉夫特（Lovecraft）的作品是"恐怖"小说还是只是经典小说？尼尔·盖曼应该被分在科幻小说里，可《使女的故事》（*The Handmaid's Tale*）不是被奉为文学小说吗？当心昆虫学家的靴子。

我和米切尔的谈话漫无边际，有一天晚上我们在惠特斯泰布尔海滩上漫步许久，他的马丁靴在碎石上嘎吱作响，那似乎都是 20 世纪 90 年代乐观主义的一部分，它使历史变得火热又意义重大，那十年里，柏林墙倒塌了，种族隔离制度也倒下了。我因为主持了罗尼·卡斯里尔斯（Ronnie Kasrils）的演讲而收到了仇恨邮件，卡斯里尔斯是南非非洲人国民大会（ANC）的一位战士，身材魁梧，内政部差点禁止他入境英国。后来，他成为南非独立后的第一任国防部副部长，但让一个苏联训练出的自由战士谈论一本叫《武装和危险》（*Armed and Dangerous*）的书可不是一个伦敦典型的书评会。那是在手机普及前的1994年，演讲中我还设法摆脱了一个人，那个人不知怎么搞到了书店里唯一一部非静音电话的号码，那是我们咖啡馆里的一部旧公用电话。我停下来让卡斯里尔斯接电话：是乔·斯洛沃（Joe Slovo）从约翰内斯堡打来的电话，说南非非洲人国民大会赢得了大选[这比任何其他电话都更有理由打断演讲，安东尼娅·弗雷泽（Antonia Fraser）用手机在演讲中途回电话道："你好，哈罗德（Harold），是啊，我在演讲会上。不，我是演讲人，亲爱的。"]

和米切尔一样，安伯托·艾柯（Umberto Eco）也意识到书商所能拥有的独特的文化优势。我问他的英国出版商，他是否愿意来我的坎特伯雷书店并且"参加"活动，但他们说他从来没有做过这样的事。我给他在米兰的出版商打了电话，他们礼貌地说会询问他。安伯托·艾柯回答说，他真正想做的是在书店工作一天。他做到了，甚至把自己的一本书卖给了一位顾客，但没有透露自己的身份。那是在外面某个地方的几个顾客打电话来书店，斯派克·米利甘（Spike Milligan）接了电话。活动结束后，他坚持要帮我们接电话。我记得他回答道："你好，这里是坎特伯雷水石书店，我能帮您什么吗……我不确定……那要看情况……我是谁？斯派克·米利甘。"这时打电话的人挂断了电话。米利甘和艾柯都继承了作家在书店工作过的优良传统，这样的作家中最值得一提的有乔治·奥威尔、南希·米特福德（Nancy Mitford）和艾丽丝·门罗（Alice Munro）。

机器人将在大多数工作中取代人类，以及零售业的大部分工作，但不会取代最令人愉快的部分——与顾客、与书籍和作家的交流。我喜欢自然指南，它在商业上胜过基本的鸟类指南和家畜指南，还有飞蛾、蜻蜓、化石和地衣指南。我已经卖了几本45英镑的飞蛾指南，两年内卖了68本20英镑的鸟类指南，这本指南来自一家不同寻常的出版商，我总是推荐这家的指南，因为它里面的季节性羽毛插图很好。为什么，我甚至在六周内卖出了三本价值39英镑的《英国和爱尔兰大蛾图集》（*Atlas of Britain and Ireland's Larger Moths*）。地球上有谁会路过自然区觉得“是啊，我正需要一些关于飞蛾和它们同类的最新信息，39英镑？没问题”。汉娜·阿伦特（Hannah Arendt）的《人的境况》（*The Human Condition*）也一样，20英镑。我订购这本书是因为一位顾客推荐，尽管现在作者不再活跃在电视或社交媒体上，但这本书还是频繁售出。我不断折服于书店之外的博大智慧。零售商和出版商往往低估了公众的好奇心和智慧，慢半拍地扑向新热潮，然后榨干这个热潮，以一种很不友好的方式把每一个名人死亡或体育赛事的结果钉在咖啡桌上。高更（Gauguin）的一场展览可以堆积一书架关于他的书籍，挤压了他所欣赏的人的空间。奥运会取消了驯鹰和飞镖项目。诗歌专区的作品只有在比通常情况更全面时才有销路。人们经常重新发现波斯诗人鲁米（Rumi），因为他的诗看似矛盾，但有令人欣喜若狂的神秘感，帮我们度过最匪夷所思的日子。照片墙上的诗人把大批年轻人带向了诗歌，数字生活有很多种方式激发人们对实体书的兴趣，这是其中之一。照片墙诗人将成群结队的年轻人带到了诗歌中，这是数字生活刺激实体书胃口的众多方式之一。

书店是一个由电视引领的时尚的地方，但也是一个真实的私人热情的地方。这周，一个孩子给了我一些她存的硬币，还带着温暖，买下书籍的时候真的高兴得跳了起来。一位长相酷似挪威人的鲁特格尔·哈尔（Rutger Hauer）在环球旅行中买了本《白鲸记》，他说："现在我有时间了……"一位老人在收银台告诉我："我现在买巴肯（Buchan）的作品，是为了享受语言——这些故事我可以倒背如流。"一个精明的女人买了三本薇拉·布里坦（Vera Brittain）的《青春作证》（*Testament of Youth*），因为在她认识的女性 20 岁时，她就会送这本书给她们。

顾客的问题是特别难以预料的："你们书店关于金匠的技术书籍在哪里？""哪里可以坐下吃炸鱼和薯条？""我想要一本书证明上帝的存在"这个要求有难度，但我们偶然发现了托马斯·肯皮斯（Thomas à Kempis）的《效法基督》（*Imitation of Christ*），如果这不是证据，那这营销也太好了。在滕布里奇韦尔斯水石书店，有一位衣着讲究的顾客要关于魔鬼的书籍。在礼貌地谈论了一下店里的存货后，那位顾客承认他觉得这些书都有点不知所云。

"没弄清情况？"商店经理迈克（Mike）说。

"是的，你看，我就是魔鬼。"（我一直不知道迈克是否检查过他的脚，那是魔鬼变形时按照传统不能改变的一部分。）

在我的坎特伯雷书店里，一位顾客发现了"思想、身体、精神"专区，把手伸到货架上，说"是的，就在这里"，我也感到类似的惊讶。

我说："哦，很好，很高兴你找到了你要找的东西。"

顾客："是的，这是通往另一个维度的入口，就在墙上，我被告知这个入口就在这里。"

我每天都会受到顾客的启发，虽然不那么深奥但更实用。今天早些时候（我是凌晨一点在床上写的），我尤其是从其中三个人身上学到了东西。一位穿着运动服、留着爆炸头的年轻女子推荐了《新约外传》（*Apocrypha*）。虽然她不是基督徒，但她告诉我马卡比（Maccabees）的事情时，热情得像是在说布克奖得主："《启示录》（*Revelations*）让我着迷，但马卡比另有一番风味！"

在这之后不久，一个看起来很忙碌，穿着搭配得很好，戴着蓝色框架眼睛的矮个子男人非常惊讶我竟然不知道一本自传——《生活在野蛮人之间》（*Life Among the Savages*），这本书的作者是写了《鬼入侵》（*Haunting of Hill House*）的雪莉·杰克逊（Shirley Jackson），于是我决心读一读，那个人说："你真的应该读，你知道，它开启了整个内部混乱故事的流派。"

我点了点头，假装我知道这回事。

恐怕我有过暗示，第三位顾客是一位衣着考究的女性，她坚持表示《地海传说》系列的作者厄休拉·勒古恩（Ursula Le Guin）写了《小说的提包理论》（*Carrier Bag Theory of Fiction*）。她的确写了。（你确定你说的是厄休拉·勒古恩吗？）这似乎就像菲利普·K. 迪克（Philip K. Dick）写过《企鹅家族》（*Pingu*）一样不可能。

那位顾客彬彬有礼地容忍了我无知的怀疑，带着华丽的绅士风度说："伊格诺塔出版社出版了这本书，你一定知道。"然后大步流星地走开了。

什么！谁？我想着。这位发明了新鲜思维游戏的顾客就像是组织了自由思想者秘密叛军，穿得像机灵鬼道格（Artful Dodgers）？所以这些人真的存在，感谢上帝，他们住在外域。我查找伊格诺塔的资料时，我感觉自己已经穿过了一堵墙，掉进了他们的某个会议中：

> 伊格诺塔出版社于2017年末在秘鲁山区成立，出版的作品糅合了科技、神话创造和魔法领域。我们的名字来源于希尔德加德·冯·宾根（Hildegard of Bingen）的“秘名语”（Lingua Ignota），我们的追求是发展一种语言，令我们身边的世界能富有想象、散发魅力。

伊格诺塔出版社的勒古恩作品是由一位“著名的网络女权主义者”介绍的，我也因此从这一切中学到了一个很好的新词。我觉得自己浪费了2017年的最后几天，本来可以去秘鲁山区的伊格诺塔出版社，却一事无成。

多年来，顾客使我对微妙的社会变化有了很多认识（在互联网出现之前和之后），我想你早就在书店里感觉到了。2003年，我的艺术品买家、丙烯酸颜料画家保罗·赫顿（Paul Hayton）开始在布莱克和特纳旁边的桌子上卖明信片大小的书籍。他说这会是笔大生意。我对这种奇怪的东西表示怀疑，但现在我真希望我买了那本罕见的第一版班克西（Banksy）的书。我刚才给保罗发短信问他当时在坎特伯雷是怎么知道班克西的，因为脸书始于2004年，照片墙始于2010年。他也不确定：“这只是文化渗透。”他是这样想的。漫画也是同样，不知从何而来，挑战我们分类过度明确的思想。漫画混淆了国际图书数据目录，是从艺术书籍、图像小说、儿童读物和外语读物标题中拼凑起来的。早期漫画的粉丝是日本学生和25岁以下的欧洲极客。我们很早就做出了反应，一开始就有整整两个书架的漫画，20 年后，我们有了 20 个书架的漫画，而且这一体裁在大英博物馆有自己的展览。

在斯莱尼和麦凯书店，我找到了朋克一族们想要的东西；在坎特伯雷，我发现蒸汽朋克对布莱姆·斯托克（Bram Stoker）和荒川（Arakawa）的《钢之炼金术士》（*Fullmetal Alchemist*）很感兴趣。在 20 世纪 90 年代读完《权力的游戏》（*Game of Thrones*）的科幻探索者，已经转向了"中国的托尔金"——金庸，2018 年数百万人哀悼他的去世；还有"太空中的普鲁斯特"——刘慈欣，他的《三体》非常受欢迎。在文学方面，2018 年的一位顾客因为我的库存中没有乌尔·约翰逊（Uwe Johnson）由《纽约书评》出版的四卷小说《谢佩的圣人》（*the Sage of Sheppey*）的新译本而感到惊讶。尽管我被要求写一本关于肯特郡作家的书，但我对这位隐士一无所知，而君特·格拉斯（Günter Grass）称他为所有民主德国作家中最重要的一位。1974 年，40 岁的约翰逊搬到希尔内斯，令他的崇拜者大为震惊。希尔内斯是一个非常贫穷的小镇，坐落在泰晤士河河口的谢佩岛上。他故意抽身于学术界和文学界，结果，他完成了史诗般的《纪念日》（*Anniversaries*）。

书商们喜欢这样的遭遇，因为他们往往有着蝴蝶般的思维，不适合单调的职业。他们可以找到像赫胥黎（Huxley）的《知觉之门》（*Doors of Perception*）这样不可分类的书籍，知道押韵词典是什么，家谱书在哪里，还有一本关于特立尼达鸟类的书。

有时需要有一种军人般的坚毅。书籍销售的前线被浪漫化了，但这总是在一些像索思沃尔德或诺丁山这样富有考究的地方。书籍销售的地方也会有很多典型的退休人员，他们有养老金储蓄，永远不考虑手上的时间。图书销售无国界，在满是沙砾的城镇里销售书籍是一种英勇的行为，每天要在破旧的街道上勇敢地开售狄更斯和李查德（Lee Child）的作品。爱尔兰的一位书商在员工区域锁门时，一个闯入者手持斧头向她走来。在一个声名狼藉的小镇上，一条饱受蹂躏的商业街上有一家极好的书店。当安全广播突然爆发出声音，吓到了一个新书商："一个男人挥着武士刀从街上过来了。"

"哦，别担心。"老经理说，"他是我们的一个常客。"

她松了一口气，去喝茶休息，却在员工室的窗户上看到了旧的子弹痕迹。

大多数情况下，书商步行、骑自行车或乘坐公共交通工具上下班（运送顾客的零星订单）。根据我的经验，他们与公众的接触使他们对生活抱有积极的看法，陶醉于古怪的事物。他们通常是悠闲的学者，或者是喜欢生活在几个不同的宇宙中的科幻爱好者。

他们都是坚定的读者。一位同事回忆说，她第一天走进一家大书店的员工休息室，发现里面鸦雀无声，每个人都在阅读书籍，她想，"这是我的部落"。在各种各样的书籍包围之下，可以给书商的心态带来一场文艺复兴。有一个精通多国语言的尼克·布雷（Nick Bray），当我说我想读歌德的作品时，他看起来有点怀疑。

"你不喜欢他吗？"我问道。

"不，不，他很棒，我只是觉得你应该用德语阅读他的作品。"

保罗·格里格斯比（Paul Grigsby）利用每天的午餐时间学习古希腊语，一天早上他告诉我他"和阿里斯托芬度过了一个美好的夜晚"。还有一位书商精通拉丁语和盎格鲁撒克逊语，能像当时人们听到的那样背诵乔叟的作品。儿童读物书商有一种特别的热情，他们往往很古怪，就像他们所卖的书籍中的一些人物一样。他们默默无闻地提供了一种服务，那就是为儿童创造庇护所，让不情愿阅读的读者阅读。在我的书店里，所有的十名员工都同意一件事：我们想要更像儿童读物书商一点——成为一个女性文学药剂师。一个孩子在她的圣诞礼物清单上写道，“儿童读物专区那位女士推荐的任何礼物都可以”。另一个满怀感激的母亲问可不可以带她回家，这并不完全是玩笑话。只有我的老同事罗伯特·托普（Robert Topping），他现在把自己的书店经营得很出色，让我更多地看到销售图书有潜力通过微小的方式日复一日地改变人们的生活。

书商有强大的力量来赞美或贬斥书籍，这种力量现在因社交媒体而得到了加强。消息像野火一般在全世界的书商中不胫而走。出版商可以把一个新作家带到市场上，但决定把他是否留在市场上的，是那些已经陷入困境的书店书商。新书在最初的炒作后，书商决定了很多作家的命运。我想到了米切尔的继任者维姬（Vicky），在我的店里只有她赞美 W. G. 塞巴尔德。“为什么这本书会有这么多？”有一天我问她。“哦，”她回答，“他很了不起。我向顾客推荐了这本书，已经卖了 82 本了。”

书店工作人员集售货员和文学专家的身份于一身。这份工作给人的感觉比“career”（事业）这个词还要宽泛，英语中这个线性的词出现在中世纪后，由“racecourse”（赛马场）演变而来。这是一条哲学道路。最好的情况下，书商就像是萨满。自命不凡？你说我吗？也许吧，但是就像贾维斯·科克尔（Jarvis Cocker）在这句话之后补充的那样：“如果不装腔作势，还会有我们的容身之地吗？绝对没有。”把书商和那些突发奇想的顾客放在一屋子的书籍里，你就进入了“秘名语”这个重新焕发魅力的领域。

格雷厄姆·格林曾多次生动地梦见夏洛特街和尤斯顿路之间的一家书店，他两次步行去找。书店不在那里，另一家他经常梦见的书店也不在巴黎火车北站附近，那家书店里有高高的书架，他在那里借助梯子找到了阿波利奈尔（Apollinaire）翻译的《芬妮·希尔》（*Fanny Hill*）。从布鲁克林到巴格达，我们人类不断幻想着充满活力的新书店。在布鲁斯伯里，特德韦尔（Treadwell）的神秘书店的橱窗里摆着一个木乃伊盒子，而水晶球占卜的书籍卖光了。在纽约，麦克纳利杰克森书店举办的“驯养尤利西斯（Ulysses）”讲座仍有门票。在旧金山城市书店，“费里尼诞辰一百周年”的演讲是免费的。如果你不喜欢多伦多快乐日书店的“男扮女装早午餐”，他们在“同性恋星期五”会邀请喜剧演员。在悉尼，萨福书店长期举行的每月诗歌的麦克风向所有人开放。布拉格的环球书店有一个诱人的反情人节读书会。在巴黎仍然有一些地方可以欣赏莎士比亚书店和阿涅斯·瓦尔达（Agnès Varda）静物绘画讲习班。在我写这篇文章时，在大英博物馆附近，伦敦评论书店的咖啡店里，我可以听到一对夫妻在解构昆德拉（Kundera）。

有一天我想去马萨诸塞州的蒙特古书坊。这家书店在一个古老的木制面粉作坊里；我听说这里的书籍摆放规则很特殊，吱吱作响的木地板遍布整个建筑，还有一个咖啡馆。店主说：“我们这里不是特别方便，不是特别有效率，但是这里很漂亮。”你可以买一杯热巧克力，坐在任何地方阅读书籍，或只是听着书店外冰面下的河水流淌。

鸣谢

不可忘记招待客旅。因为有人在不知不觉中招待了天使。

——《希伯来书》(*Hebrews*) 13:2

首先致所有顾客和书迷：你们每天都在证明，生活中有比战争和洗衣更重要的东西。如果我实现了当一个全职作家或学者的梦想，我的生活会变得很贫乏，因为失去了你们的惊喜、你们的故事和你们的温暖。

我和7个兄弟姐妹、6个租客在嘈杂的环境中长大；我的母亲在擦干碗碟时谈的是一所大学。我父亲每周六都带我们去伦敦诺丁山的波多贝罗路市场，他把那里叫作“褐菇”。他认识那里的大部分书商，而他在伦敦其他地方逛书店时会看一屋子的书籍，我们总是要等得望眼欲穿。我的兄弟约翰阅读书籍兼收并蓄，见解深刻，这篇文章里有他的影子。

我从伦敦大学的导师那里受益良多，尤其是我的博士导师彼得·马歇尔（Peter Marshall）。他教给我严谨对待知识，直到他80多岁时，他仍然能言善辩，很有魅力。他珍视他菜园里获得了奖项证书的蔬菜，那就像他获得的许多荣誉一样重要。即使是像埃里克·霍布斯鲍姆（Eric Hobsbawm）这样在政治上持相反观点的人也对我表示，他堪称典范。

我发现维克多·基尔南（Victor Kiernan）展示了人类靠学习能做什么。佛教中有一个启迪人心的寓言，讲的是一只井底之蛙，当它看到头顶上的广阔世界时，它的头脑爆炸了。虽然我并没有用这样的爆炸来破坏基尔南在爱丁堡楼上住宅的宁静，但他确实赋予我那种全球意识。就像霍布斯鲍姆在讣告中所说，“他是一个学识渊博的人”。在剑桥大学，盖伊·伯吉斯把基尔南招募进共产主义，他后来离开了该党，但不知疲倦地为全世界处于边缘地位的人活动。

在萨莉·斯莱尼和莱斯利·麦凯的帮助下，我成了一名书商，这两个离婚的人很好、很有趣，就像《末路狂花》（*Thelma and Louise*）一样，无拘无束、充满干劲地在伦敦连锁商店的中心开了一家书店。如果他们的冒险是一部电影，那电影的标语可能就是莎莉“彻头彻尾的噩梦之恋”，“固执己见”，“坦率地说，是一个十足的傻瓜”。莱斯利是“灰衣主教”，似乎在任何情况下都泰然自若地看到其中的幽默之处。

在英格兰教会委员上涨了房租后，斯莱尼和麦凯书店因此关闭了，之后蒂姆·沃特斯通给了我一份工作。他为文化作出的贡献比一群艺术委员会成员作出的还要多，他以源源不断的灵感激励自己的员工。忘记“跳出固有模式思考”这话吧，他都完全不知道“固有模式”这个概念。蒂姆之后，6位总经理紧随着至今为止最聪明的：詹姆斯·道特（James Daunt）、巴赫（Bach）到蒂姆·S. 贝多芬（Tim S. Beethoven）。我感谢他的宽容，感谢他像爱德华·吉本一样对语言的运用，感谢他拯救了水石公司。公司里的同事都帮助我成长：卢克·泰勒（Luke Taylor）、道特斯·马歇尔·内（Daunts Marshal Ney）；尼尔·克罗克特，《战争与和平》（*War and Peace*）的皮埃尔（Pierre）；朱丽叶·贝利（Juliet Bailey），她的历史感使她既能处理任何事物的荒谬之处，也能看到任何事情的荒谬之处；我几十年来的同事露丝安静而有力量，皮特（Pete）博学却低调，雷切尔（Rachel）是我们中最好的，以及坎特伯雷书店的所有员工团队。佐伊（Zoe）、詹姆斯（James）和阿尔菲（Alfie）这样的新书商向我展示了书店的重构永无止境。富有技巧的塔克（Tucker），谢谢你。

詹妮·厄格洛（Jenny Uglow）和凯瑟琳·温德姆（Katherine Wyndham）很早之前就比我更尊重我的作品。十年前，我把写这本书的想法告诉了坎农格特出版社的杰米·拜恩（Jamie Byng），我感谢他在他那满是书籍的诺丁山后屋中，在重叠的吉尔吉斯地摊上温和地告诉我，我不需要隐藏在事实背后。我爱他，因为他是出版业不可或缺的出格者。在与彼得·阿克罗伊德（Peter Ackroyd）就弗吉尼亚·伍尔芙的自杀发生争执之后，我得到了同样发人深省的建议，那就是找到我自己对事物的看法。

坎特伯雷大教堂档案保管员克雷西达·威廉姆斯（Cressida Williams）阅读了这本书的部分内容，带着她一贯的严厉和母性般善良天性中的铁腕。安东尼·里昂（Anthony Lyons）作为老师激励了年轻人，作为朋友激励了我，比他自己意识到的还要多。

凯特·甘宁（Kate Gunning）是一个塞维涅式的人，是这本书的教母，她的友谊一直就像是一个树屋，我随时可以去。我不想写完这本书，因为西蒙·温德（Simon Winder）担任编辑时是那么友善，那么有洞察力，而伊娃·霍奇金（Eva Hodgkin）又是那么聪明。简·伯德塞尔（Jane Birdsell）耐心地进行校对。我的经纪人索菲·兰伯特（Sophie Lambert）引导我不断地远离危险境地，展现了书籍行业的许多优点。艾玛·芬恩（Emma Finn）是她友善的顾问。

孩子们是这本书的基础。艾尔萨（Ailsa）比她自己意识到的更像她的英雄玛格丽特·卡文迪什，奥利弗（Oliver）是来自森林的灵魂预言家，印迪亚是富有同情心的火鸟，卡斯帕（Caspar）是唱歌的哲学家，威廉（William）是明智的顾问。弗朗西斯卡

（Francesca）就像《劝导》（*Persuasion*）中的安妮（Anne），杰克（Jack）是卡拉塔耶夫（Karataev）式的人物，而山姆（Sam）则体现了善良。

我的妻子克莱尔（Claire）聪明风趣，喜欢读一些被遗忘的书籍。我们的婚姻，就像她深爱的《孤筏重洋》（*Kon-Tiki*）探险故事一样，是希望打败了偶然吹响的胜利号角。

参考资料

在我写这本书的时候，夜间阅读的安慰书是三卷本的传记《卡夫卡》（*Kafka*，普林斯顿大学出版社，2005—2017），作者是拉伊纳·施塔赫（Reiner Stach），他是一位肥胖的自由撰稿人，穿着皮夹克，是柏林人，和我年龄相仿，60多岁。即使有翻译，也有几个词是我不知道的，比如“epigonal”。对小说对人性洞见照亮了稳定的学术生涯。除此之外，我的床头柜上摆放的书籍也是我的避雷针：《洛克·福尔摩斯》（*Sherlock Holmes*），伊夫林·沃以及新作家莱斯利·詹姆森（Lesley Jameson）和奥利维娅·莱恩（Olivia Laing）的作品。

安慰书与在逆境中阅读

两个法国人的一本书开创了人们对阅读的研究，吸引了我这个

20世纪70年代大学生的想象力。20世纪30年代，吕西安·费波夫尔和马克·布洛赫（Marc Bloch）创立了历史学中的年鉴学派。在激进的史学转变中，这个学派系统地看待日常生活以及更明显的历史变化，并采取跨学科的方法来研究过去。为什么对“日常生活”感兴趣？这两个人——他们自己是富有的资产阶级——把这归因于他们在第一次世界大战的战壕里与所有阶级混在一起的岁月。布洛赫在索姆河战役中战斗，甚至形容这场战争是一场“巨大的社会经历，丰富得令人难以置信”。“二战”中，他是法国地下抵抗组织的一名战士，在里昂被德国的一支行刑队处决。战后，费弗尔以全新的活力继续执行年鉴学派的使命。就像他所说，他摒弃了“那些基于人为日期区别的幼稚细分，那种事就像给小学生喂食来让他们开心”。1958年，他的开创性著作《书籍的到来：印刷的影响，1450—1800》（*The Coming of the Book: The Impact of Printing*, *1450–1800*，维索图书出版社，1976）惊人地超出了他“在没人进行概括和评价的领域里”创作“读起来不太令人愉快的东西”这一谦虚目标。

我的妻子克莱尔在布莱顿一家书店发霉的地下室里，找到了亨利·米勒已绝版的《我一生中的书》。这是一场美妙的漫步，又是一场真实的爱书之旅，从书前作者的便笺违反常理，告诉你这本书失败了，而且对“厕所阅读”这一章的评论很糟糕。

米勒的这本书应该再版，而不是《解剖爱书狂》（*Anatomy of Bibliomania*，宋西诺出版社，1930），那本书长达600页，非常烦人。这本书的作者霍尔布鲁克·杰克逊（Holbrook Jackson）试图模仿伯顿对忧郁的剖析，但没有成功。在所有的“偶然”和“枯萎的植物”中，我确实发现了很多有用的信息，但我通过撕掉有用的书页、把书籍扔出窗外发泄我的愤怒。

如果我恨杰克逊，那么我想我作为读者已经爱上了牛津大学的阿比盖尔·威廉斯教授（Professor Abigail Williams），尽管我从未见过她。《书籍的社会生活》（*The Social Life of Books*，耶鲁大学出版社，2017）充满创新、诙谐和温暖；毫不奇怪，她的鸣谢里提到了她的“厨房餐桌、面包屑和混乱的家庭生活”。贝琳达·杰克（Belinda Jack）的《女性阅读者》（*Woman Reader*，耶鲁大学出版社，2012）虽然没有那么温暖，但仍是一本关于这个主题的书。

乔纳森·罗斯（Jonathan Rose）承认，美国人理查德·阿尔蒂克（Richard Altick）在宾夕法尼亚州发现的《1957 年英国普通读者》（*1957 English Common Reader*）不是最近出版的，而是“一本破旧的书”，为《英国工人阶级的文化生活》（*The Intellectual Life of the British Working Classes*，耶鲁大学出版社，2001）带来了灵感。罗斯的书籍有一批追随者，其中包括菲利普·普尔曼（Phillip Pullman）和克里斯托弗·希钦斯（Christopher Hitchens）。就像希钦斯一样，我发现它“一直令人感动”。

玛格丽特·斯帕福德（Margaret Spufford）在家接受教育，由于疾病她无法获得大学学位。她毕生对普通人的同情贯穿于对她影响深远的《小书和愉快的历史：17 世纪英格兰通俗小说及其读者》（*Small Books and Pleasant Histories: Popular Fiction and its Readership in Seventeenth-Century England*，乔治亚大学出版社，1981）。

美国利亚·普莱斯（Leah Price）的《维多利亚时代的英国如何处理书籍》（*How to Do Things with Books in Victorian Britain*，普林斯顿大学出版社，2012 年）是关于狄更斯时代人类与书籍互动的开创性书籍，就像她在优兔上的演讲那样诙谐，讲的阅读一本物理书为什么甚至比听音乐还能减轻压力。迪尔德丽·林奇（Deirdre Lynch）的《爱的文学：文化史》（*Loving Literature: A Cultural History*，芝加哥大学出版社，2015）是一个有用的调查。在很少有人跟随大卫·艾伦（David Allan）进入《英国乔治王朝时期的普通书籍和阅读》（*Commonplace Books and Reading in Georgian England*，剑桥大学出版社，2010）这一未知领域。

像我之前的许多人一样，我从约翰·布鲁尔（John Brewer）的《想象的乐趣：18 世纪的英国文化》（*Pleasures of the Imagination: English Culture in the Eighteenth Century*，哈珀·柯林斯出版社，1997）和迈克尔·苏亚雷斯（Michael Suarez）与亨利·伍德森（Henry Woudhuysen）编著的《书籍：全球史》（*The Book: A Global History*，牛津大学出版社，2013）中汲取了很多东西。斯蒂芬·格林布拉特（Stephen Greenblatt）的《转向：文艺复兴是如何开始的》（*The Swerve: How the Renaissance Began*，诺顿出版社，2011）是人类学对于阅读的一个突破。关于语言和故事创作的神经科学在伊恩·麦吉尔克里斯特（Iain McGilchrist）一书中得到了阐述，《大师和他的使者：左右脑和西方世界的形成》（*The Master and his Emissary: The Divided Brain and the Making of the Western*，耶鲁大学出版社，2009）。在阅读空间方面，加斯东·巴什拉（Gaston Bachelard）的《不可分类的空间诗学》（*The Poetics of Space*，企鹅出版社，2014）于 1958 年在巴黎默默无闻地首次出版。就像麦吉尔克里斯特一样，我敢说任何读过它的人都会被它改变。

克里斯汀·德·皮桑（Christine de Pizan）的《妇女城》（*Book of*

the City of Ladies）是“企鹅经典”丛书（Penguin Classics）之一。

廉价书籍拥有奇特的情感力量

通俗读物很大程度上被历史所遗忘，尽管这些书籍的数字化正在全世界迅速发展。约翰·阿什顿（John Ashton）的《通俗读物》（*Chapbooks*）出版于1882年，简明扼要，可以买到1994年由了不起的焚毁之书书店再版的版本，该书店目前仍在布卢姆斯伯里营业。大英图书馆、苏格兰国家图书馆和剑桥大学图书馆的网站上都有很多关于馆藏的通俗读物的信息。出于对战争的厌恶而拒服兵役的伦敦东区人莱斯利·谢泼德（Leslie Shepard）收藏了一些特备的通俗读物。他的《街头文学史》（*History of Street Literature*，唱歌树出版社，1973）在学术界认真对待这一课题前几十年，就对这一课题进行了调查。

市场、书贩和书店的历史

卡特琳娜·克拉克（Katerina Clark）和迈克尔·霍尔奎斯特（Michael Holquist）的《米哈伊尔·巴赫金》（*Mikhail Bakhtin*，哈佛大学出版社，1984）以及《本杰明电台》（*Radio Benjamin*，沃索出版社，2014）中的沃尔特·本杰明（Walter Benjamin）的谈话都阐述了市场和集市在我们想象中的地位。西蒙·约翰逊（Simon Johnson）是一名大律师，也是一名老客户，他分享了自己未发表的关于市场法的论文。我发现《博览会、市场和流动图书贸易》

（*Fairs, Markets and the Itinerant Book Trade*，橡树诺尔出版社，2007），由罗宾·迈尔斯（Robin Myers）编辑，浪漫又吸引人。迈尔斯还编辑了《伦敦图书交易》（*Itinerant Book Trade*，橡树诺尔出版社，2003）。亨利·梅休（Henry Mayhew）的《伦敦劳工与伦敦穷人》（*London Labour and the London Poor*，乔治·伍德福尔出版社，1851）是一部时间机器，带人去狄更斯时代的伦敦，自那以后口述史的规模再也没有能与其媲美的了。

杰罗恩·萨尔曼（Jeroen Salman）的《书贩与大众传媒：1600—1850年英格兰和荷兰的流动分销网络》（*Pedlars and the Popular Press: Itinerant Distribution Networks in England and the Netherlands 1600—1850*，布里尔出版社，2013）是该领域的先驱，就像克莱夫·格里芬（Clive Griffin）针对伊比利亚的著作。

迪尔梅德·麦卡洛克（Diarmaid MacCulloch）的《宗教改革》（*The Reformation*，维京出版社，2004）和卡洛斯·埃尔（Carlos Eire）的《宗教改革：早期现代世界》（*Reformations: The Early Modern World*，耶鲁大学出版社，2016）中明确阐述了书贩和书店在宗教改革中的作用。凯文·夏普（Kevin Sharpe）是休·特雷弗-罗珀（Hugh Trevor-Roper）的学生典型，他兼容并包。他的《阅读革命：早期现代英国的阅读政治》（*Reading Revolutions: The Politics of Reading in Early Modern England*，耶鲁大学出版社，2000）写得非常好，凸显了夏普62岁去世时的悲伤。就像《卫报》哀叹的那样，他是一个“天生的平等主义者”，这对于任何一位本书的历史学家来说都是一个好的倾向。埃塞克斯大学的詹姆斯·瑞文（James Raven）教授也有同样的倾向，他与慈善机构合作来拓宽学习渠道。他的人文主义思想使他在《图书业：书商与英国图书贸易 1450—1850》(*The Business of Books: Booksellers and The English Book Trade, 1450—1850*，耶鲁大学出版社，2007）难以超越。

圣安德鲁大学的安德鲁·帕蒂奇（Andrew Pettegree）是书籍史上无冕之王，不仅因为他有许多作品，我喜欢他的《文艺复兴时期的书籍》(*The Book in the Renaissance*，耶鲁大学出版社，2010)，还因为他开展了一个项目，把所有早期书籍的书名都放到网上。他的写作不以范式而是以数据为导向，具有权威性，而且很幽默。

在现代，书商无意中透露了他们渴望鲍勃·埃克斯坦（Bob Eckstein）的《来自世界上最伟大书店的脚注》(*Footnotes from the World's Greatest Bookstores*，波特出版社，2016)，作者们在罗纳德·莱斯（Ronald Rice）的《我的书店》(*My Bookstore*，黑狗出版社，2017）中写下了他们最喜欢的书店。

图书馆

伊迪丝·霍尔的演讲以幽默清晰而闻名，她的作品中也不乏这些品质。她的《发明野蛮人》(*Inventing the Barbarian*，牛津大学出版社，1993）与爱德华·赛义德的《东方主义》(*Orientalism*）齐名，告诫人们在书写“文明”时要小心无意识的偏见。霍尔的论文《图书馆的意义》(*The Meaning of the Library*，普林斯顿大学出版社，2015）由爱丽丝·克劳福德（Alice Crawford）编辑，振奋人心。《古代图书馆》(*Ancient Libraries*，剑桥大学出版社，2013）由杰森·科尼格（Jason Konig）编辑，是对近东古代图书馆的最新调查。

梅丽莎·阿德勒（Melissa Adler）在《漫游图书馆：知识组织中的反常之处》（*Cruising the Library: Perversities in the Organization of Knowledge*，福特汉姆大学出版社，2017）一书中探索了图书馆更深层的含义。她是一位勇敢而有趣的调查员，最近写了一篇文章，名叫《让我们不要让图书馆的书堆变成同性恋》（*Let's Not Homosexualize the Library Stacks*）。考虑到她的学科，如果她知道你上网搜索她的名字，看到了她在《北欧信息科学杂期刊》（*Nordic Journal of Information Science*）中的文章《维基百科和普遍性神话》（*Wikipedia and the Myth of Universality*），她会微笑的。

在路易斯·费根（Louis Fagan）的《安东尼·帕尼齐爵士的生活和通信》（*The Life and Correspondence of Sir Anthony Panizzi*，三卷本，霍顿·米夫林出版社，1881）一书中详细叙述了帕尼齐（Panizzi）在大英博物馆的胜利。网上的《牛津国家传记大词典》（*Oxford Dictionary of National Biography*）涵盖了阅览室争端中的其他著名博物馆。

安东尼·霍布森（Anthony Hobson）出版的《1970 年的伟大图书馆》（*1970 Great Libraries*，韦登菲尔德·尼科尔森出版社）是一部经典高档的出版物：上好的纸张、不知为什么比彩色照片更能唤起读者回忆的大气单色照片、深入的研究和霍布森本人。他精通多种语言，有教养，衣着无可挑剔，有点花花公子气，是三个孩子有趣的父亲，战时作为坦克指挥官因英勇作战而获得勋章，他是苏富比拍卖行的书籍专家，但当公司变得对他来说过于商业化时，退居学术界。讽刺的是，我是在萨塞克斯图书馆的一次大甩卖中发现他的作品的。

马丁·盖福德（Martin Gayford）的《米开朗琪罗：他的史诗人生》（*Michelangelo: His Epic Life*，无花果树出版社，2013）涵盖了对老楞佐图书馆及其创造者的最新研究。

收藏家

托马斯·迪布丁（Thomas Dibdin）的《藏书狂或书痴》（*Bibliomania or Book-Madness*，1809；修订版，查托温达斯出版社，1876）使书中记录的现象更进一步。狂妄自大的伦敦商人沃尔特·斯宾塞（Walter Spencer）的《在我书店里的 40 年》（*Forty Years in My Bookshop*，康斯特布尔出版社，1923）详细描述了一个失落的世界。维克多·格雷（Victor Gray）的《伦敦杰出书商：莎乐伦书店的 250 年》（*Bookmen London: 250 Years of Sotheran Bookselling*，莎乐伦书店，2011）只能在皮卡迪利大街附近的传奇书店买到。爱德华·牛顿（Edward Newton）在《书籍收藏的愉快之处》（*The Amenities of Book Collecting*，亚特兰大出版社，1918）和丽贝卡·巴里（Rebecca Barry）在《未发现的珍本书籍》（*Revolved Books Undercovered*，2015）一书中都提到了美国书籍收藏。关于法国 19 世纪末颓废思潮，威拉·西尔弗曼（Willa Silverman）的《新藏书家：法国图书收藏家与印刷文化》（*New Bibliopolis: French Book collectors and The Culture of Print*，多伦多大学出版社，2007）是一部无与伦比的作品。

介绍真正的世界书籍先驱的书是钱存训的《书于竹帛：中国书籍的开端》（*Written on Bamboo and Silk: The Beginnings of Chinese*

Books，芝加哥大学出版社，2004）。大英图书馆国际敦煌项目是一个正在发展的在线商城，里面有来自世界各地学者的文章和研究，他们研究了发现《金刚经》的莫高窟藏经洞。完整的佛经本身可以在大英图书馆网站上阅览，并常在图书馆的免费展览馆展出。我还参考了安娜贝尔·沃克（Annabel Walker）的《奥里尔·斯坦因》（*Aurel Stein*，约翰·慕理出版社，1995）。

关于佩莱切特（Pellechet），我参考了 A. 英格尔德（A. Ingold）的《玛丽·佩莱希特的生活与作品简介》（*Notice Sur La Vie and les Ouvrages de Marie Pellechet*，阿尔方斯·皮卡尔出版社，1902）。现已从法国国家图书馆退休的乌苏拉·鲍尔迈斯特（Ursula Bauermeister）很好心，把她关于那位被遗忘的藏书女英雄的文章寄给了我。

旁注

随着互联网的到来，旁注已经从封闭的档案中走了出来，但有两本书籍仍然是主宰这个领域的阿波罗神巨像：迈克尔·卡米尔（Michael Camille）的《页边的图画：中世纪艺术的边缘》（*Image on the Edge: The Margins of Medieval Art*，反应出版社，1992）和希瑟·杰克逊（Heather Jackson）的《旁注》（*Marginalia*，耶鲁大学出版社，2001）。丹尼尔·韦克林（Daniel Wakelin）的《抄写的更正，1375—1510》（*Scribal Correction, 1375—1510*，剑桥大学出版社，2014）做到了他在墨水池上说的话。埃蒙·达菲（Eamon Duffy）的《塑造时光》（*Marking the Hours*，耶鲁大学出版社，2006）清晰地论述了在早期印刷的宗教书籍中旁注的政治。同样有用的还有威廉·谢尔曼（William Sherman）的《旧书：文艺复兴时期英格兰的读者标记》（*Used Books: Marking Readers in Renaissance England*，宾夕法尼亚大学出版社，2008）和海蒂·哈克尔（Heidi Hackel）的《近代早期英格兰的阅读材料》（*Reading Material in Early Modern England*，剑桥大学出版社，2009）。奥利·拉格斯佩茨（Olli Lagerspetz）的《泥土哲学》（*The Philosophy of Dirt*，Reaktion，2018）中阐述了切掉或擦掉旁注与害怕出格行为之间的联系。我在坎特伯雷水石书店的书架间漫无目的地闲逛时发现了这本书，这是证明没有任何算法带给我新发现的绝佳例子。

幸存于索邦大学

罗伯特·达恩顿（Robert Darnton）是法国地区图书贸易研究的主将。在他的许多作品中，我觉得《法国文学之旅：法国大革命前夕的书籍世界》（*A Literary Tour de France: The World of Books on the Eve of the French Revolution*，牛津大学出版社，2018）特别有意思。奥克塔夫·乌扎尼（Octave Uzanne）的《巴黎的猎书人：书摊与码头间的研究》（*The Book- Hunter in Paris: Studies among The books*，A. C. 麦克·克鲁格出版社，1893）由奥古斯丁·波雷尔（Augustine Birrell）翻译，书中带有街道写生，令人浮想联翩。

威尼斯

阅读《威尼斯兵工厂的造船工：前工业城市的工人和工作场

所》(*Shipbuilders of the Venetian Arsenal: Workers and Workplace in the Preindustrial City*，约翰·霍普金斯大学出版社，1991)，我感觉我可以闻到泻湖的气味，听到城市的喧嚣。令人高兴的是，我还发现了霍雷肖·福布斯·布朗(Horatio Forbes Brown，1854—1926)这个“活泼的人，他喜欢户外活动，操着一口清脆的苏格兰高地口音”。由于家庭情况拮据，他大部分时间都住在威尼斯运河边的一所房子里。好处是他可以自由地当一个同性恋；他爱上了一个叫安东尼奥(Antonio)的船夫。他研究了遭到忽视的威尼斯档案，撰写了《威尼斯印刷厂简编：一项基于迄今为止大部分未出版文件的历史研究》(*The Venetian Printing Press: An Historical Study Based Upon Documents for the Most Part Hitherto Unpublished*，普特南出版社，1891)。这本书只印了500本，全书洋溢着对威尼斯的热爱，就像同时代人评论的那样，它的“清新和活力”在“漠不关心的学术历史学家”中找不到的。大卫·伍顿(David Wootton)的《保罗·萨尔皮：在文艺复兴与启蒙运动之间》(*Paolo Sarpi: Between Renaissance and Enlightenment*，剑桥大学出版社，1983)仍然是关于修士最好的书籍。

纽约

在布莱顿，我在百老汇的斯特兰德书店发现了一本《书行》(*Book Row*，加洛尔和格拉夫出版社，2004)，上面有马文·蒙德林(Marvin Mondlin)和罗伊·米多尔(Roy Meador)的签名。这两位分别是纽约市资深书商和记者，采访了20世纪纽约书商中的领军人物，并收集了大量珍贵的书店档案。书中的黑白照片很大气，书目广泛。1927 年蒙德林出生于布鲁克林的俄罗斯犹太移民家庭，与美国最伟大的书商群体有着密切的联系。1951 年他开始做“货品管理员”，2020 年 3 月去世。